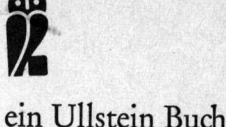

ein Ullstein Buch

Leben und Tod eines Pharao

Tut-ench-Amun

CHRISTIANE DESROCHES-NOBLECOURT

Mit 32 Farbphotographien von F. L. Kenett
und 132 Abbildungen im Text

Legenden von Dr. A. Choukry, Leiter der Altertumsforschung der
Vereinigten Arabischen Republik

Vorwort von Seiner Excellenz, dem Vertreter der Vereinigten Arabischen
Republik beim Exekutivausschuß der UNESCO

ein Ullstein Buch

Ullstein Buch Nr. 4712
im Verlag Ullstein GmbH
Frankfurt/M – Berlin – Wien

Titel der Originalausgabe
»Vie, mort et survie d'un pharaon. Toutankhamon«
Autorisierte Übersetzung aus dem Französischen
unter wissenschaftlicher Mitarbeit von Ruth Antelme,
»Chargée de mission des Musées Nationaux, Paris«

Ungekürzte Ausgabe
© George Rainbird Limited 1963
Alle deutschen Rechte beim Verlag Ullstein GmbH, Frankfurt/M – Berlin – Wien
Entwurf: George Adams
Plan und Herstellung: George Rainbird Ltd., London
Satz: Ebner, Ulm
Druck: Cox & Wyman Ltd., Fakenham, England
PRINTED IN GREAT BRITAIN 1971
ISBN 3 548 04712 2

LORD CARNARVON und HOWARD CARTER
gewidmet, die den König TUT-ENCH-AMUN ins Leben zurückgerufen
und den Menschen einen Tag aus ihrer Geschichte wiedergeschenkt haben

Nirgends ist die Versuchung, an Stelle eines Kapitels der Geschichte einen Roman zu schreiben, so
groß wie hier – und deshalb sollte man mit größter
Vorsicht an die Ausnutzung dieses ganzen Materials
herangehen.

WALTER WOLF
*Zwei Beiträge zur Geschichte
der achtzehnten Dynastie*

Ich gehöre keineswegs zu jenen schwachen Geistern,
die das Mysterium ablehnen. Aber ich hege meine
Zweifel gegenüber denjenigen, die daraus einen
Brotberuf machen – die, den Finger auf den Lippen, als die Vertrauten des Gottes auftreten und
die Menge der Weltlichen fernhalten.

JACQUES DE BOURBON BUSSET
Moi, Cesar

FOLGE DER FARBTAFELN:

Römische Ziffern im Text verweisen auf Farbtafeln, arabische auf Schwarzweißabbildungen.

BILDNACHWEIS FÜR SCHWARZWEISSABBILDUNGEN
(Ziffern beziehen sich auf die jeweilige Abbildung)

Aboudi, *Foto:* 85.

Ashmolean Museum, Oxford, *Foto – Griffith Institute:* Frontispiece, 1, 6, 23–30, 32, 33, 35–37, 59, 82–84 a & b, 91, 96 a & b, 98–107, 110, 112–114, 116–118, 123, 124, 130, 132.

Berlin, Ägyptisches Museum: 67, 76, *Foto – F. L. Kenett:* 41, 58, 73, 75.

Boston, Museum of Fine Arts: 48, 50.

Cairo, Antiquities Services of UAR, *A. Piankoff:* 7, 21, 108, 109.

Cairo, Museum: 3, 45, 46, 49, 81, 93; *Abdel Badia:* 39, 52, 55, 86, 125.

Chazeville, Maurice, *Foto* (after Bernard Bruyère): 17.

Carnarvon, Lt.-Col., the Rt Hon., the Earl of: page v, left.

Damaskus, Museum *Professor Claude Schaeffer:* 128.

Davis, T. M., *The Tomb of the Vizier Ramose:* 53, 54.

Davies, N. de G. and Gardiner, A. H., *The Tomb of Huy:* 87, 88, 89, 90, 92.

Davies, N. de G., *The Rock Tombs of El-Amarna:* 42, 63, 65, 66, 70–72, 95.

Desroches-Noblecourt, Christiane, *Foto:* 10, 13, 14, 18, 115, 127.

Egypt, Monuments for the study of the Cult of Atonou in: 69.

Egypt Exploration Society (nach Fairman): 64; (nach Newton): 61; (nach Pendlebury): 62.

Leyden, Rijksmuseum van Oudheden, *Foto – F. L. Kenett:* 97.

Lhote, André, *Les Chefs d'oeuvre de la peinture égyptienne*, Art du monde, Hachette, Paris, *Foto – Hassia:* 15.

London, British Museum: 16, 68, 126.

London, *The Times, Foto:* 5.

Maspero, Mme. Henri, *Foto – Maspero:* 11, 12, 19.

New York, Bollingen Foundation, *Pierre Clère, A. Piankoff:* 120 a, b & c, 121.

New York, Metropolitan Museum of Art: 51.

Paris, Louvre, *Foto – Giraudon:* 4, 8; *Foto – Pierre Tetrel:* 56; *Foto – F. L. Kenett:* 77.

Pennsylvania, University of (Museum), *Foto – Museum of Fine Arts, Boston:* 51.

Tunnicliffe, Clive: 9, 20, 22, 31, 34, 47, 60, 78, 111.

Turin, Museo Egizio: 57, 119, 129.

INHALT

Danksagung

Es ist mir angenehme Pflicht, Herrn Dr. Sarwat Okasha, dem ehemaligen Kultusminister und Minister für Nationale Belange der Vereinigten Arabischen Republik, meinen Dank abzustatten, auf dessen freundliche Genehmigung hin die Kostbarkeiten des Tut-ench-Amun-Schatzes zum erstenmal seit ihrer Unterbringung im Museum zu Kairo aus ihren Vitrinen für die Photoarbeiten herausgenommen werden durften. Herr Dr. Anwar Choukry, Generaldirektor des Amts für Altertumsforschung der Vereinigten Arabischen Republik, erleichterte uns unsere Arbeit, indem er einen besonderen Raum in den Galerien des Museums einrichten ließ; auch Herr Abdul Hamid Zayed, Konservator des Tut-ench-Amun-Schatzes im Museum zu Kairo, hat uns seine Hilfe zuteil werden lassen, ebenfalls Herr Zaky Iskander, Chef der Laboratorien des Museums, und Herr Chehata Adam, Direktor im Kultusministerium.

Sehr herzlich danke ich den wissenschaftlichen Mitarbeitern des Ashmolean Museum und des Griffith Institute für die großzügige Erlaubnis, die Sammlung von Dokumenten über die Entdeckung sowie die Aufzeichnungen und Notizen Carters einzusehen. Ich danke Mr. Hamilton, Dr. Moss, Mrs. Burney, Miss Helen Murray – nicht zu vergessen Sir Alan Gardiner, der mich in allem wärmstens unterstützte. Zu großem Dank bin ich auch Lord Carnarvon verpflichtet: durch seinen freundlichen Empfang und die Wiedergabe seiner persönlichen Erinnerungen erhält meine Darstellung oft den Charakter eines Augenzeugenberichts.

Schließlich standen mir meine ehemaligen Studentinnen und jetzigen Mitarbeiterinnen im Louvre bei bibliographischen Nachforschungen, der Zusammenstellung eines Teils der Schwarzweißillustrationen und zahlreichen anderen wesentlichen Aufgaben treu zur Seite; ich danke Mademoiselle Janine Monnet, Madame Diane Harlé und ganz besonders Mademoiselle Monique Kanawaty sowie Madame Ruth Antelme, die mir mit unermüdlichem Eifer beim Korrekturlesen und bei der Aufstellung der Verzeichnisse assistierten.

Ferner danke ich Mrs. Law, der Mitarbeiterin meines Verlegers, die sich durch die Arbeit an diesem Buch mit der mühevollen und bis ins kleinste exakten Arbeit eines Archäologen vertraut machte und mir mit größter Gewissenhaftigkeit geholfen hat. Wenn mein Verleger George Rainbird nicht so fest entschlossen gewesen wäre, dieses Buch herauszubringen, in dem Mr. Kenetts Farbaufnahmen des Tut-ench-Amun-Schatzes einen bedeutenden Platz einnehmen, hätte ich doch gewiß noch nichts von alledem zu Papier gebracht, was mir über diese interessante Zeit, deren Studium ich mehrere Jahre gewidmet habe, bekannt ist. Seiner Hartnäckigkeit und seiner Ungeduld habe ich zuletzt nachgegeben und Tu-ench-Amun Arbeitszeit gewidmet, von der ich oft nicht wußte, wo ich sie während der aufreibenden Jahre der Arbeit zur Erhaltung der Denkmäler in Nubien hernehmen sollte.

Christiane Desroches-Noblecourt

Dieses Werk wird künftig zu den Entdeckungen zählen, die die Geschichte gern in eigensinnigen Intervallen gestattet, indem sie den geheimnisvollen Schleier hebt, der unseren Augen eine bedeutende Gestalt oder auch noch einen ganzen zauberhaften und lehrreichen Zeitabschnitt verbirgt.

Was kann es Ergreifenderes geben als die Reliquien des jungen romantischen Herrschers TUT-ENCH-AMUN, der so früh – nach einer kurzen, aber prunkvollen Regierungszeit – starb?

Die wunderbare Entdeckung dieser Schätze durch die Engländer Carter und Carnarvon stellt ein großes Ereignis in der Geschichte der Ägyptologie dar, das in bezug auf Reiz, wenn nicht Bedeutung, etwa dem Ereignis der Entzifferung der Hieroglyphen durch Champollion zur Seite gestellt werden könnte (dem Genie Champollions verdanken wir es, daß unsere tausendjährige Geschichte und ihre mythischen Zeugen uns zurückgegeben sind). So wie Champollion in die während langer Zeit unzugänglichen Schriften und Gedanken der Pharaonen eindrang, gab die Entdeckung der Engländer der irdischen – schon fast göttlichen – Existenz des jungen Gott-Königs Gegenstand, Gesicht und Farbe, so daß er, der bisher fast unbekannt war, wieder Gestalt, Leben und sogar Herrscherkraft gewinnt.

Nach vierzig Jahren der Forschungs- und Konservierungsarbeit öffnen sich die Türen des Laboratoriums, und diese Reliquien werden von neuem sichtbar für die Welt, die nun genau wissen wird, wie eine königliche Begräbnisausstattung wirklich aussah; und dies ist die einzige, die fast vollständig seit mehr als dreitausend Jahren erhalten geblieben ist.

Die Aufgabe zur Förderung dieser außergewöhnlichen Arbeit wurde mir in einem Augenblick zuteil, da ich den Posten eines Kultusministers und Beauftragten für Nationale Belange der Vereinigten Arabischen Republik innehatte; und ich war sehr befriedigt darüber, denn ein Schatz dieser Art konnte keiner in der Welt der Kunst und der Archäologie berufeneren Persönlichkeit als Mme. Christiane Desroches-Noblecourt anvertraut werden.

Als vortreffliche Ägyptologin hat sie seit fast dreißig Jahren durch ihre Veröffentlichungen und ihr meisterhaftes Werk in Frankreich sowohl als auch in Ägypten an den Ausgrabungsstätten ihres Landes in Oberägypten, im Museum und an der Schule des Louvre sowie als Beauftragte der UNESCO bei meiner Regierung bewiesen, daß sie die geeignete Nachfolgerin ihrer berühmten Vorgänger ist.

Die Unterstützung, die ich ihr zuteil werden ließ, mag als Bestätigung dafür gelten, wie sehr ich ihre Sachkenntnis und ihre Ausdauer bei der Weiterführung des Werkes von Mariette Pascha und ganz besonders die Objektivität und Aufrichtigkeit ihrer freundschaftlichen Gefühle für Ägypten schätze.

Sarwat Okasha

1 RÜCKKEHR IN DIE VERGANGENHEIT

Huldigung eines ehrenwerten Lords für einen vergessenen Pharao

Genau ein Jahrhundert liegt zwischen der genialen Entdeckung des Begründers der Ägyptologie und dem märchenhaften Glücksfund des Grabes von Tut-ench-Amun. Am 22. September 1822 schrieb in Paris Jean-François Champollion der Jüngere seinen *berühmten Brief an M. Dacier, ständigen Sekretär der Académie Royale des Inscriptions et Belles Lettres, über das Alphabet der phonetischen Hieroglyphen.* Von diesem Tage an war das seit zweitausend Jahren versiegelte Große Buch des Alten Ägypten geöffnet und konnte entziffert werden.

Am 25. November 1922 wurde westlich von Theben der erste Stein der Mauer herausgehoben, die den Eingang zum Grabe Tut-ench-Amuns versperrte, und damit war es Lord Carnarvon, seiner Tochter, Lady Evelyn Herbert, und Howard Carter vergönnt, durch die Öffnung einen ersten Blick auf den unglaublichsten Grabschatz zu werfen, der je zutage gefördert wurde (1).

Seit ihrer Begründung hatte die Ägyptologie große wissenschaftliche Berufungen hervorgebracht. Auf allen Gebieten begannen viertausend Jahre Menschengeschichte an den Ufern des Nils nach und nach bruchstückhaft neu zu erstehen: Gebräuche, die so alt waren wie die Menschheit, bescheidene Einzelheiten aus dem Tagesgeschehen, Gedanken gelehrter Schreiber, bis ins letzte durchdachte Glaubenslehren, soziale und religiöse Reformen, Feldzüge; alles trug dazu bei, die Geschichte dieser vergessenen Kultur wiederaufleben zu lassen.

Aus welchen Quellen schöpfte man die Auskünfte?

Es waren die umfangreichen archäologischen Entdeckungen, die an den Ausgrabungsstätten gemacht wurden und deren Arbeit seit Gründung des *Service des Antiquités de l'Egypte* streng geregelt war; das Studium der Tempel und Gräber, die gebaut worden sind, um die Götter, die Herrscher und die Bewohner des Niltals auf ewige Zeiten leben zu lassen; die Spuren der in Sand und Schutt verlorenen Städte, aus denen man die unmittelbarsten und erregendsten Zeugnisse gewann; und schließlich die Gegenstände und Denkmäler aus den ersten ägyptischen Sammlungen, Früchte der Expedition Napoleons in das Niltal, und das Erscheinen der bewunderten »Beschreibung Ägyptens« (»Description de l'Egypte« 1809–1816), ein Arbeitsergebnis der »Gelehrten Kommission«, die man in dieses legendäre Land geschickt hatte (2).

In dieser Unzahl von Dynastien, Königen, Monumenten und Kolossen war Tut-ench-Amun nichts als ein Schatten ohne Bedeutung: einige recht seltene Stücke trugen seinen Namen, und zwei wichtige Denkmäler bezeugten, daß er – freiwillig oder unfreiwillig – dem dynastischen Gott Amun offiziell gehuldigt hatte, dessen Verehrung der König von Amarna, Amenophis IV.-(Echnaton), aufgegeben hatte. Zweifellos hatte er in jener fesselndsten Zeit der ganzen ägyptischen Geschichte in dessen Nähe eine ganz unwirkliche Jugend erlebt, eine Zeit, die durch den Sonnenball »Aton« erleuchtet wurde. Diese beiden Monumente geben Zeug-

1 Erster Blick der Ausgräber in die Tiefe des Eingangskorridors

2 Gelehrte der Ägyptenexpedition messen die Hand einer Kolossalstatue im Palmenhain von Memphis *(Beschreibung Ägyptens)*

nis von einer Verfolgung des Königs; die »Stele für die Wiedererrichtung des Kultes und der Tempel von Theben« (3) besagt, daß zur Stützung des Königshauses Neb-Chepru-Re/Tut-ench-Amun die sofortige Wiedereröffnung und Wiederherstellung der zeitweilig verlassenen Heiligtümer, insbesondere der des Amun von Theben, angeordnet hatte. Die Stele trug jedoch nicht mehr den Namen des Herrschers: er war durch den des Königs Haremhab ersetzt worden. Das zweite Zeugnis wird durch eine prachtvolle Gruppe aus schwarzem Granit gebildet (4), ein wahrhaftes »Denkmal für die Wiederversöhnung mit dem thebanischen Amun«, das kurz vor der Entdeckung des Königsgrabes in das Louvre-Museum gekommen ist und das den König stehend vor der sitzenden Statue des Reichsgottes zeigt. Da die Hände der Gottheit zerschlagen, die Glieder wie auch der Kopf des Königs zerschmettert und des Herrschers Namen herausgekratzt sind, sieht man darin einen Beweis für ein Andauern des Kampfes unversöhnlicher Gegner. Bei dieser teilweise zerstörten Gruppe kann man immerhin ein Porträt des Königs, wenn auch ein idealisiertes, in dem Antlitz von Amun erkennen. In Ägypten zeigte zu allen Zeiten der Gott, wenn er in Menschengestalt dargestellt wurde, eine Ähnlichkeit mit seinem »geliebten Sohn«, seiner irdischen Verkörperung. Bei der Gruppe im Louvre erinnert das Antlitz an Statuen aus Karnak oder Reliefs in Luxor, die das Gesicht des Königs zeigen, obwohl Haremhab sie sich alle angeeignet hatte.

In Wahrheit blieb Neb-Chepru-Re/Tut-ench-Amun noch ein Unbekannter, aber ein Unbekannter, der Howard Carter dank gewisser Anzeichen aus abgeräumtem Schutt im Tal der Könige zu dem Versuch verleitete – ermutigt und geldlich unterstützt von Lord Carnarvon –, die Grabstätte aufzufinden.

Noch nie wurde bisher in der Totenstadt ein Grab *unversehrt* gefunden, und

3 Tut-ench-Amun bringt dem Gott Amun und
der Göttin Mut Opfergaben dar. Bogen der »Stele
für die Wiedererrichtung des Kultes von Theben«
(*Museum in Kairo*)

4 Amun, Tut-ench-Amun beschützend (*Louvre*)

Biban el-Muluk, das Tal der Könige, schien keineswegs mehr die Hoffnungen der Grabenden zu erfüllen, eines Tages die Entdeckungen eines Maspero, eines Loret, eines Naville oder auch eines Theodore Davis zu übertreffen. Aber die Erfahrung und die Hartnäckigkeit Howard Carters und die außerordentliche Großzügigkeit Lord Carnarvons durchbrachen die Mauer, die sich dreitausendzweihundertsieben- undsechzig Jahre dem Eindringen Lebender in die Totenkammer Neb-Chepru Re/ Tut-ench-Amuns widersetzt hatte.

Die ganze Welt erfuhr von der Entdeckung, und die Bekanntgabe des reichen Inhalts, der sich in den wenigen engen Räumen befand, welche kaum geeignet waren, einen derartigen Schatz zu beherbergen, überraschte und verwunderte gleichermaßen. Ähnlich der Höhle Ali Babas gab das neuentdeckte Grab im Tal der Könige, sobald es die Aufräumungsarbeiten und die wissenschaftliche Regi- strierung – die naturgemäß lange Zeit in Anspruch nahmen – gestatteten, nach und nach Gegenstände von unvorstellbarem Wert und ungeahnter Vielzahl frei; und je näher man den Sarkophagen kam, um so mehr erhielt man einen klareren, unmittelbareren, phantastischeren Begriff von dem Schatz.

Nach einem derartig sensationellen Ereignis indessen wurde alles problematisch: die Neuorganisation der Ausgrabung, das drakonische Bewachungssystem, das geschaffen werden mußte, das Warten auf Subventionen, die von einem Mäzen kamen, der unmittelbar nach der Entdeckung verstorben war, Subventionen, deren weitere Bewilligung für die Fortsetzung der Arbeit jetzt um so notwendiger

5 Die schaulustige Menge am Grabeingang zur Zeit der Entdeckung

waren, da man unter den gegebenen Bedingungen alle Funde, bis auf den letzten, aus dem Grabe hinausschaffen wollte.

Auch andere Schwierigkeiten tauchten auf: Scherereien mit der Verwaltung, die Voraussetzung für Selbständigkeit, die Carter bei seiner Arbeit beachtet sehen wollte, und schließlich die unvermeidlichen Folgen des Ruhms: von den Zeitungsschreibern an Ort und Stelle verlangte Informationen; Schaulustige, die aus aller Welt angeströmt kamen und die Arbeit der Archäologen zu lähmen drohten; vielfache Zwangslagen, denen die Ausgrabenden dauernd ausgesetzt waren, verlangsamten den Fortgang der Arbeiten. Man muß selbst an den Ausgrabungen teilgenommen haben, die Anforderungen, die das Klima manchmal an die Archäologen stellt, kennen, um das Verdienst der Arbeitsgruppe um Howard Carter würdigen und auch gelegentlich ihre Maßnahmen verstehen zu können, die manchmal übertrieben zu sein schienen.

Da sie nahezu pausenlos darum angegangen wurden, im Augenblick höchst wichtigen Persönlichkeiten wie auch hartnäckigen Reisenden, die zu der Grabstätte wie zu einem beliebten Schauspiel strömten, den Zugang zu dem Grab zu gestatten, waren die Ausgräber bald am Ende ihrer Kraft. Ein jeder wollte etwas sehen; ein jeder fühlte sich ehrlich benachteiligt, wenn man ihn nicht mit aller Herzlichkeit empfing, wenn man ihm nicht alles zeigte, was aus dem Grab herausgeschafft worden war, oder wenn man ihm das letzte Fundobjekt vorenthielt. Alle wollten Zutritt zu dem Grab haben, die Stufen zur Mauer hinuntersteigen,

6 Frühstück im Tal der Könige: J. H. Breasted, Harry Burton, A. Lucas, A. R. Callender, Arthur Mace, Howard Carter und Alan Gardiner

auf der des Königs Namen stand und die schon durchbrochen war (5). Ein jeder wollte die Sensation erleben, in einen Bereich einzudringen, in dem zwischen eiligst vergipsten Wänden Jahrtausende dem Besucher phantastische Kunde brachten. Eingaben, Proteste, Interventionen, Pressekampagnen, nichts blieb den Gelehrten erspart.

Und was blieb nach diesem Tumult? Der allumfassende Ruhm Tut-ench-Amuns!

Dieser »Unbekannte« verkörpert nun allein den Begriff eines Pharao und seines Geheimnisses; den Begriff fabelhafter, mit Händen greifbarer Schätze. Und für viele kommt noch der Mythos einer Rache hinzu, die sich an die Geschichte der Entdeckung, an den jungen König und an die gelehrten und schreckeneinflößenden Magier des legendären Ägypten knüpft.

Die Ausgrabungen und die Arbeit in der Grabstätte waren im Jahr 1928 beendet. Es waren fast sechs volle Jahre nötig, um das Grab zu leeren und gleichzeitig alle Fundobjekte des bis auf den heutigen Tag vollständigsten und einzigartigsten königlichen Grabschatzes zu konservieren und um dessen Ausstellung im Museum in Kairo vorzubereiten. Aber es vergingen über zehn Jahre, bis die hinreichend erforschten Altertümer zum Gegenstand einer ersten allgemeinen Veröffentlichung in drei Bänden gemacht werden konnten: *The Tomb of Tut-Anch-Amen* (Band 1: Howard Carter und A. C. Mace, 1923; Band 2: Howard Carter, 1927; Band 3: Howard Carter, 1933).

Selbstverständlich durfte ein solch unvergleichliches Ganzes nicht zerrissen werden, und so faßte der damalige Generaldirektor des *Service des Antiquités*, Pierre Lacau, trotz Interventionen den weisen Entschluß, alles in Ägypten zu behalten. Als Entschädigung erstattete der ägyptische Staat der Witwe Lord Carnarvons, Gräfin Almina, alle seit Beginn der Arbeiten im Tal der Könige entstandenen Auslagen.

Die Suche nach einem Königsgrab, ein Unternehmen, das mit solchem Eifer und Zähigkeit ausgeführt wurde, die fast an Wunder grenzende Auffindung, einige Wochen bevor die Grabungskonzession ablief, der unschätzbare Wert der geborgenen Reichtümer ließen nicht vergessen, daß wenige Monate nach der Graböffnung Lord Carnarvon zufällig von einer folgenschweren Krankheit befallen wurde: bei dem Klima Ägyptens nahm dieselbe einen schnellen Verlauf, und nichts vermochte ihn damals zu retten. In der Stunde seines Triumphs konnte Lord Carnarvon – ähnlich dem jungen Lord in Théophile Gautiers *Roman einer Mumie* – nicht mehr die sterbliche Hülle dessen betrachten, mit dessen Name der seine verbunden bleibt. Das Schicksal hatte ihm diese seltene Genugtuung vorenthalten. Dies scheint ungerecht, ja sogar in der öffentlichen Meinung provozierend zu sein, da diese doch so sehr nach dem Wunderbaren lechzt; deshalb mußte für dieses Drama eine Ursache gefunden, es mußte eine rächende, unsichtbare Hand beschworen werden, die für alles Übel verantwortlich zu machen war. Weshalb nicht gar die Hand des Pharao selbst? Ägypten, die Heimat des mysteriösen Sphinx, hatte schon so mancher phantastischen Legende Stoff gegeben, in der immer die Zauberkraft der Alten ihr Wesen trieb. So ließ man die eingemeißelten Formeln aus der ältesten Epoche wiederaufleben, in denen man mit den schlimmsten Übeln »die, welche die Gräber entweihen«, bedrohte. Gewiß hatte Lord Carnarvon das mächtige Gesetz verletzt, das verbot, das Reich der Dahingeschiedenen zu stören; und also hatte ihn der erzürnte Verstorbene verflucht.

Dann kam Georges Bénédite, der Chefkonservator der Abteilung für ägyptische

Altertümer im Louvre, an die Reihe, der in der erstickenden Hitze des Tals der Könige einem Schlaganfall zum Opfer fiel, als er das Grab verließ. Ihm folgte ein Mitarbeiter der Gruppe, Arthur C. Mace, beigeordneter Konservator der Abteilung ägyptischer Altertümer im Metropolitan Museum of Art in New York. Aber alle anderen, die an den Arbeiten teilnahmen oder deren Tätigkeit mit der Geschichte der Entdeckung zusammenhing, wurden nicht im geringsten belästigt. So scheint auch vor allem Howard Carter nicht auf irgendeine Weise von einer schnell zupackenden »Rache« verfolgt worden zu sein: sein Tod erfolgte am 2. März 1939.

Andere starben erst während des zweiten Weltkrieges oder gar nachher: Lucas, der Leiter des chemischen Laboratoriums in der Altertumsabteilung der ägyptischen Regierung, der nahezu alle Funde betreut hatte; H. Burton, der Fotograf, dem wir die unzähligen und sehr schönen Aufnahmen der Entdeckung verdanken; Engelbach, Chefinspektor der Altertümer, später Chefkonservator im Museum von Kairo; Dr. Derry von der Universität Kairo, der mit der Untersuchung der Königsmumie betraut war; Jean Capart, dem die Ehre zuteil wurde, den Schatz kurze Zeit nach seiner Entdeckung der Königin Elisabeth von Belgien zu zeigen; und schließlich Gustave Lefebvre, Mitglied des Institut de France, damals Chefkonservator des Museums von Kairo, der verantwortlich war für die Gesamtaufstellung des Schatzes in Kairo, so wie sie noch bis auf den heutigen Tag besteht; letzterer starb 1957. Was geschah außerdem mit der Arbeitsgruppe, zu der, nach Carter, in erster Linie Callender zählte, und mit den beiden Zeichnern Hall und Hauser? Außerdem gehörten Charles Kuentz, P. Lacau, B. Bruyère, Sir Alan Gardiner dazu, die an der Graböffnung teilnahmen oder mit der Auswertung gewisser Funde beauftragt waren, Inschriften entzifferten usw. Sie waren noch 1963 als sachverständige Altmeister der Ägyptologie tätig, obwohl sie schon vor längerer Zeit ein Alter von über achtzig Jahren erreicht hatten.

Ganz periodisch erscheint – wie die Seeschlange von Loch Ness – die »Rache des Tut-ench-Amun« in der Presse. Die Manen des Pharao protestieren. Sie verfolgen hartnäckig einen empfindsamen Sammler, oder sie tun sich ihm mit schreckenerregenden Erscheinungen kund. Wie sollte man dem »Fluch des Pharao« entfliehen? Denn das fluchbeladene Fundobjekt konnte kaum mit einem Geringeren als dem König selbst in Verbindung gebracht werden, und man fürchtet ihn zu sehr, um es bei sich zu haben. Eine Lösung: man entledigt sich seiner zugunsten eines Museums. Wie oft hat man schon in den großen Museen der ganzen Welt eine solche »spontane« Schenkung zu den Studienkollektionen in die Reservefonds gesteckt, einen harmlosen Stein mit Hieroglyphen oder ein Fragment von einem Holzsarg aus einem armseligen Grab, nur weil man sich wegen eines auch in unserem Jahrhundert noch stark blühenden Aberglaubens auf diese Weise von ihm befreien wollte. Übrigens ist so manches Stück, an dem vermeintliches Unheil haftete, eine offensichtliche Fälschung.

Obwohl man sich davor hüten muß, einigen »mysteriösen« Geschehnissen nach Entdeckung dieses phantastischen Schatzes Glauben zu schenken, so muß ich auf zwei sonderbare Tatsachen hinweisen, die einzigen ihrer Art, die mir von dem 6. Earl of Carnarvon im Juli 1961 in London und danach in dessen Schloß Highclere anvertraut worden sind. Um sie richtig zu beurteilen, muß man daran denken, unter welchen Umständen Lord Carnarvon dazu gekommen war, archäologische Forschungen im Tal der Könige zu betreiben und Howard Carter damit zu betrauen: Dieser hatte seine Laufbahn in Ägypten als Zeichner begonnen und begleitete Sir Flinders Petrie nach Benihassan und El-Berscheh vom Jahre 1892 an.

Dann hatte er mit dem Amerikaner Theodore Davis in der Gegend von Theben gearbeitet und war an den Zeichnungen für die Veröffentlichungen Masperos und Newberrys über die Auffindung des Grabes der Schwiegereltern von Amenophis III., Thuje und Juja, beteiligt. Nachdem er 1903 Inspektor von Unter- und Mittelägypten geworden war, wurde er von Maspero 1907 mit Lord Carnarvon zusammengebracht, der um die Erlaubnis nachgesucht hatte, in Westtheben in Oberägypten zu graben.

Lord Carnarvon war kein Ägyptologe; er begab sich im Jahre 1902 vor allem auf Anraten seines Arztes an die Ufer des Nils. Das wunderbare Klima Ägyptens ist bekanntlich für leicht Anfällige recht zuträglich. Er war leidenschaftlicher Jäger und bis zu einem Autounfall dauernd auf Reisen gewesen. Außerdem war er ein Mann von Geschmack und das Urbild eines großen Herrn. Er war sehr reich, jedoch darauf bedacht, sein Geld nicht zu verschleudern. Er wollte es lieber produktiv arbeiten lassen. So folgte er dem Rat von Lord Cromer, archäologische Forschungen geldlich zu unterstützen. Er wandte sich an Maspero, der ihm die Grabungserlaubnis bei dem *Service des Antiquités de l'Egypte* unter der Bedingung besorgen wollte, daß einem »Fachmann« die wissenschaftliche Verantwortung übertragen werde. So wurde in Carter der gesuchte Mann gefunden.

In den Jahren 1908 bis 1912 gruben Carnarvon und Howard Carter im westlichen Theben, am linken Nilufer. Die ersten Ergebnisse sind unter dem Titel *Five Years Explorations at Thebes* (Oxford, 1912) veröffentlicht worden. Sie waren sehr ermutigend, und unter den hier und da gefundenen Stücken befand sich auch die berühmte Holztafel (die seitdem unter dem Namen »Carnarvon-Tafel« bekannt ist), auf der mit Tinte die erste Aufzeichnung über die Kriegstaten des Kamose, eines der bekannten Befreier Ägyptens von den Hyksos, geschrieben war. 1954 entdeckte man in Karnak eine historische Stele, auf der in achtunddreißig Textzeilen der Fortgang der Ereignisse ausführlich kommentiert ist, auf welche die Carnarvon-Tafel anspielt.

Dann folgte Carter einer Augenblickseingebung und grub im Nildelta. Bei Sais, in Sacha, wollte er sein neues Forschungsfeld ausbauen. Aber in dieser durch die Nilwasser sehr feuchten Gegend kann man nur schwer vor April mit der Arbeit beginnen: dann wurde die Hitze zu groß, und die Ausgräber wurden von ihrem Arbeitsplatz durch eine wahre Invasion von Kobras vertrieben. Vielleicht haben also diese heiligen Schlangen Carnarvon und Carter veranlaßt, ihre Ausgrabungen kurz vor Beginn des ersten Weltkrieges wieder in dem Gebiet von Theben aufzunehmen.

Durch den Krieg trat eine große Verzögerung ein. Carnarvon konnte nicht zurückkommen. Carter jedoch, der bleiben durfte, entdeckte das Grab Amenophis' I., das leider schon im Altertum beraubt worden war, sowie das für die Prinzessin Hatschepsut vor ihrer Regierungszeit vorbereitete Grab. Dies war schon ein gutes Vorzeichen. Also grub Carter von 1919 bis 1921 systematisch im Bereich des Tals der Könige zwischen den Gräbern von Merenptah, Ramses III. und Ramses VI. (7). Nur wenige Wochen bis zum Erlöschen der Konzession verblieben Carter noch, der schon den Mut zu verlieren begann.

Lord Carnarvon überlegte auch in England, ob er noch weiterhin auf eine wichtige Entdeckung hoffen durfte. Da, am 4. November 1922 morgens, als der letzte mit altem Schutt bedeckte Winkel unter dem Grab Ramses VI. bis auf den Felsen »gereinigt« war – nachdem man die Reste von Arbeiterhäusern aus der 20. Dynastie abgerissen hatte, die sich weiter unten bei dem Eingang der Syringen befanden –, entdeckte Carter die Andeutung einer in den Felsen ge-

7 Der Hügel von Theben, der das Tal der Könige beherrscht; zur Rechten der Eingang zu den Gräbern Tut-ench-Amuns und Ramses' VI.

hauenen Stufe. Es wurden weitere Stufen freigelegt, bevor eine erste Steinwand erschien, die vergipst war und das Siegel der Nekropole, der königlichen Totenstadt, trug.

Danach bereitete sich Carter auf die feierliche Öffnung des Grabes vor. Er legte mit Hilfe seines treuen Mitarbeiters Callender die letzten vier Stufen frei und gelangte an einen Eingang, der mit Steinblöcken vermauert und roh vergipst war und den königlichen Siegelabdruck aufwies. Nach sechzehn Stufen, die fast eine magische Bedeutung anzunehmen schienen, am letzten Wall zwischen den Lebenden und den Toten, stand der Name Neb-Chepru-Re/Tut-ench-Amun. Am 6. November hatte Carter unverzüglich Lord Carnarvon davon benachrichtigt, der gerade auf seinem riesigen Besitz Highclere zur Jagd weilte. Die im Tal der Könige eintreffende Nachricht lautete, Carnarvon würde am 20. November in Alexandria eintreffen. Am 23. war er in Luxor, in Begleitung seiner Tochter, Lady Evelyn Herbert. Am 25. November, dem Tage, den Carter als den »*Tag aller Tage, den wundervollsten Tag, den ich erlebt habe, ein Tag, wie ich ihn sicherlich niemals wieder erleben werde*« beschrieb, wurde der erste Stein aus dem vermauerten Eingang zum Grabe herausgebrochen. Durch die auf diese Weise entstandene Öffnung konnte Carnarvon, nach einem ersten Blick Carters, nach und nach im Halbdunkel der Grabkammer seltsame Tiere, Statuen und goldglänzende Gegenstände erkennen.

Ich bin durch den ungeheuren Park des Familiensitzes von Lord Carnarvon, des Schlosses Highclere, mit seinen Rasenflächen gewandert, die mit Zedern aus dem Libanon bepflanzt sind. Ich bin an dem See vorbeigegangen, wo man auf das Erscheinen der Nymphen warten möchte, die dem Hausherrn so teuer waren. Ich habe den Belvedere aus weißem Marmor gesehen; ich habe die Gestüte und die Koppeln besucht; ich betrachtete den riesigen Herrenbesitz mit seiner neugotischen Halle, seiner unschätzbaren Bibliothek, in der sich neben den Büchern Gemälde großer Meister, seltene Möbel, der Schreibtisch Napoleons von Elba und sein Lehnstuhl, dessen Armlehnen von den nervösen Fingern des Kaisers zerkratzt sind, befindet. Nichts aber erinnert an die ägyptische Epoche aus dem Leben des verstorbenen Hausherrn. Die großartige Sammlung, die er seit 1907 zusammengetragen hatte, wurde durch eine Versteigerung, auf der anderen Seite des Atlantik, fern dem Britischen Museum, auf Wunsch von Lady Carnarvon aufgelöst. Kein einziger Gegenstand, kein Stich, kein Foto, keine Karte hält in seinen Räumen noch die Erinnerung an das Land der Pharaonen wach.

Vor einem eleganten Porträt des Verstorbenen erzählte mir der 6. Earl of Carnarvon das Nachspiel dieser außerordentlichen Entdeckung und sprach über den Tod seines Vaters. Lord Carnarvon fuhr zu Weihnachten nach England und kam mit Beginn des Jahres 1923 wieder nach Oberägypten. Tag für Tag begab er sich in das Tal der Könige. Mitte März wurde er von einem gefährlichen Insekt gestochen, und die Wunde entzündete sich. Carnarvon entschloß sich, nach Kairo zu fahren, wo seine Angehörigen hofften, ihm bessere Pflege sichern zu können, denn die Infektion schien sich zu bessern. Aber in den letzten Märztagen bekam er noch eine Lungenentzündung. Es war höchste Zeit, den Sohn, Offizier der Armee in Indien, herbeizurufen. Seit der großen Entdeckung blieb nichts, was der Lord tat, unbeobachtet: die Nachricht von der tödlichen Krankheit, die ihn so plötzlich befallen hatte, vervielfachte die Bemühungen, dem jungen Lord Porchester, seinem Sohn, die Möglichkeit zu geben, ein Schiff von seiner vorgesehenen Route umzuleiten, um ihn schnellstens zu dem Sterbenden nach Ägypten zu bringen. Auf der ganzen Überfahrt beteten die muselmanischen Pilger an Bord an der Schiffsbrücke für den in Todesgefahr schwebenden Lord.

Lord Porchester traf im Hotel Continental in Kairo nur wenige Stunden vor dem Tod Lord Carnarvons ein. Am 5. April 1923, fünf Minuten vor zwei Uhr morgens, tat Lord Carnarvon, ohne noch seinen Sohn wiedererkannt zu haben, seinen letzten Atemzug. In diesem Augenblick traten zwei Ereignisse ein, von denen mir berichtet wurde: alle Lichter, die um diese Zeit noch brannten, erloschen, und für eine Weile konnte der Schaden nicht behoben werden. Alle waren auf der Suche nach Kerzen und Öllampen. Am folgenden Tage begab sich Lord Porchester, nunmehr der 6. Earl of Carnarvon, zu Feldmarschall Lord Allenby, um die Formalitäten wegen des Ablebens seines Vaters zu erledigen. Er erfuhr dort, daß nicht nur im Hotel Continental die Lichter erloschen waren, sondern daß ganz Kairo durch eine seltsame Störung in der Stromzufuhr in Dunkel gehüllt war. Eine auf Befehl Lord Allenbys erfolgte Nachfrage bei dem englischen Direktor der Elektrizitätsgesellschaft erbrachte keine befriedigende technische Erklärung für dieses Phänomen.

Aber da war auch noch die Geschichte mit dem Hund Lord Porchesters, den er bei seiner Abfahrt nach Indien bei seinem Vater zurückgelassen hatte. Die beiden wurden sehr bald unzertrennlich, so sehr, daß das Tier unter der Abwesenheit seines neuen Herrn stark litt. Im Augenblick des Hinscheidens von Lord Carnarvon in Kairo, genau fünf Minuten vor zwei Uhr morgens (unter Berücksichtigung der ägyptischen Ortszeit), begann der Hund in England zu heulen, und ohne daß jemand ihn beruhigen konnte, starb er.

Dies sind die einzigen Tatsachen, die mit dem Tode Lord Carnarvons eng verbunden sind. Alle anderen Geschichten, die durch sein romantisches Verschwinden im Zenit des Ruhms einer einzigartigen Entdeckung hervorgerufen wurden, sind reine Erfindung. Er ruht entsprechend seinem Wunsch unter dem Rasen einer Anhöhe (Beacon Hill) auf seinem Besitz, wo er archäologische Grabungen vornehmen ließ. Das Grab liegt, wie er es gewünscht hatte, mit dem Blick auf sein Haus. Das Schicksal des Lords hatte im Augenblick, da er sich entschloß, die Ausgrabungen zu unterstützen, seinen unwiderruflichen Verlauf genommen. Es kam nicht so sehr darauf an, ob er nun einige Jahre mehr oder weniger lebte: der, mit dem er fortan den Nachruhm zu teilen hatte, wartete schon im Reich der Schatten seit mehr als dreitausend Jahren.

Als die Pforte zu dem königlichen Grab geöffnet wurde, begannen gleichzeitig drei Namen berühmt zu werden: die von Neb-Chepru-Re/Tut-ench-Amun, Carter und Carnarvon. Tut-ench-Amun, dieser Unbekannte, wurde plötzlich zu einer überall gefeierten Größe, während sein Schatz, Zeuge einer verfeinerten Zivilisation, von Jenseitsvorstellungen und Bestattungsriten, die noch zum großen Teil studiert und rekonstruiert werden mußten, nichts – oder fast nichts – darüber enthüllte, wer er gewesen ist und was er getan hat.

Das Geheimnis um den König, den man sozusagen aus dem geschichtlichen »Zusammenhang« gerissen hatte, blieb weiterhin bestehen. »Den Namen des Toten aussprechen heißt ihn wiederbeleben«, liest man auf allen Grabinschriften; es heißt, »dem ausgehauchten Leben wieder den Atem zurückgeben«. Unzählig sind die Bitten, die den Pilger anflehen, beim Vorbeigehen an einem Grab diesen Ritus zu erfüllen. Die grausamste Bestrafung für Missetäter bestand darin, daß man ihren Namen änderte, indem man sie sozusagen ihrer wirklichen Identität beraubte. Bei Feinden und bei Eindringlingen vermied man es, den Namen zu nennen; sie genossen unter den Bewohnern Ägyptens kein Bürgerrecht. So schieden die Verbrecher schon vor ihrem Tode aus dem Kreis der Menschen und dem ewigen Weltenlauf aus, da man ihnen ihren Namen genommen, ihn »zerstört« hatte. Auf diese Weise wurden sie wesenlos und fielen ins Nichts zurück. Im besten Sinn des Wortes sind Carter und Carnarvon zu den größten Wohltätern eines Königs geworden, den sie der Vergessenheit entrissen und dessen »Namen sie wiederbelebten«, so wie es die Priester des Totenkults taten.

Zu Beginn dieses Buches ist schon ausgeführt worden, daß Tut-ench-Amun, so jung er bei seiner Thronbesteigung war und so kurz er auch regiert hat, nach seinem Hinscheiden Opfer einer Aktion wurde, die systematisch darauf ausging, ihn gänzlich aus der Geschichte zu streichen. Unauslöschlicher Haß hat ihn bis auf die Monumente verfolgt, die von den Schatten seines Grabes nicht beschützt waren. Wenn man schon in Verbindung mit seinem Namen von einer »Rache« spricht, so konnte sie bestimmt nicht von ihm ausgehen, sondern eher von dem, der ihn verfolgt hatte: von Amun. Dessen Anhänger gaben sich alle Mühe, den

Namen Tut-ench-Amuns auf den Steinen auszukratzen, damit er zum zweitenmal den Tod erleide und für immer verschwände (8).

Die Hand dessen wiederzufinden, der diese verbrecherische Aktion geleitet hat, und die Gründe hierfür zu klären, hieße schon das Leben des jungen Königs teilweise erforscht zu haben.

8 Inschrift auf dem Rücken der Statue des Gottes Amun, der Tut-ench-Amun beschützt *(Louvre)*

Geschichten von Königen, Toten und Räubern

Die ganze Geschichte um Tut-ench-Amun spielte sich fast ausschließlich in der Gegend von Theben ab (9). Wenn wir auch den Fluß hinab bis nach Tell el-Amarna gehen müssen, um die frühesten Jahre Tut-ench-Amuns wiederaufleben zu lassen, so kehrt man doch immer wieder an das Ufergelände dieser im frühen Altertum so bedeutenden Stadt zurück. Man muß die Zeit zurückverfolgen und im 14. Jahrhundert vor unserer Zeitrechnung haltmachen; sobald man die Ziegel und Steine befragt, befindet man sich in einer anderen Welt.

Wenn man sich dem großen Tempel von Luxor nähert, der heute wie ein Garten über dem Nilufer aufragt, der mit prachtvollen, kraftvollen Pflanzen bewachsen ist, erlebt man von neuem die Macht der Götter und Priester Ägyptens, welche die ersten Nutznießer der Prachtentfaltung der Pharaonen waren. Aber Luxor ist vor allem das harmonische »Opet des Südens« des großen Gottes Amun, die Stätte seines Familien- und Privatlebens, wohin er sich während der elf Tage seines »göttlichen Ausgangs« für das große Fest von Opet begibt und sich auf seiner prachtvollen Prunkbarke auf dem ganzen Wege seinen begeisterten Anhängern zeigt.

In Karnak findet man eine Welt von Tempeln, ein Wirrwarr von Heiligtümern und Pylonen, deren Tore und Wände mit Bildern von Königen und Göttern geschmückt sind (10). Die großen Götter des ägyptischen Reiches erhielten dort ihren Ehrenplatz, Kapellen und Heiligtümer wurden für sie errichtet, aber Herr des Hauses war Amun, dessen Name besagt, daß er der »Verborgene« war: sein Bildnis ist jedoch überall dargestellt, wie er dem König ewige Kraft und ewiges Leben verleiht. Zwei hohe Federn, die aus der mörserförmigen »Kappe« hervorragen, erinnern an seinen himmlischen Ursprung. So war er, der in den Luftgefilden unsichtbare Weltschöpfer, auf die Erde herabgestiegen, und seine Priester hatten es verstanden, den Pharao zu allen Anstrengungen zu veranlassen, auf daß die göttliche Macht wirksam und unerschütterlich bliebe.

Unter den vielen Darstellungen thebanischer Könige ragt eine Silhouette auf dem siebten Pylon des großen Tempels hervor: Thutmosis III., siebzehnfacher Besieger der Asiaten, weiht der reizenden kleinen Göttin von Theben – aber unter der Leitung Amuns – eine gewaltige Menschentraube von Feinden, die kniend Gnade erflehen. Übrigens befindet sich dort auch die riesenhafte »Liste« mit Aufzählungen der Goldhaufen und Edelsteine und aller seltenen Dinge, die der König von seinen ruhmreichen Zügen heimbrachte und zum großen Teil dem Herrn des Heiligtums als Dank für seine Siege darbrachte.

Jedes Monument Ägyptens stellt auf eindringliche Weise ein Ereignis, einen Augenblick aus dem Leben dieser damals lebenden Menschen dar. Da so viele Zeugnisse aus der Geschichte des großen Eroberers vorhanden waren, ergab sich eines Tages die Möglichkeit, eine Verbindung zwischen einem Detail auf der

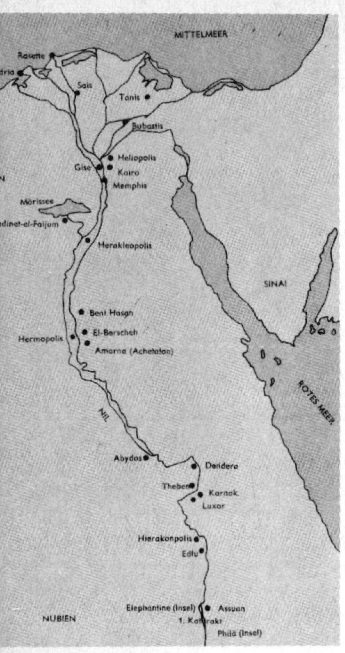

9 Plan von Ägypten

10 Karnak; Teilansicht der Tempel, vom ersten Pylon aus in südlicher Richtung gesehen

Oberfläche eines Obelisken mit einer Inschrift auf der Basis, einem Bild auf der Mauer eines thebanischen Tempels und schließlich einem Zylinder-Siegel mit der Keilschrift-Nachricht des Königs Assurbanipal im Louvre-Museum herzustellen. Aus letzterer erfahren wir, daß der Assyrer bei der Plünderung Thebens zur Zeit Tanut-Amuns befahl, in seinen Palast zwei »Säulen« (oder Obelisken) aus »reinem Elektron« zu schaffen, deren Gewicht 2500 Talente (1 Talent = 30,2 kg) betrug und die sich am Tempeleingang befanden. Daran kann man leicht den außerordentlichen Einfluß der Herren von Karnak auf die Krone ermessen. Die Königin Hatschepsut läßt sich darüber auf der Basis ihrer in Karnak errichteten Obelisken aus:

... So sitze ich in meinem Palast und denke an den, der mich geschaffen hat (Amun). Mein Herz gab mir ein, für ihn zwei Obelisken aus Elektron zu errichten ... mein Geist erregte sich bei der Vorstellung, was die Menschen wohl sagen werden, wenn sie nach vielen Jahren dieses Monument sehen und darüber sprechen, was ich getan habe ...

Aber die Königin mußte feststellen, daß sie nicht genügend von dieser wertvollen Metallegierung besaß, die um diese Zeit aus etwa 75 Prozent Gold, 22 Prozent Silber und 3 Prozent Kupfer bestand. So fuhr sie folgendermaßen mit ihrer Geschichte auf der Basis des Obelisken fort:

... Was die zwei großen Obelisken betrifft, die Meine Majestät für meinen Vater Amun mit Elektron *bedeckt* hat, damit mein Name dauerhaft und für immer bis zur Vollendung der Jahrhunderte in diesem Tempel weile: sie bestehen aus einem einzigen Stein, aus hartem Granit, ohne Einsprengsel ... Ich habe Amun ein Zeugnis der Zuneigung gegeben, wie es einem König gegenüber jedem Gott geziemt. Ich hatte wohl den Wunsch, sie in Elektron gießen zu lassen, (aber da dies unmöglich war), habe ich wenigstens die Oberfläche des Schaftes damit bedeckt.

Das bedeutet also, daß die Königin sich damit begnügte, ihre beiden Obelisken mit Elektron zu beschlagen. Letztere befinden sich noch in Karnak, und man konnte in der Nähe der Seitenkanten noch die Fugen entdecken, in welche die Goldschmiede der Hatschepsut die Ränder der Elektron-Platten zur Befestigung eingefügt hatten.

Der Leiter der öffentlichen Arbeiten unter Thutmosis III. ließ auf den Wänden seiner thebanischen Grabkapelle alle Kunstwerke, die während seiner Zeit in den Werkstätten des Amun-Tempels in Karnak ausgeführt worden waren, darstellen. An ihrer Spitze erkennt man zwei Obelisken, und nach der Inschrift zu urteilen, handelt es sich hier um die beiden aus Elektron. Was unter der Regierung der ersten großen Herrscherin der Welt nicht in die Tat umgesetzt werden konnte, wurde durch denselben Leiter der öffentlichen Arbeiten zu Zeiten ihres Nachfolgers Thutmosis III. geschaffen. Bei den Feldzügen in Asien waren die Vorräte der neuen Vasallen Ägyptens geraubt worden, und der siegreiche Pharao war so in der Lage, Gott und seinen Priestern diese beiden Lebensstrahlen aus Elektron darzubringen. Wahrscheinlich waren es die einst im Heiligtum von Karnak aufgestellten Obelisken, von denen jeder ein Gewicht von 1250 Talenten hatte, die der assyrische König von den Priestern in Theben erhielt, um die Plünderung der Stadt zu vermeiden. Welcher andere Herrscher als Thutmosis III. wäre in der Lage gewesen, Ägypten einen derartig reichen Schatz zu vermachen? Dieser König verdankte sicherlich *alles* den Amun-Priestern, deren Mithilfe ihm gestattete, der Regierung der Herrscherin, seiner Tante, ein Ende zu bereiten, unter deren Vormundschaft er so lange gehalten worden war.

Es kam jedoch die Zeit, da der große Eroberer gezwungen wurde, sich den Machtansprüchen der unersättlichen Priester zu entziehen. Selbst in Karnak mußte man ihnen deutlich machen, daß sie schon allzuoft über das Ziel hinausgeschossen waren, und durch ein konkretes Symbol wurde ihnen die Gegenwart einer anderen Gottheit, der mächtigen Sonne, vor Augen gehalten. Im Morgengrauen der Pharaonen-Ära weihte man ihr ein Monument aus gemeißelten und ohne Bindemittel zusammengepaßten Steinen, das an einen gewaltigen Grenzpfeiler erinnerte, dessen Spitze in Gestalt einer kleinen Pyramide auslief. Dies war das einzige Kultobjekt in den Sonnentempeln der 5. Dynastie (ungefähr 2500 Jahre vor unserer Zeitrechnung), und man nannte es den *Techen*. Später wurde es zu einer schlanken Steinnadel aus einem Stück und paarweise aufgestellt, die Eingangspforten zu den Tempeln flankierend. Noch viel später nannten es griechische Söldner, um sich über diese, ihnen unerklärlichen und fremdartigen Formen lustig zu machen, »Bratspieße« oder Obelisken.

Gegen Ende seiner Regierungszeit entschloß sich Thutmosis III., in dem Heiligtum von Karnak – in einem Tempel, welcher der aufgehenden Sonne östlich vom Großen Tempel gewidmet war –, einen *einzelnen* Obelisken zu errichten, der nicht mehr dem allzu mächtigen Herrn von Karnak, sondern der Sonne geweiht war, die alles Leben schenkt. Diese mächtige Steinnadel wurde nicht mehr zu Zeiten Thutmosis' III. aufgestellt, und ihre Inschrift berichtet, daß sie in der Nähe des heiligen Sees nach dem Tode ihres Stifters auf der Seite liegen blieb. Amenophis II. bestieg den Thron; er mehrte den Ruhm Karnaks durch Monumente und Statuen, ließ aber den Obelisken dort, wo er war. Es folgte Thutmosis IV., der sich wieder mit dem Plan seines Ahnherrn befaßte und in der Mitte seines Hofes des Ost-tempels von Karnak den *einzelnen* Obelisken, das revolutionäre Symbol des Gottes Re-Harachte, der aufgehenden Sonne, in dem geheiligten Amun-Tempel errichten ließ. (Er schmückt jetzt den Platz der Kirche St. Johannes auf dem Lateransplatz in Rom.)

Der neue Herrscher konnte nur in Übereinstimmung mit der mächtigen Priester-schaft von Theben handeln. Diese war imstande, Könige sowohl auf dem Thron zu halten als auch sich ihrer zu entledigen; sie scheint mit kalter Umsicht ihr Unwesen während der ganzen Zeit des wahrscheinlich brudermörderischen Kamp-fes der Thutmosis getrieben zu haben. Immerhin hat Thutmosis IV. sich auch gut mit der Priesterschaft von Heliopolis zu stellen gewußt: wäre sonst ein weiterer Prinz Thutmosis zum vierten Pharao dieses Namens geworden? Diese Geschichte wird uns von dem großen Sphinx von Gise erzählt (11). Auf einer monumentalen, gegen seine Brust gelehnten Stele (man fand diese nach Abräumen des Sandes, der sie seit römischer Zeit bis zum Kinn bedeckte) stand, daß Thutmosis erklärte, seine Krone dem Gott Harmachis zu verdanken (12).

Der künftige Pharao war zu jener Zeit lediglich ein Prinz, der, wie es scheint, gar nicht für den Thron bestimmt war. Eines Tages, während der Großwildjagd im Gebiet der Totenstadt von Memphis, war er während der heißesten Tages-stunde im Schatten des »Wächters der Totenstadt« eingeschlafen. Im Traum erschien ihm der Gott Harmachis (Horus im Horizont), der unter der unbarm-herzigen Sandmasse zu ersticken drohte. Er mußte ihn, der litt und dahinsiechte, befreien. Als Gegenleistung hatte der Gott Thutmosis versprochen, daß er einmal die Doppelkrone der regierenden Könige tragen werde. Als er plötzlich aus dem Schlafe auffuhr, so berichtet die Stele, bestieg der Jäger seinen Wagen, begab sich in seinen Palast und befahl seinen Leuten, den Gott von seinem drückenden Leichentuch zu befreien, mit dem die Wüste ihn zugedeckt hatte. Kurze Zeit danach starb König Amenophis II. In der großen Säulenhalle von Karnak wandte sich am Tage einer Prozession die Statue des Gottes, die von Priestern getragen wurde, von ihrem Weg ab und zwang sie, auf Thutmosis zuzugehen, der ergeben und in Gedanken versunken in einer finsteren Ecke eines Seitenganges stand. Also bezeichnete Gott den Thronerben.

Auf die gleiche Weise fuhr Amun fort, die Könige zu erwählen: aber Thutmosis IV. gefiel sich darin zu versichern, daß all dies in den Plänen des Sonnengottes Re vorgesehen war, dessen einer Aspekt – seine befriedete Form – von dem am Himmelshorizont liegenden Sphinx dargestellt wird, bereit, beim Morgengrauen seinen Flug anzutreten wie Pharao zu Beginn seiner Herrschaft. Die Inschriften sprachen die Wahrheit: zu Beginn unseres Jahrhunderts wurde die Mauer wieder-gefunden, die Thutmosis zum Schutze des Sphinx vor den Sandmassen errichtet hatte; alle Ziegel trugen das Siegel des Königs!

Karnak und seine Tempel, die Heiligtümer Ägyptens, rufen mit solcher Macht die großen Stunden wach, daß es ein leichtes ist, sie trotz der verflossenen Jahr-tausende wiederaufleben zu lassen: der Inbegriff des Königtums, die heiligen Ereignisse im Leben des Pharao und das glanzvolle neue Reich, besonders dieser 18. Dynastie, in der sich eine der größten religiösen Reformen der ganzen Geschichte vorbereitete und zum Ausbruch kam, die den Reichsgott in die größte Gefahr brachte.

12 Die »Stele des Traumes« zu Gise, als sie gerade entdeckt worden war

11 Sphinx von Gise, ehe er das letzte Mal von Sandmassen befreit wurde

Die Kräfte trafen sich in dem heiligen Bezirk: ein mystischer und eigenwilliger Pharao widersetzte sich den geistlichen Würdenträgern, die blindlings einem autoritären Dogma anhingen, das einer neuen, in Entwicklung befindlichen Ordnung fern stand. Der plötzliche Sturz Amuns in dieser Stadt, deren Tempel dem offiziellen Glauben und der göttlichen Person des Pharao geweiht waren, begann mit dem Verlassen der Heiligtümer und endete mit Verfolgungen. Das Feuer zerstörte sogar die großen, mit Bronzenägeln beschlagenen Holztore und die steinernen Türstürze. Und als diese Titanen nach einem Kampf um Leben und Tod verschwunden waren, ließ das Schicksal ein Kind den Thron besteigen, Tut-ench-Amun, dessen Hand, von einem Mentor geschickt geführt, die Eindringlinge aus den verlassenen Tempeln jagen sollte.

Weder in Karnak noch gar in Luxor, den Heiligtümern der Priesterschaft und

13 Pylon des Tempels von Luxor nach dem Wegräumen uralter Schuttmassen

des Reiches, kann man den Spuren des alltäglichen Lebens der Menschen von einst nachgehen. All dies findet man einzig und allein auf dem linken Flußufer, im Westen Thebens, dem »Totenufer«, wo der Ägyptologe, im Wunsch Gegenwärtiges mit Vergangenem zu verbinden, Abenteuer ohnegleichen erlebt, über die er berichten muß. Am rechten Flußufer, wo das Theben von einst mit riesigen Tempeln, Palästen und Wohnhäusern errichtet war, bedecken neuzeitliche Siedlungen die Ruinen und lassen die Spuren einer der reichsten Hauptstädte der Antike verschwinden. Gewiß hat seit einigen Jahren der *Service des Antiquités* damit begonnen, eine »Reinigung« des Luxor-Tempels vorzunehmen, und der Pylon ist jetzt freigelegt (13). Er ist nicht mehr zur Hälfte unter Abfällen erstickt, welche die Oberfläche der Terrasse bis zu den hohen, trapezförmigen Türmen ansteigen ließen. Die Kolossalstatuen, die gegen die Mauern gelehnt sind, kamen wieder ganz zum Vorschein, und der östliche Obelisk, der Bruder dessen, den die ägyptische Regierung zu Ehren Champollions Frankreich geschenkt hatte, ist nun auch in seinem unteren Teil sichtbar. Ein sehr schöner *Dromos* (oder geheiligte Allee) von Sphingen mit Menschenhäuptern kam zum Vorschein; der Weg nach Karnak ist wiedergefunden worden, wenigstens so, wie er am Ende der einheimischen Dynastien vorhanden war. Die Stadt aus den ungebrannten Ziegeln jedoch liegt immer noch unter dem heutigen Luxor.

Verlassen wir also das »Hunderttorige Theben«, das von großen Säulenhallen aus Stein begrenzt war, welche die hohen, aus luftgetrockneten Ziegeln gebauten Umfassungsmauern unterbrachen, um, nach Überqueren des majestätischen Flusses, das westliche Steilufer zu betreten. Ich bin zu jeder Jahreszeit und Tagesstunde von Ufer zu Ufer gefahren: niemals war es genau das gleiche Bild. Jedoch aus der Ferne grüßte uns immer das thebanische Gebirge, das von einer natürlichen Pyramide beherrscht wird, sei es nun rosig oder blau bei aufgehender Sonne, gelb oder grau während des Tages oder rot während der kurzen Dämmerung nach Sonnenuntergang: immer erwartete uns dieser ewige Gipfel im Westen von Theben. Wenn man auch nur ein einziges Mal in dieser Gegend geweilt hat, sehnt man sich danach, wieder in der traditionellen Felukke mit den oft angestückten Dreieckssegeln und den Sitzbänken aus flachen Kissen »über den Fluß zu fahren«. Manchmal singen zwei Schiffer beim Schlagen ihrer primitiven Ruder, während ein Schiffsjunge die Ruderpinne bedient. Meistens bläht der Wind das Segel, das von diesen Menschen mit äußerster Geschicklichkeit gehandhabt wird, die schon seit Beginn ihrer Geschichte gute Steuermänner und Schiffer waren. Wenn das Wasser nach dem Februar fällt, beeinträchtigen die Sandbänke – die *tschesu*, wie die alten Texte sagen – die Schiffahrt. Dann züchtet man auf ihnen kleine Kürbisse und Tomaten. Zuweilen kreuzt man eine Barke, in der eine zusammengepferchte Familie zur Begleitmusik einer *Darabukka* singt: oft ist dies eine ländliche Hochzeit. Man täusche sich aber nicht bei der weiträumigen Felukke, die roh und bauchig, übervoll mit Gegenständen, Balken, Holz, Tieren und Passagieren ist: das ist nur die Fähre, die es den Einwohnern von Kurna, Kurnet Murai und El-Chôcha des gegenüberliegenden Flußufers ermöglicht, zu ihren Dörfern zurückzukehren.

Auf dem linken Ufer findet man Esel vor, für solche, die es nicht vorziehen, in Touristen-Taxis zu fahren, sondern dem Beispiel der ägyptischen Landbewohner folgen wollen. Aber nicht jeder ist geschickt genug, ohne Sattel und Steigbügel zu reiten. Nur noch selten kommt man hier, wie am anderen Ufer, an einem Markt vorbei, wo in gewissen Ortschaften Lebensmittel, Kleider, Frischwasser in Krügen den Käufern an der Straße feilgeboten werden. Kaum mehr begegnen uns diese zuweilen mit Palmen abgedeckten Karren, auf denen schwarzverschleierte Frauen oder lächelnde junge Mädchen, auffallend farbig gekleidet und fröhlich zwitschernd wie die Vögel, zusammengedrängt sitzen. Auf dem linken Ufer ist man ruhiger, mehr durchdrungen von der hohen Herkunft; man weiß, daß man dem Volk der Pharaonen nahe ist. Man schreitet auf geheiligtem Boden, in dem die großen Ahnen beigesetzt sind. Aber es ist auch der Boden der Wunder, der Boden der Schätze.

Die Polizeiwache befindet sich nahe der Landestelle; und wer nicht auf dem linken Ufer wohnt, muß bei Sonnenuntergang den Westen verlassen haben.

Wenn der Reisende das Steilufer hinter sich hat, kommt er an den überhöhten Damm inmitten der Anbaufläche: Felder mit Zuckerrohr, Baumwolle, Getreide oder *Bersim* (eine Art Klee). Dörfer, von denen man nicht weiß, ob sie aus alter oder neuer Zeit stammen, bestehen, wie überall in der poetischen ägyptischen Landschaft, aus Häusern, die aus ungebrannten Ziegeln gebaut sind und die im Herzen einer Oase aus Palmen und Sykomoren stehen. Der Esel, die *Gamuss* (Büffelkuh), das Dromedar leben in diesem Ufergelände, und nachdem man an dem *Schaduf* (Ziehbrunnen) in Ufernähe vorbeigekommen ist, den der Bauer immer noch gern zur Bewässerung seines Feldes nach der Überschwemmung benutzt, findet man bald auf dem Lande die *Sakieh* (Wassermühle), die von Büffeln betrieben wird. Ein Kind, das auf dem Wasserrad kauert, treibt die Tiere

mit sanftem Peitschenschlag an und begleitet mit seinem näselnden, rauhen Gesang das regelmäßige Knirschen der Maschine.

Die erste Siedlung, die im Gegensatz zu der gewohnten Landschaft steht, liegt dammabwärts; es ist eine Art Marktflecken, der noch unbewohnt ist und von Häusern gebildet wird, die im eleganten Saidstil (des Südens) gebaut sind, der aus Nubien stammt und den antiken Formen ähnelt. Seit 1948/1949 ist der *Service des Antiquités* dabei, hauptsächlich zur Besiedlung der Einwohner von Kurna ein »Modelldorf« bauen zu lassen, damit diese ewigen Grabräuber nicht mehr die Totentempel und Grabkammern der Vornehmen von einst bewohnen.

Nun gelangen wir in eine sonderbare Welt, die sich an der Grenze der Nekropolen und selbst im Herzen der Grabstätten befindet. Diese Dorfbewohner, die sozusagen hinter den großen Grabtempeln wohnen, haben einfach ihre Wohnstätten auf den Gräbern der thebanischen Edelleute errichtet, um alle mageren Parzellen, über die sie nur verfügen, für den Anbau auszunutzen (14).

Sowie man das grüne Tal verlassen hat, kommt man, nachdem man an der Stelle vorbeigegangen ist, wo sich im Altertum der Totentempel von Amenophis III. befand und nach einem kurzen Blick auf die berühmten Memnon-Kolosse, die großen und dramatischen Zeugen einer vergangenen Welt, in die Wüstenzone. Ohne jeglichen Übergang tritt an Stelle des fruchtbaren Humusbodens Sand und nacktes Gestein. Die Vegetation hört plötzlich auf. Die verhältnismäßig kühle Luft weicht einer Hitze, die dem Reisenden glühend entgegenschlägt: man befindet sich nun in der Zone der Toten von Theben, in der Welt gigantischer Grabtempel und ihrer Priester; ihrer Handwerker, welche die Mumien präparierten, Sarkophage und die Ausstattungsgegenstände für das Jenseits herstellten und die Gräber anlegten. Mit einem Wort, man befindet sich in einer Region, in der in unmittelbarer Nähe vergrabener, unschätzbarer Werte, im Schatten der großen Heiligtümer, die von den Königen des Neuen Reiches errichtet waren, geboren, geliebt und gestorben wurde: in Deir-el-Bahari, im Ramesseum, in Medinet Habu...

Diese Namen erinnern an die Kultstätten für die toten Könige. Jedoch schlossen sich deren Gräber nicht mehr, wie in früheren Zeiten, an die Tempel an: seit Beginn der 18. Dynastie wurden alle unterirdischen Teile des königlichen Grabes von den Tempeln getrennt und auf der anderen Seite der majestätischen Anhöhe von Deir-el-Bahari und ihrer Verlängerung in den ausgetrockneten Wadis (Tälern) in das Tal der Könige und das Tal der Königinnen verlegt. Die thebanischen Beamten hatten dagegen vor dem Gebirge ihre Gräber angelegt, die sie, wie ihre Herrscher, ihren Mumien als ewige Bleibe zugedacht hatten. Die schön-

14 Nachdem die Frauen am Nil Wasser geholt haben, kehren sie in ihr Dorf Kurna zurück
15 Barbier bei seiner Tätigkeit auf den Feldern; aus dem thebanischen Grab des Userhet
16 Musik- und Tanz-Szene aus dem Tempel eines thebanischen Grabes *(British Museum)*

sten aus Kalksteinblöcken bestehenden *Mastabas* (dies sind Grabkapellen in bank- bzw. blockartiger Form) des Alten Reiches trugen auf den Innenwänden ihrer Kammern lange, mit farbig bemalten Reliefs geschmückte Friese, auf denen Szenen aus dem täglichen Leben dargestellt waren. Als die Hauptstadt des Königreiches endgültig nach Theben verlegt wurde, wählten die Herrscher die natürliche Pyramide dieses heiligen Gipfels, um alle ihre Syringen (Felsengräber) dort anzulegen.

Höflinge und hohe Beamte erhielten von ihren Königen »Grabkonzessionen« auf dem äußeren Hügel, die stufenförmig von unten nach oben angelegt waren. Die schönsten Plätze befanden sich unten: der Kalkstein ist dort ausgezeichnet, und die Reliefs wurden von den besten Künstlern angefertigt. Die Künstler aus der Regierungszeit Amenophis' III. haben auch die berühmten Grabmäler eines Chaemhet, Cheruëf oder Ramose ausgestattet. Etwas höher erlaubte die weniger gute Qualität des Steins nicht immer die Ausführung einer oft schwierigen Arbeit, deshalb trugen hier die Maler auf einen Mörtelbelag, der gleichzeitig dazu bestimmt war, die Oberfläche der Wände zu glätten, ihre dekorativen Szenen mit den heute noch frischen und lebhaften Farben auf.

Verschiedenartigste Darstellungen aus dem religiösen und täglichen Leben der großen thebanischen Herren sind hier vorhanden: die Teilnahme der Vornehmen an königlichen Festen, die Erfüllung ihrer Pflichten als Beamte; man sieht sogar den Wesir Seiner Majestät bei der Ausübung seines Amtes. In den Gärten befinden sich Bäume und vielfarbige Blumen, die um ein rechteckiges Wasserbecken gepflanzt sind, das von Lotosblüten, Wasservögeln und Fischen belebt wird. Dort ist ein *Schaduf* abgebildet, der genau wie heute von einem Gärtner betätigt wird. Hier sind dann wieder Handwerker, die ein Bildnis oder ein Möbelstück anfertigen. Woanders stellen Maurer Ziegel her und errichten mit ihnen eine Mauer. Dann sieht man eine Herde heimkehren, die von einem Hirten geleitet wird. Daneben eine Ährenleserin, die sich aufrichtet; dort bittet ein Arbeiter seinen Kameraden, ihm einen Dorn aus dem Fuß zu ziehen. Ein Taglöhner ist unter einem Baum eingeschlafen, an dem sein Wasserschlauch hängt. Es gibt auch das ewig gleiche Bild des Barbiers oder Friseurs, wie er seine Tätigkeit auf dem Felde ausübt (15).

Alle Berufe sind hier in vielfarbigen Reliefs oder in Malerei auf Gips wiedergegeben. Goldschmiede vollenden prächtige Geschmeide in der Nähe der Goldgießerei. Bei üppigen Banketten sieht man die eleganten Städter von Theben zusammen mit ihren schönen Damen an runden Eßtischchen sitzen. Dienerinnen reichen Trinkgefäße; und Musik und Tanz ist bei den geladenen Gästen sehr beliebt (16). Fast in jedem Grab findet man die gleichen Themen in zahllosen Variationen. Aber eines wiederholt sich seit der höchsten Kulturepoche immer wieder: Jagd und Fischfang. Während der 18. Dynastie erreichen diese Darstellungen ihre große Eleganz: auf zwei Nachen, die parallel zu einer Zentralgruppe gestellt sind, die aus einem riesigen Papyrusdickicht besteht, jagt der Verstorbene, begleitet von seiner Gattin, oftmals auch von seinen Kindern, auf der einen Seite Wasservögel mit Bumerangs; auf der anderen Seite sieht man ihn, wie er zwei Fische mit einer Harpune aus dem Wasser holt. Diese herkömmliche Szene, die in jeder Grabkapelle einen bedeutenden Platz einnimmt, ist lange als Sinnbild des Zeitvertreibs, wie sie der Verstorbene bevorzugt hatte, betrachtet worden.

So wurde diese Welt der Toten – und vor allem die Kulträume der thebanischen Gräber – zum vollständigen Museum der Sitten, der Gebräuche und des täglichen Lebens der Ägypter zur Pharaonenzeit. Ein Schacht führt in der Nähe der Kapelle zu der unterirdischen Grabkammer. Dieser private Teil der Grabanlage durfte nach der Bestattung nicht mehr betreten werden. Hier erwartete die Mumie in ihren Sarkophagen, von Mobiliar umgeben, die Ewigkeit.

Man kann sich gut vorstellen, wie diese Gegend im zweiten Jahrtausend vor unserer Zeitrechnung aussah. Da sich zahlreiche, wenn auch beschädigte Spuren unter einer zuweilen recht dünnen Sand- und Trümmerschicht erhalten haben, ist es zuweilen möglich, ohne große Mühe die Atmosphäre dieser Totenstadt wieder lebendig werden zu lassen. Aber dazu muß man Kurna und Kurnet Murai verlassen und sich in das ausgetrocknete Wadi zwischen dem Tal der Könige und dem Tal der Königinnen begeben, nach Deir-el-Medine. Man läßt den Grabtempel Ramses' III. links hinter sich, der aus den romantischen Ruinen der koptischen Stadt Djeme auftaucht. Auf dem Wege zum Tal der Königinnen sieht man eine Höhle mit Inschriften zu Ehren der Göttin dieser Gegend »Die, welche die Stille liebt«, der Schlangengöttin, die auch den Gipfel bewohnt. Sicher verehrte man damals, wenigstens zur Zeit des Neuen Reiches, die Kobrapaare, ähnlich den Hausreptilien, die noch heute in manchen Häusern von Kurnet Murai geduldet werden.

Der Weg führt zu dem Wadi Deir-el-Medine, in dem das *Institut Français d'Archéologie Orientale du Caire* seit vierzig Jahren bemüht ist, antike Spuren unter dem Trümmerschutt freizulegen. Am Ende des Wadis befand sich ein großes Dorf mit einer Hauptstraße und einem öffentlichen Platz, von dem man seinen Wasservorrat holte. Der Eingang wie der Ausgang der Ortschaft war mit Polizeiwachen besetzt, welche die Einwohner nicht nur beschützten, sondern eher überwachten. Ganz in der Nähe befindet sich der *Gebel*, ein wüstenähnliches Gebirge, in dem Wölfe, Hyänen und Räuber hausten. Dieses Dorf aber diente einem besonderem Zweck. Es beherbergte mehrere Generationen lang (während des Neuen Reiches) die Handwerker der thebanischen Totenstadt, deren Aufgabe darin bestand, die Gräber der Könige auszuschachten und sie dann auszuschmücken. Wenn auch zerstört, so entstieg bei der Ausgrabung Haus für Haus dieses antiken Dorfes der Vergessenheit (17). Die Türeinfassungen, die Basen der Pfeiler, auf denen die Decke des Hauptraumes ruhte, trugen die Namen und Titel der Eigentümer.

Die archäologischen Forschungen erstreckten sich auf Papyrusfunde aus dieser Gegend, die Gräber der benachbarten Totenstadt und die neuerdings ausgegrabenen Häuser. Zwischen Mauern aus luftgetrockneten Ziegeln kamen in den Häusern und dem Schutt, der das Dorf bedeckte, oder im Versteck eines Schachtes bei einem Tempel im Norden der Ortschaft manche Fragmente, vor allem *Ostraka*,

I Der Kopf des Kind-Königs. Er ist so groß wie der eines Neugeborenen, und der Schädel weist die dem armarnischen Stil entsprechende lange Form auf. Sein Gesicht trägt die Züge Tut-ench-Amuns, der gleich dem Sonnengott, der aus einem Blütenkelch emportaucht, aus einer Lotosblüte aufsteigt. Stuckiertes und bemaltes Holz; am Eingang zum Grab aufgefunden.

II Dieser Brustschild in golden Halbemailarbeit ist eins der kostbarsten Schmuckstücke des Schatzes. Das Motiv in der Mitte besteht aus einem Vogel mit gespreizten Flügeln, dessen Körper und Schnabel durch einen schönen Skarabäus aus durchsichtigem Chalzedon gebildet werden: das Sinnbild der Sonne, die wiedergeboren wird. An Stelle einer Kugel hält der Skarabäus eine Barke mit dem heiligen Auge Uzat. Darüber schwebt eine aschfarbene Mondscheibe mit einer Darstellung Tut-ench-Amuns, der von Thot und Horus geleitet wird.

III Jeder dieser beiden Ohrgehänge ist an einem dicken Röhrchen aufgehängt, das eine
große Durchbohrung des Ohrläppchens erforderlich macht. In der Mitte der Ringe befinden
sich das Abbild des Königs, der von zwei Uraeus-Schlangen flankiert wird. Der Schmuck
ist aus Gold, Karneol und farbigem Glasfluß gearbeitet.

IV Priesterthron, den der Herrscher bei religiösen Feierlichkeiten benutzte. Die hohe, leicht gebogene Rücklehne ist an einem Sitz befestigt, der auf gekreuzten Beinen ruht. Stellenweise ist das Holz mit Goldblech überzogen und mit kleinen Edelsteinen, Glasfluß und glasiertem Ton eingelegt; auch Ebenholz und Elfenbein wurden für die Verzierung verwendet.

zum Vorschein, die unerwartete Einzelheiten über jenes vergangene Leben liefer-
ten. (Ein Ostrakon ist ein Kalksplitter oder eine Tonscherbe, auf dem die Ägypter
in hieratischer Schrift ihre Aufzeichnungen machten, um Papyrus, dieses kostbare,
mit einem Staatsmonopol versehene Schreibmaterial, zu sparen.) So erfuhr man
zunächst, wie die Arbeit dieser Handwerker organisiert war und wie diese sich
auf dem Wege über dem Kamm bis zu dem Fuß des thebanischen Gipfels, über
den Paß in das Tal begaben. Dort hatten sie auf beiden Seiten des Weges, der in
das Tal der Könige führt, eine umfangreiche Siedlung gebaut, in der sie sich
allabendlich von ihrer anstrengenden Tagesarbeit ausruhten.

Alle zehn Tage war ihr »Wochenende«. Dann kamen sie in ihr Dorf zurück,
am »Platz der Wahrheit«, dem Set Maat. Die gesamte Arbeiterschaft war in
zwei Gruppen eingeteilt: die rechte und die linke. Diese Einteilung wurde auch
bei den Seiten der Straßen in ihrer Siedlung beachtet. Aber diese Arbeiter und
Handwerker waren nicht, wie oft behauptet wurde, Kriegsgefangene oder Sklaven, die eine schwere Arbeit zu leisten hatten und nach Vollendung des königlichen Grabes getötet wurden. Wenn man die Papyri liest, die sich auf diese
Berufsgruppe beziehen, wenn man die unzähligen Ostraka zu Hilfe nimmt, ist
man überzeugt, daß diese Vermutung nicht stimmen kann. So zeigen schon die
Anwesenheitslisten die Entschuldigungsgründe, die gewisse »Arbeitsunlustige«
für ihre Faulheit fanden: einer ist heute nicht gekommen, weil sein Esel krank
war und er mit ihm zum Tierarzt gegangen war. Ein anderer mußte schon zum
drittenmal zu einer Beerdigung der gleichen Tante. Ein Arbeiter wollte eine
gehobenere Stellung; ein anderer möchte neues Werkzeug haben. Einmal ist die
Arbeit beträchtlich erschwert worden: die Gruppe, welche das Grab aushob,
stieß auf »Stein« (man muß sich dabei vorstellen, daß tatsächlich eine Feuerstein-
ader das Aushöhlen der Syringe erschwert hat). Man hat auch Abrechnungen des
Werkmeisters gefunden; dort war die Anzahl der »Dochte« angegeben, die er
seinen Arbeitern für ihre Öllampen liefern mußte, die sie als Lichtquelle bei ihrer
Arbeit benötigten.

Alles aus dem Leben des Dorfes ist erhalten, sogar die Aufgaben der Schüler,
die ihre Lehrer mit roter Farbe verbesserten; die Skizzen der Maler für Zeichnungen und Illustrationen der Fabeln und volkstümlichen Legenden. Auf einer
dieser Ostraka ist eine Studie für das königliche Antlitz zu sehen, das im Grabe
dargestellt werden sollte; auf einer anderen eine Einzelheit von der Jagd auf eine
Hyäne, die von Hunden gerissen wird. Aber hier noch ein erstaunliches Zeugnis:
der flötenspielende Wolf und das Zicklein, wie aus einer Fabel von Äsop oder
später von La Fontaine. Manchmal beklagte sich eine umsichtige Mutter bei der
Nachbarin über das Betragen ihres Lausejungen: er hielt sich hinter der Mauer
verborgen und bewarf kleine Mädchen auf dem Schulweg mit Steinen.

Dank der Ostraka kann man Schritt für Schritt den Weg verfolgen, den das
Götterbildnis nahm, von dem man ein Orakel erwartete, um eine Entscheidung
zwischen zwei Klägern zu fällen. Man findet die genaue Wegstrecke: den Gang
aus dem Dorf, die Stelle, wo der Gott weiterschritt, um den Schuldigen zu
bezeichnen. Alles, bis zu kleinen zusammengehefteten Papyrusstreifen, von denen
jeder eine andere Inschrift trägt und die einmal zur Auslosung bestimmt waren,
ist in den großen Schutthaufen bewahrt geblieben, die dieses armselige Dorf
bedeckten.

Dank dieses »Journals der thebanischen Nekropole« kennt man sogar die
Zusammenstellung der Tagesrationen für die Arbeiter. Eine Zeitlang erhielten
sie diese in der Nähe des Tempels von Medinet Habu. Eines Tages führten sie

17 Wiederherstellung der alten Nekropole von Deir-el-Medine

Klage und erklärten: »Wir sind geschwächt und hungrig, denn man hat uns nicht die Rationen gegeben, die uns Pharao zugestanden hat.« Und so streikten sie.

Manchmal war die Atmosphäre auch durch eine Denunziation getrübt. Es wurde Klage gegen den Vorarbeiter Hay erhoben, von dem behauptet wird, daß er sich beleidigend über den Pharao geäußert habe. Sogleich trat das Sondergericht der königlichen Nekropole zusammen, und man beriet über die Privilegien, die diesen Handwerkern zugebilligt waren. Der Vorarbeiter Hay wird in diesem Fall des Straf- und Zivilrechts durch seine Standesgenossen und Kollegen abgeurteilt werden. Die beiden Parteien der Arbeitsgruppe wurden durch eine gleiche Anzahl von Mitgliedern vertreten. Den Gerichtshof, die *Kenbet*, präsidierte anscheinend einer der Kollegen von Hay, dem je vier Delegierte der rechten und linken Abteilung der Arbeiter von Deir-el-Medine beigegeben wurden.

Die Gerichtssitzung nahm ihren Verlauf, und dem Angeklagten standen alle Möglichkeiten offen, seine Verteidigung zu sichern. Oft ergänzt ein *Ostrakon* die Auskunft, die uns schon ein Papyrusfragment gegeben hatte. Auf diese Weise entsteht ein Puzzlespiel. So finden sich unter dem Staub vieler Kulturen jene vergessenen Tage wieder, die tatsächlich dann lebendig werden. Der Ägyptologe, der aufmerksam und vorsichtig seine Arbeiter überwacht, sieht, wie der große Spaten des Fellachen, die *Turi*, plötzlich hart auf Überreste eines antiken Arbeiterhauses, auf die Basis einer Säule stößt; sie trägt den Namen von Paneb, dem Vorarbeiter von *Set Maat* (Platz der Wahrheit), einem Gebiet, in dessen Mitte sich Deir-el-Medine befand. Sofort erinnert er sich an dessen Grab, das in dem Hügel am Rande des Westhangs über dem Arbeiterdorf angelegt war. Paneb? Das war doch der Mann, den die Archäologen in Verdacht hatten, Neferhotep, den Vorarbeiter, ermordet zu haben. Hier also stand sein Haus. Wird dieses den Beweis für seine unglaubliche Gemeinheit liefern? Man hatte ja außerdem noch im Keller des Pawah ein Holzfragment gefunden, das mit Blattgold bedeckt war und einen unwiderlegbaren Beweis für seinen Raub aus dem Grab Ramses' III. lieferte, der zwölfhundert Jahre vor unserer Zeitrechnung nicht hatte aufgeklärt werden können.

Paneb war schlau. Bis heute hatte er uns kein neues Belastungsmaterial geliefert. Seine Zeitgenossen hatten ihn jedoch überwacht. Wenn man den Papyrus Salt Nr. 124 und Ostrakon Kairo Nr. 25 521 vergleicht, kommt man bald zur Feststellung, daß es nichts Neues unter der Sonne gibt. Paneb lebte zur Zeit des Königs Siptah II. (zwischen der Regierung Sethos' II. und der Ramses' III., zu Beginn der 20. Dynastie, also im 12. Jahrhundert vor unserer Zeitrechnung). Er mißbrauchte seine Autorität und zögerte nicht, als Leiter der Arbeiten in der Nekropole von seinen Arbeitern zusätzliche Leistungen für persönliche Zwecke zu fordern. Alle seine Untergebenen wurden unter Drohungen gezwungen, entweder den Sarg zu bemalen, den Paneb für seine sterbliche Hülle bestimmt hatte, oder den Gips herzustellen, um die inneren Wände seines Grabes auszuputzen; dies ging offensichtlich über das Arbeitspensum der Handwerker des Pharao hinaus. Hatte er nicht sogar Nebnefer, den Sohn Wadjmes, gezwungen, das Rind Panebs auf Regierungskosten einen Monat lang zu füttern? Man glaubte auch, daß Rauben die für sein Haus bestimmten Matten hergestellt hat. Es war ein fürchterlicher Skandal, daß Paneb die Landesinteressen mit seinen eigenen in einen Topf warf. Sein eigener Vorgesetzter, der Chef der Arbeiter, Neferhotep, zeigte ihn an und klagte bei dem Wesir in gebührender Form.

Paneb war nicht nur unehrlich, sondern zweifellos auch ein Mörder. Die Gerechten bringen manchmal sehr viel Mut auf, wenn sie nicht im Schutze der Mächtigen stehen. Neferhotep starb anscheinend recht plötzlich. Es steht fest, daß Paneb als Chef der Arbeiter sein Nachfolger wurde. Von keinen Gewissensbissen heimgesucht, schien er niemals das »Urteil Gottes« zu fürchten, wie zum Beispiel gottergebene Menschen, die trotz Prüfungen »auf dem Wege Gottes wandeln«. – Nefer-abu, ein Arbeiter derselben Nekropole, war mit Blindheit geschlagen worden. Er dachte über seine Fehler nach und fand, daß er jemandem geschadet hatte; er zeigte Reue, und die gute Göttin Meresger, die Beherrscherin des Gipfels, ließ sodann Milde walten und gab ihm das Augenlicht wieder.

Moralische Besorgnisse scheinen die Thebaner der 20. Dynastie kaum noch berührt zu haben. Mehrere Papyri berichten darüber. Die berühmtesten tragen die Namen Abbott (British Museum), Amherst (New York) und Leopold II. (Brüssel). Die beiden letzteren ergänzen sich. Der untere Teil der vier Blätter gehört zum Papyrus Amherst, der seit 1874 bekannt ist; der obere Teil wurde von J. Capart in dem Holzsockel einer Statuette gefunden (das Ganze wurde 1939 erstmals zusammen veröffentlicht). Andere Papyri ergänzen noch die aktuellen Nachrichten, die von diesen Dokumenten geliefert wurden; sie befinden sich in Liverpool, im Britischen Museum und in Turin. Wenn man diese Papyri liest, muß man die Hoffnung aufgeben, die sagenhaften Gräber der großen Herren Ägyptens noch unberührt vorzufinden.

Durch die Sgraffiti, die in den Felsen der königlichen Nekropole eingeritzt wurden, erfährt man, daß die Inspektoren regelmäßige Rundgänge machten, um den Zustand der Gräber zu kontrollieren; aber man war anscheinend noch nicht auf den Gedanken gekommen, daß regelrechte Räuberbanden systematisch Gold und wertvolle Salböle suchten. Die Schätze der Könige waren seit ihrer Herstellung bekannt. Außerdem wurden sie ja im Begräbniszug mitgeführt, wenn die sterbliche Hülle von dem rechten nach dem linken Ufer des Nils gebracht wurde, was nicht unbemerkt bleiben konnte. Statt der Ehrfurcht gegenüber den Toten und der Furcht, die Heiligtümer zu schänden und sich so der Rache unsichtbarer Geister auszusetzen, entbrannte oft bei den Zuschauern Neid und Gier. Während der Regierungszeit Ramses' IX. wurde eines Tages die Plünderung der Königsgräber entdeckt, und ein großer Prozeß brachte Unruhe unter die hohen Würdenträger. Es wurde gar nicht mehr in Erwägung gezogen, die *Kenbet* (Gerichtshof) der Arbeiter am linken Ufer deshalb zu bemühen, obwohl teilweise die Schuldigen unter den kleinen Leuten zu suchen waren. Diese Verbrechen wurden von dem *Großen Gerichtshof* der Stadt abgeurteilt. Der Prozeß scheint sich in einem Tempel des rechten Ufers abgespielt zu haben, genauer in dem Großen Saal, der der Göttin Maat, der Beschützerin der Richter und der Wahrheit, geweiht war. Der *Große Gerichtshof* setzte sich aus dem Wesir, dem Hohenpriester des Amun und aus weiteren sehr hohen Persönlichkeiten zusammen. Über die Angeklagten berichtet uns das »Journal der Nekropole« ebenfalls, daß sie im Tempel der Mut in Theben eingeschlossen waren und »mit Stockschlägen auf Füße und Hände« vernommen wurden. Das war keine Kleinigkeit.

Das Land hatte gerade eine fürchterliche Zeit hinter sich, nach einigen Jahren mit schlechten Ernten, die den Bewohnern Hungersnot brachten, wurde auch der politische Niedergang noch offensichtlicher. Man suchte Gold, wo man es auftreiben konnte, und der Skandal brach aus, als der Bürgermeister von Theben, Paser, entdeckte, daß man die Gräber der Beamten und der Könige ausplünderte. Pasers Eifer wuchs, da er seinem Kollegen vom linken Nilufer, Pa-ur, Schuld oder mangelnde Sorgfalt nachweisen zu können glaubte. So benachrichtigte er den Wesir Chaëmuaset. Es folgten Untersuchungen, Verhaftungen, Vernehmungen. Man rekonstruierte sogar die Verbrechen an Ort und Stelle, wo verschiedene Gräber beraubt worden waren; jedenfalls das der Königin Isis, der Hauptgemahlin König Ramses' III., wie auch das des Königs Sechemre-Schedtawy-Sobekemsaf und seiner Gemahlin Nubchas. Pa-ur konnte wohl gezwungen werden, die Schuldigen zu nennen, aber seine Mitschuldigen wurden von hoher Seite beschützt, und somit stand die Unredlichkeit Pa-urs und die Nachlässigkeit der Polizei fest. Der ehrenwerte Bürgermeister von Theben, Paser, konnte seinen Unwillen nicht verbergen und machte seinem Herzen Luft. Seine unbesonnenen Worte wurden dem Wesir hinterbracht. Letzterer unterbrach den Prozeß, anstatt die Nachforschung fortzusetzen, und durch einen eiligen Freispruch wurden die Beschuldigten für unschuldig erklärt und freigelassen. Paser wurde »falsche Beschuldigung« vorgeworfen, und schließlich brachte man noch der Verwaltungsbürokratie ein Opfer: ein Bericht wurde verfaßt und im Regierungsarchiv hinterlegt. Offensichtlich waren die Räuber des Grabes von Sechemre hingerichtet worden, aber, wie schon gesagt, standen einige unter dem Schutz des Bürgermeisters vom linken Ufer und zweifellos auch von Chaëmuaset, der wahrscheinlich an der Beute beteiligt war. Diese Verstrickung und die Nachsicht ermutigten die Diebe, die sich nun den großen Gräbern im Tal der Könige zuwandten. Wiederum bemächtigte sich das Gericht der Täter, aber diesmal handelte es ohne Schwäche. So bestrafte es zum Beispiel jene, die in das Grab der Gemahlin Sethos' I., der Mutter Ramses' II., der Königin Thije eingedrungen waren.

Auch die Gräber der beiden letztgenannten Könige wurden nicht verschont, und bis zur 21. Dynastie erlebte die Totenstadt des linken Nilufers weitere Eingriffe unverbesserlicher Grabräuber. Selbst die Geistlichkeit beteiligte sich an diesen Diebstählen: ein Papyrus aus dem Britischen Museum berichtet, daß die Priester des Ramesseums (des Grabtempels von Ramses II.) den eigenen Tempel bestahlen. Das Land mußte wohl tatsächlich in äußerstes Elend gesunken sein und sich durch die immer wiederkehrenden Einfälle der Libyer in Ägypten schon fast in einem Zustand der Auflösung befinden, wenn die Priester die ihrer Obhut anvertrauten Heiligtümer schändeten.

Da die Könige der 21. Dynastie eines Tages erkannten, daß die Gräber ihrer Vorgänger nicht mehr ausreichend zu bewachen waren, sammelten sie die königlichen Mumien und bestatteten sie in »Geheimkammern«.

Die bedeutendste, acht Meter lange Kammer war wahrscheinlich die im Nordwesten des Talkessels von Deir-el-Bahari, die am Ende eines schmalen Ganges aus dem Felsen gehauen war. Hier wurden, zusammen mit den letzten Resten der Grabausstattung, die nach den ruchlosen Taten der Grabräuber übriggeblieben waren, ungefähr dreißig roh gezimmerte Särge aus der oben erwähnten Zeit gefunden, die jedoch die sterblichen Überreste der größten Pharaonen Ägyptens, wie zum Beispiel Amenophis' I., Thutmosis' II., Thutmosis' III. Ramses' I., Sethos' I., Ramses' II., Ramses' III., enthielten. Auch Sekenjenre, der Befreier des Niltals, der auf dem Schlachtfeld starb, befindet sich in diesem Pantheon der Herren des Altertums, sein Antlitz ist von einem Pfeil der Hyksos durchbohrt.

Wegen dieses armseligen »Saint-Denis«, das von den letzten Königen von Theben und den königlichen Schreibern und Inspektoren der Nekropole, wie zum Beispiel Butehamun, angelegt war, traten auch hier wieder die Bewohner der Friedhöfe des Westufers auf. Ihre Domäne erstreckte sich von dem Hügel, den sie bewohnten, bis zu den tiefsten Gräben der umliegenden Wadis (18). Seit ihrer Jugend liefen sie im *Gebel* herum, sie kannten die unzugänglichsten Winkel, und recht oft hatten sie die Geheimkammern mit Merkzeichen versehen und betrachteten sie gewissermaßen als »Sparkasse« für ihren Bedarf, von der sie regelmäßig

18 Das alte Dorf der Arbeiter der thebanischen Nekropole in Deir-el-Medine

dort versteckte Gegenstände zum Verkauf abholten. 1874 wurde Masperos Aufmerksamkeit durch Figürchen erregt, die auf dem Antiquitätenmarkt auftauchten und Namen von Königen der 21. Dynastie trugen, weiterhin durch eine Holztafel mit einer Tintenschrift, die von einem Sammler gekauft wurde (die Tafel Rogers, heute im Louvre-Museum), durch einen Papyrus der Königin Nedjemet usw. Er schickte Inspektoren dorthin, die sich nicht wie gewöhnliche Beamte, sondern eher als geschulte Detektive betätigten. Aber man brauchte Zeit. Endlich, ungefähr im April 1881, erfuhr Maspero, daß die beiden Brüder Abdel Rasul von Kurna und ein gewisser Mustapha Agha Ayat, konsularischer Vertreter von England, Belgien und Rußland in Luxor, in die Angelegenheit verwickelt waren. Da er von Daud Pascha, dem *Mudir* (Gouverneur) von Keneh, die Ermächtigung hatte, Nachforschungen anzustellen, ließ Maspero Ahmed Abdel Rasul festnehmen und vernahm ihn wegen seiner Räubereien. Nichts kam dabei heraus. Man erkundigte sich bei den angesehenen Bürgern und dem Bürgermeister von Kurna; aber diese erklärten »unter Eid«, daß »Ahmed Abdel Rasul der loyalste und an Altertümern uninteressierteste Mann im Lande sei, der noch niemals Ausgrabungen gemacht habe, sie auch niemals machen würde, einfach nicht fähig wäre, selbst das geringste Fundobjekt zu unterschlagen, und schon gar nicht ein Königsgrab zu schänden«. Man fühlte sich an den *Großen Gerichtshof* von Theben zurückversetzt, als der Wesir Chaëmuaset den Bürgermeister des Westufers von Theben und die Arbeiter der Nekropole, welche die Gräberberaubung durchgeführt hatten, für unschuldig erklärte.

Abdel Rasul wurde also vorläufig auf freien Fuß gesetzt. – Einige Zeit später gelangten Anzeigen an die *Direction des Antiquités*, und zwischen den beiden Brüdern kam es zu Streitigkeiten. Ahmed Abdel Rasul, der inzwischen festgesetzt worden war, begriff, daß die Protektion Agha Ayats, auf die er gerechnet hatte, ungenügend sei. Er wollte von seinen Mitschuldigen entschädigt werden und verlangte die Hälfte des Schatzes, anstatt eines Fünftels, mit dem er sich seit der Entdeckung des Grabes, also seit 1871, zufriedengegeben hatte. Endlich, am 25. Juni 1881, gab der ältere der Brüder Abdel Rasul, Mohamed, das Geheimnis vor dem *Mudir* von Keneh, Daud Pascha, preis. Am 6. Juli 1881 drangen in Deir-el-Bahari, geführt von Mohamed Abdel Rasul, die Beamten des *Service des Antiquités* in die letzte thebanische Grabkammer der bedeutendsten Pharaonen Ägyptens ein. Die Ausstattung war verschwunden, die üppigen Goldsärge waren von denen gestohlen und eingeschmolzen worden, die der Prozeß der Nekropole erwähnt hatte. Hier lagen die Könige, von den Priestern der 21. Dynastie von neuem in Leinenbinden gehüllt, neben privaten Gräbern der gleichen Zeit in einfachen Holzkisten, ohne jeglichen Schmuck, nur teilweise mit ihren Namen bezeichnet.

Ein Fellache, der Liebhaber von Schätzen war, hatte Ägypten mehr als dreißig seiner großen Vorfahren zurückgegeben. Aber man durfte die Könige nicht einen Tag länger in dem Versteck belassen, denn die Einwohner von Kurna glaubten, von falschen Gerüchten beunruhigt, daß im Innern des Grabes Goldklumpen aufgehäuft wären. Sie waren schon drauf und dran, die kleine Archäologengruppe anzugreifen. Binnen achtundvierzig Stunden wurden in ununterbrochener Arbeit die Sarkophage und Ausstattungsreste aus dem Berg herausgeschafft (19). Nun mußten sie auf dem Rücken bis zum Ufer gebracht werden; für manche waren sechzehn Mann erforderlich; bis zum Steilufer dauerte der Transport für jeden acht Stunden. Am 11. Juli abends war alles in Luxor, drei Tage später fuhr das Dampfboot *Menschieh* nach Kairo. Am 14. Juli aber wurde die ganze Königs-

19 Die Entdeckung des ersten »königlichen Verstecks« im westlichen Theben; Vorbereitungen zum Transport der Mumien

ansammlung, die auf der Höhe eines Nachbardorfes von Karnak beinahe überfallen worden war, durch wer weiß aus welchen magischen Telegraphen den Fellachen angekündigt. So konnte man ein außerordentliches Schauspiel erleben: in dem Augenblick, als das Schiff vorbeifuhr, ließen Frauen und Männer ihre Feldarbeit liegen und stießen, wie die Klageweiber der Pharaonen, gellende Schreie aus, weinten und bedeckten ihr Haupt mit Staub. So kamen die großen Herrscher, begleitet von einem nicht enden wollenden Gefolge, im Sommer 1881 in Kairo an.

Als im Jahre 1898 Victor Loret das Grab Amenophis' II. im Tal der Könige entdeckte, konnte er damit auch die Hand auf ein anderes königliches Versteck legen, in dem sich dreizehn Mumien, darunter die von Amenophis II., Sethos I. und Siptah, befanden, die von Priestern der 21. Dynastie hierhergebracht worden waren. Dieses Mal war es keine Räubergeschichte, die den Archäologen die Spur geliefert hatte: seit langem suchte Loret schon vierzig Gräber in der berühmten Nekropole, die Strabon als »Tourist« besucht hatte, als er in Theben war.

Die Einwohner Kurnas suchten schon immer eifrig nach allem, was die Grabräuber der Antike vergessen hatten. Und wenn sie eine »Spur« gefunden hatten, tauchte auf dem Antiquitätenmarkt in der Nachbarschaft manches wertvolle Stück auf, das oft wichtige Inschriften trug.

Die einstigen Grabkapellen dienten als Gemeindehallen, und wenn einer der Leute Gefahr lief, von der Polizei gesucht zu werden, dann kam er durch den Schacht in das Untergeschoß, das mit den anderen Gräbern in Verbindung stand. Der ganze Hang mit den Gräbern der thebanischen Edelleute glich so einem Termitenhügel: die Kammern sind oft untereinander verbunden, und man kann von einer in die andere gelangen, ohne nach oben steigen zu müssen. Eines Tages, ungefähr im September 1916, wurde ein Einwohner von Kurna, der alte Mohamed Hammad, plötzlich reich; es war besonders daran zu erkennen, daß er sich auf einmal entschloß, eine zweite, sehr junge Frau zu nehmen. Neue Freunde umgaben ihn, und in ihren Gesprächen wurden oft Goldstücke erwähnt. So schöpfte die Polizei Verdacht: die Indizien trogen nicht, Mohamed hatte sich an einem Schatz vergriffen. Frühmorgens kamen die Gendarmen und der *Mamur* (Präfekt) zu Pferde nach Kurna. Mohamed und seine junge Frau wurden von der Unruhe im Dorf geweckt. Man mußte das Gold auf jeden Fall ganz schnell und ohne daß es jemand sah hinausschaffen. So nahm das hübsche Kind die Goldstücke, legte sie in einen Korb, streute Mehl darüber und ging mit der Last auf dem Kopf aus dem Haus. Sie schritt hügelabwärts. Als sie bei den Wachposten vorbeikam, tauschte sie mit ihnen einige nette Worte und kam unbeschadet bis zur Biegung des herabführenden Pfades, als ein *schavisch* (Polizist), der auf dem gleichen Weg heraufkam, sich einen Spaß daraus machte, mit seinem Stock an ihren Korb zu stoßen, denn er selbst war ja schon oft ein Opfer der Neckereien dieser Mädchen aus dem Dorf geworden, in dem er beheimatet war. Welch Unheil! Der Korb mitsamt den Goldstücken fiel zur Erde! Alle fielen sofort gierig darüber her: die Gendarmen und die Einwohner von Kurna. Man brachte Mohamed Hammad und einige seiner Helfershelfer nach Luxor. Schließlich aber mußte Mohamed allein ins Gefängnis.

So erfuhr man die Geschichte eines neuen Schatzes, der aus einem Grabe stammte, das wunderbarerweise nach einem Wolkenbruch im Juli 1916 in der Gegend von Theben entdeckt worden war. Die Einwohner von Kurna verließen nach diesem seltenen Ereignis, als der Platzregen vorbei war, ihr Dorf; einige gingen in die Täler im Süden des Gebirges bis zu einer Stelle, die »Affenfriedhof« genannt wurde.

An der Seite eines steilen Felsens floß das Wasser weiter hinunter; es mußte also eine Vertiefung vorhanden sein. Die Gewandtesten ließen sich deshalb von oben in ein sonst unerreichbares Grab abseilen, das nach Aussage der »Schatzgräber« offensichtlich unberührt war. Die Fundstücke wurden sogleich an Hehler verkauft, und diese boten sie nach und nach im Ausland an; es handelte sich um den Grabschatz dreier syrischer Prinzessinnen, alle drei Nebenfrauen (nicht Konkubinen) von Thutmosis III. Der amerikanische Ägyptologe Winlock, der in der Gegend von Deir-el-Bahari grub, wurde einige Jahre später von Mohamed Hammad, der bei ihm als Arbeiter angestellt war, zu dem Versteck geführt. So konnte er noch an Ort und Stelle Spuren dieses Grabschatzes studieren, von dem ein großer Teil durch das Metropolitan Museum in New York aufgekauft wurde. Besonders wertvoll waren die Schmuckstücke; so kann man dort einen Stirnreif mit zwei Gazellenköpfen und eine Goldhaube mit blauen und roten Einlagen bewundern, die als gewaltiger Perückenschutz für eine der Prinzessinnen diente. Wird das Rätsel dieses dreifachen Grabes einmal gelöst werden? Sind diese drei syrischen Prinzessinnen vielleicht gleichzeitig an einer Epidemie gestorben und deshalb auch gemeinsam bestattet worden? Oder hatten sie an einer Verschwörung teilgenommen? Es sind ja einige berühmte Intrigen aus den königlichen Harems von Ägypten bekanntgeworden. Die Inspektoren der antiken Nekropolis sind auch in diesem Grab gewesen und haben das Datum ihres Besuches an die Wand geschrieben; auf dem Felsen kann man noch heute lesen: »Jahr XXII, erster Monat der Achet-Jahreszeit, 20. Tag (der Regierung Pinudjems I., 1047 vor unserer Zeitrechnung) kam der königliche Schreiber Butehi«. Auf der anderen Seite des Wadi berichtet uns eine Felseninschrift, daß »der Schreiber des Platzes der Wahrheit des Horizonts (die Nekropole) Butehamun« ebenfalls gekommen war; er war begleitet von dem »königlichen Schreiber im Hause der Ewigkeit« Thutmosis (der sein Vater war) und gefolgt von seinem Sohne Anch-ef-Amun. Man nimmt an, daß diese Männer im Auftrag ihres Königs die Mumien der Pharaonen in deren letzte, wohlverborgene Stätte beizusetzen halfen.

Zu jener Zeit schien ihnen in dieser Gegend nichts Verdächtiges aufgefallen zu sein, und es war deshalb nicht nötig, die Leichen der drei Prinzessinnen, die damals anscheinend noch unbehelligt geblieben waren, mit jenen der Könige zusammen in der Geheimkammer zu verstecken.

Aus allem ergibt sich: die Nekropole war wohl von der Polizei gut bewacht, aber die Arbeiter und die Bewohner der Umgegend betrachteten oft die Könige und ihre Schätze als ihr angestammtes Erbe. Unzählige Male hatte man versucht, die in Kurna wohnenden Leute aus ihren »Höhlen« zu vertreiben. 1763 kam man sogar auf den Gedanken, sie auszuräuchern. Aber es nützte nichts. Die Leute von Kurna empfingen sogar die Kommission der Wissenschaftler, die bei der napoleonischen Ägypten-Expedition hierhergekommen war, mit Steinwürfen. Vor 1930 dienten noch einige Teile des Dorfes als echte »Verstecke« für die Gesetzlosen, die sich im *Gebel* hinter Deir-el-Medine niedergelassen hatten.

In dieser Gegend und in dieser Atmosphäre arbeiteten die Ägyptologen, die sich am linken Nilufer aufhielten. All diese Räubergeschichten, die sich im Laufe der Jahrtausende immer wiederholten, und auch alle diese polizeilichen Untersuchungen erlebte Carter von neuem, als er ein vergessenes Grab im Tal der Könige suchte.

Vorgeschichte der Entdeckung

Im Laufe des Winters 1906 entdeckte Theodore Davis, der Ausgrabungen im Tal der Könige machte (20), in einem Versteck am Fuß eines Felsens, nicht weit von der Stelle, an der Carter später arbeiten sollte, einen blauen Steingutbecher mit dem Namen Tut-ench-Amuns. Im darauffolgenden Jahre konnte er in seine sieben Meter unter der Erde liegende Kammer eindringen. Sie lag ebenfalls im Tal der Könige, nördlich des Grabes von Haremhab. Infolge eines Wolkenbruchs war der Raum bis zur Decke mit ausgetrocknetem Schlamm gefüllt. Die Ausgräber befreiten eine zerbrochene Holztruhe von dieser Schicht, die einige Blätter getriebenen Goldes enthielt, darunter welche mit den Silhouetten Tut-ench-Amuns, seiner Gattin Anchsen-Amun und des »Gottesvaters« Eje. Einige Tage später vervollständigte er diese Entdeckungen, als er etwa hundert Meter südlich des Grabes einen Schacht freilegte, in dem er einige Steingutstücke sichern konnte, darunter ein sehr elegantes Weingefäß mit langem Hals, das heute im Metropolitan Museum in New York steht. Einige der Gefäße waren noch verschlossen und mit dem Siegel der Nekropole (Anubis-Hund, über neun Gefangenen) und dem Namen Tut-ench-Amun versehen, »geliebt« von verschiedenen Gottheiten, darunter Ptah und Chnum. Ein anderes Gefäß war in einen Stoff eingehüllt, der das Datum trug: Jahr 6 von Tut-ench-Amun. Außerdem fanden sich Säckchen, deren Inhalt zu Pulver geworden war, neben einer Menge Leinenstoff, wahrscheinlich Reste des Arbeitsmaterials für die Einbalsamierung und die Einhüllung der Mumie. Besonders fielen drei halbkreisförmige Tücher auf, eine Art Perückenschutz, und fünfzig Stoffstreifen, die nicht aus einem Stück herausgeschnitten, sondern für die Mumifizierung besonders hergestellt und mit Webekanten versehen waren.

Davis und seine Mitarbeiter waren damals davon überzeugt, alle Spuren des Grabes von Tut-ench-Amun gefunden zu haben. Ihrer Meinung nach war dieses Grab wie viele andere, unter anderen auch das Haremhabs, das im darauffolgenden Jahre (1908) von demselben Theodore Davis entdeckt werden sollte, ausgeraubt worden. Bald danach brach Davis seine Forschungen ab, die in den Jahren 1903 bis 1909 im Tal der Könige zur Freilegung von sieben Gräbern mit Inschriften und neun weiteren ohne Inschriften geführt hatten. Das Vorwort seines Buches über seine letzten Ausgrabungen schließt mit den Worten: »*I fear that the Valley of the Kings is now exhausted* (... Ich fürchte, daß im Tal der Könige nun nichts mehr zu finden ist)«

Die Mutmaßungen Masperos gingen noch weiter: das Grab Tut-ench-Amuns müsse ursprünglich in dem Westteil des Tals der Könige, nicht weit von der Syringe Amenophis' III., gelegen haben. Als Haremhab mit seinen Verfolgungen gegen das Andenken seiner Vorgänger begonnen habe, hätte er auch Tut-ench-Amuns Grab verwüstet, aber treue Anhänger retteten verstreute Einzelstücke und brachten sie gesammelt in Verstecke, in denen sie von dem amerikanischen Ausgräber gefunden wurden. Tatsächlich entsprachen die Funde von Davis zum großen Teil den Materialien, die für besondere Riten während der Beisetzung Tut-ench-Amuns wie für ihre Vorbereitungen und während des Banketts im Grabe oder in dessen Nähe benutzt wurden. Wäsche und Geschirr sowie alles, was den Toten berührt hatte, und alles, was während dieses Banketts gebraucht wurde, war sorgsam an diesem Ort verborgen worden. Davis hatte sogar drei breite Halsketten gefunden, die bei dem Totenmahl den Hals von geladenen Gästen geschmückt hatten. Sie waren aus Kornblumen und blauem Lotos geflochten und auf einem Olivenblatt-Untergrund, vermischt mit irdenen, blauglasierten Perlen, befestigt.

Am Ende der Forschungen Theodore Davis' konnte man einer Sache sicher sein: diese Stelle im Tal der Könige wurde vorzugsweise für »Verstecke« oder für Grabstätten benutzt, die bis ans Ende der 18. Dynastie zurückreichen und den Beteiligten an der religiösen Revolution von Amarna, die noch behandelt werden wird, gehörten. Hatte Theodore Davis nicht schon 1907 in dieser Gegend Bruchstücke eines Baldachins mit dem Namen der Königin Teje, der Mutter Amenophis' IV. und Gattin Amenophis' III., gefunden? Er fand auch Kanopen-Vasen, einen Sarg mit einer Mumie, die er für die des Ketzerkönigs Amenophis IV.-Echnaton hielt: all dies lag ungeordnet zusammen in einem Versteck, das einem Grab wenig ähnlich sah und sich ebenfalls in dem gleichen Sektor des Tals der Könige befand (Grab Nr. 55).

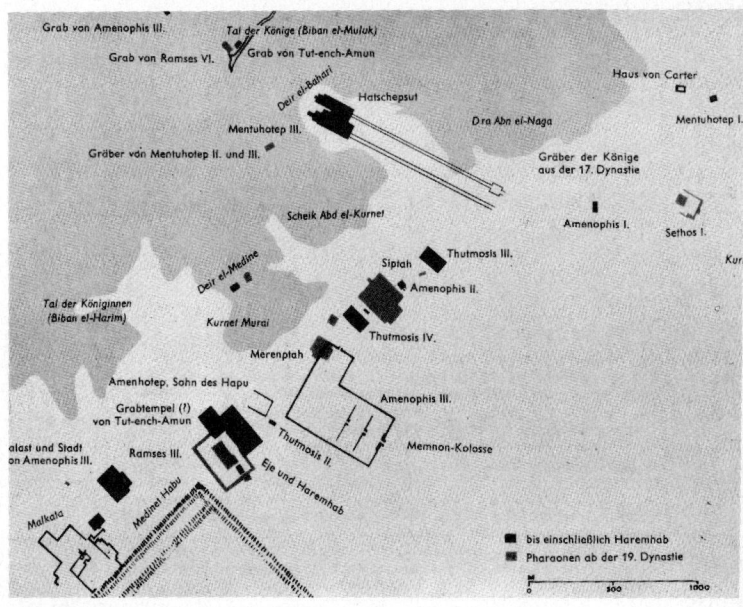

20 Das Gebiet der Totentempel und der Nekropolen im Westen von Theben

21 Der Abstieg zur Totenkammer im Grab Ramses' VI. im Tal der Könige; Neues Reich

AM 4. NOVEMBER 1922 AM EINGANG DES GRABES

Diese Hinweise hatten Carter veranlaßt, Forschungen in jener Gegend anzustellen, das heißt also: zwischen den Gräbern von Ramses VI. und Ramses IX. Als er am 4. November 1922 morgens zur Arbeitsstelle kam, hatte sich die Stimmung gegenüber den vergangenen Tagen geändert: man erwartete ihn mit eindrucksvollem Schweigen. Es war ihm klar, daß die Arbeiter am Ziele angelangt sein mußten.

Es war unterhalb des Grabes von Ramses VI. (21) eine in den Felsen gehauene Stufe freigelegt worden, die bisher ganz von Schutt bedeckt gewesen war. Dieser ersten Stufe schlossen sich noch weitere fünfzehn an; sie bildeten eine Treppe, die 1,60 m breit und 4 m lang war und zu einer Tür führte: diese bestand aus einem rechteckigen Eingang mit einem massiven Türsturz aus Holz über der Öffnung, die mit Steinen zugemauert und deren Oberfläche vergipst worden war. Sie war 95 cm dick und 1,70 m breit. Die den Ausgräbern zugekehrte Seite war versiegelt. Auf dem oberen Teil der Mauer waren es die Siegel der Nekropole: eine Kartusche zeigte das Bild des jungen Hundes, den Gott Anubis, der neun hockende Personen mit auf dem Rücken gebundenen Händen bewachte, die neun gefangene Feinde Ägyptens darstellten. Auf dem unteren Teil der Mauer waren andere Siegel angebracht: Kartuschen mit dem Krönungsnamen Tut-ench-Amuns »Neb-Chepru-

Re«. Außerdem konnte man feststellen, daß das Grab beraubt worden sein mußte: Spuren von zwei aufeinanderfolgenden Öffnungen und Neuvergipsungen zeigten, daß man die Grabstätte noch einmal betreten hatte, nachdem die Mauer versiegelt war. Dies verstärkte die Befürchtungen des Forschers, da er beim Wegräumen des Schuttes einen engen Gang bemerkt hatte, gerade für einen Mann mittlerer Größe ausreichend, der nachher wieder mit Bruchsteinen und Schutt von dunklerer Farbe als die unmittelbar danebenliegende Füllung verschlossen worden war.

Am 25. November war diese vermauerte Tür vollständig niedergerissen worden. Dahinter, nach der sechzehnten Stufe, begann ein Korridor von 7,60 m Länge, der in den Felsen gehauen und ebenso wie die Treppe mit Schutt angefüllt war. Auch er wies die gleichen Spuren heimlichen Eindringens auf, die später mit dunkleren Schuttmassen beseitigt worden waren. Der Gang führte zu einer zweiten Tür, die der Eingangstür ähnelte. Diese zweite Tür führte zu der Vorkammer des Grabes (22). Auch hier fanden sich wieder beseitigte Spuren heimlichen Eindringens, und wieder waren die Öffnungen zugemauert und dann versiegelt worden.

Nachdem diese Tür am 29. November feierlich geöffnet worden war, wurde eine unvorstellbare Anhäufung von ganz außerordentlichen und nie erwarteten Gegenständen sichtbar. Die Ausgräber wurden zu der Annahme verführt, es handle sich hier um einen Vorratsraum für Gegenstände des königlichen Bestattungskultes, einen Vorratsraum, der sozusagen unverletzt war, wenn er sich auch in einem Zustand schrecklichen Durcheinanders zeigte: nichts war an seinem Platz, alles lag wahllos aufeinandergeschichtet.

Was die Betrachter dieser einzigartigen Vision aber am meisten verblüffte, war die Vermischung von Gegenständen offenbar des täglichen Bedarfs mit solchen ritueller Natur. Es gab Büchsen mit regelrechten Bestattungskonserven, wie mumifizierte Teile von Rindern, Enten usw.; Blumensträuße, ein vergoldeter, mit Einlegearbeit aus farbigen Pasten verzierter Thron, große Betten in Gestalt phantastischer Tiere, auseinandergenommene, goldbeschlagene Wagen, eine Art armloser Puppe in Gestalt eines jungen Mannes, der mit einem königlichen Kopfputz, dem »Mörser«, geschmückt war, Alabastervasen in noch nie gesehenen Formen.

DIE VOR- ODER SÜDKAMMER

Dieser erste Raum war 8 m lang und 3,60 m breit; die Wände waren weiß vergipst und trugen keinen Schmuck. Es handelte sich offenbar um einen Vorratsraum und erinnerte an das Versteck, in dem Theodore Davis den Baldachin mit dem Namen der Königin Teje und den Sarkophag gefunden hatte, in welchem er die Mumie von Amenophis IV. gefunden zu haben glaubte.

Die Vorkammer des Grabes lag in Süd-Nord-Richtung, rechtwinklig zu dem Zug, der sich nach Osten öffnet. Hier ist nicht der Platz, alle Fundobjekte des Grabes im einzelnen zu beschreiben; damit haben sich schon mehrere Autoren beschäftigt, beginnend mit dem Entdecker Carter, der als Zusammenfassung der Ergebnisse seiner zehnjährigen Arbeit an dem Schatz des jungen Königs drei Bände veröffentlichte. Um jeden Gegenstand genau zu beschreiben, müßte man von den vorhandenen Stücken entsprechende Einzeldarstellungen geben. Dagegen möchte ich den Lesern einen Begriff von der Stimmung jener Menschen vermitteln, die in unserem 20. Jahrhundert zum erstenmal ein nahezu ganz erhaltenes königliches Bestattungsinventar erblickten, wie es gegen Ende der 18. Dynastie, im 14. Jahrhundert vor unserer Zeitrechnung, der Nacht der Gräber anvertraut worden war.

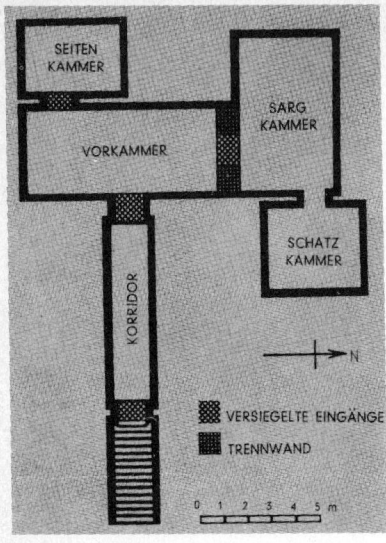

22 Plan des Grabes und
Bezeichnung der Räume bei der
Entdeckung

Die wichtigsten Bestandteile des Schatzes werden später besprochen, wenn wir die Lebensdaten des Königs verfolgen und die Bestattungsfeierlichkeiten und deren Riten genauer betrachten.

Der Boden der Vorkammer war mit Schutt, Scherben, pflanzlichen Überresten von Blumensträußen und verschiedenen Körben bedeckt. Die Räuber, die zweimal in das Grab eingedrungen waren, hatten einzelne Gegenstände von ihren Plätzen entfernt, Kästchen aufgebrochen, Körbe geöffnet, Vasen ihrer kostbaren Öle beraubt: auf dem Boden lagen Pfropfen aus Erde, mit feinem Leinen umwickelt. Aber fast alles war vorhanden und bot einen unvergleichlichen Anblick.

Carters Tagebuch der Ausgrabung weist allein 171 verschiedene Gegenstände oder Möbel auf, die sich in diesem Raum befanden, darunter waren Behältnisse, die wiederum zahlreiche Einzelstücke enthielten. Und dennoch war dies kein zusammenhangloser, bunter Haufen, wie man ihn erst, nach den Spuren im Gang, den Scherben, den Bruchstücken von Behältern mit dem Namen von Amenophis III., Semenchkarê, Amenophis IV.-Echnaton und einem Skarabäus von Thutmosis III. entdeckt zu haben glaubte und zu der Vermutung führte, daß es sich hier um eine Vorratskammer handele.

In dieser Vorkammer befanden sich Gegenstände, die vorwiegend mit dem Namen des jungen Tut-ench-Amun bezeichnet waren; aber einige von ihnen befanden sich nicht mehr auf ihrem ursprünglichen Platz. Die Grabräuber hatten sie durcheinandergebracht. Wo, z. B., hat jene Alabasterschale in Gestalt einer entfalteten Lotosblüte, flankiert von zwei mit Genien beherrschten Buketts, anfangs gestanden? Sie war gewissermaßen zum Empfang der Ausgräber an den Eingang gestellt worden. Auf dem Rand stand nach der Titulatur ein Wunsch für Tut-ench-Amun:

Es lebe dein Ka! Tausende von Jahren sollst du überdauern, du, der du Theben liebst, der du sitzest, dein Antlitz dem Nordwind entgegengewandt und deine Augen die Glückseligkeit erschauend!

Und wo mag ursprünglich dieser Kopf des jungen Königs gestanden haben, der aus einer Lotosblüte aufsteigt und aus bemaltem und mit Stuck überzogenem Holz besteht (I)?

An die Westwand hatte man in Eile einige Truhen und Sitzgelegenheiten gestellt: Schemel, einen Stuhl mit durchbrochener Rückenlehne, mit dem Genius der Ewigkeit geschmückt, den Thron, gleißend von Gold, Silber und Glasmasse, das Ganze mit poetischen Darstellungen Tut-ench-Amuns und seiner Gemahlin verziert (VIII), verschiedene Kästen enthielten Schmuck und Kleider in beinahe unversehrtem Zustand. Gegenüber befand sich ein wirrer Haufen aus Einzelteilen von vier auseinandergenommenen Wagen (23). All dies lag zusammen mit Schilfrohren, Stöcken, Waffen und zerschlissenen Körben neben Steingutstücken und Alabastervasen.

Die Kästen und Truhen – fast alle rechteckig – trugen flache Deckel oder dachförmige mit dreieckigem Giebel oder waren auch mit gewölbten Deckeln versehen. Einige waren aus Papyrus-Rohr; viele aber waren aus Holz und andere wieder mit bemalten Elfenbeinplatten versehen. Bei einigen gab eine Aufschrift in schwarzer Tinte in hieratischen Schriftzeichen den Inhalt an, zum Beispiel bei jenem Kasten, auf dem zu lesen war, daß sich siebzehn Gegenstände aus blauem Lapislazuli in ihm befinden sollten. Tatsächlich wurden in ihm sechzehn blaue

23 Auseinandergenommene Wagen, die in der Vorkammer gefunden wurden
24 Tragbare Leuchten unter einem der Bestattungsbetten der Vorkammer

Libationsvasen gefunden. Die siebzehnte, die von den Räubern herausgenommen war, befand sich in einem andern Raum.

Vor einer großen Statue aus geschwärztem Holz stand ein bemerkenswerter, mit Jagd- und Kriegsszenen bemalter Holzkasten. Er zeigt zum ersten Male auf seinen mit großartigen Kompositionen bedeckten Außenflächen figürliche Darstellungen von Schlachten und Jagden, ähnlich denen, die sich auf den Tempelmauern der 19. und 20. Dynastie in Reliefdarstellung befinden (VI). Eine hieratische Aufschrift besagt: *Sandalen Seiner Majestät, Leben, Gesundheit, Kraft!* Und tatsächlich fand man mehrere Paar Sandalen in dem Kasten. Ein anderer trug den Vermerk: *Zu der Grabprozession des Königs gehörende Goldringe.* Auf wieder einem anderen wurde der Inhalt als *Kleidung Seiner Majestät, als Sie ein Kind war,* angegeben. Allerdings waren deren Inhalte gestohlen oder verstreut worden. So, zum Beispiel, aus dem so bewundernswert mit Kriegs- und Jagdszenen bemalten Kasten, in dem sich außer den erwähnten Sandalen ein Durcheinander von verschiedenartigsten Dingen befand: eine Kopfstütze aus vergoldetem Holz, Kleidungsstücke des Königs, hierbei eines aus einem mit Goldblättchen verzierten Stoff, der wahrscheinlich ein Katzenfell nachahmen sollte, da der an dem Stoff befestigte Kopf aus vergoldetem Holz einen Geparden darstellte.

Alabaster, Ebenholz, Gold, Lapislazuli, Türkis, Elfenbein wurden bei vielen Grabbeigaben verwandt: Fliegenwedel mit Straußenfedern, Toilettenkofferchen aus Schilfrohr, Schmuckstücke, die auf dem Fußboden verstreut lagen oder sich noch in den ursprünglichen Behältnissen befanden, Vasen aus Kalzit, Fackelhalter aus Holz und Bronze in der Form eines mit Armen versehenen Lebenszeichens, die einen gedrehten Leinendocht enthielten, der in einem Ölgefäß endete (24). Zepter, Stöcke, selbst Trompeten: nichts fehlte, es waren sogar vier Exemplare des berühmten Längenmaßes vorhanden, der »Elle« zu 0,52 m. Außer den Sesseln und Thronsitzen gab es kleine Fußschemel, geschmückt mit Darstellungen der Feinde Ägyptens, zusammenlegbare Hocker mit Wildentenköpfen als Beine. Dann gab es wieder andere Kästen mit Leinwandrollen; Truhen, in denen neben anderem Schmuck und Bekleidungsstücken Ringe lagen, die Seiner Majestät gehörten, auch seine Handschuhe, um die Zügel seines Pferdes besser halten zu können.

In einem langen Kasten befand sich eine Bronzetrompete, geschmückt mit den Bildern Ptahs, Amuns und Harachtes, drei große Götter und Schutzpatrone dreier Heeresabteilungen Ägyptens. Verschiedene Stöcke waren mit Granulierungen verziert. Einen Stock hatte man beiseite gestellt, er gehörte Seiner Majestät, was seine Inschrift beweist: *Er erschien auf seinem Pferd wie Re in seinem Glanz.* Dicht dabei befanden sich die berühmten Stäbe, deren gekrümmte Enden mit einem Asiaten oder einem Neger oder mit beiden geschmückt waren (X und XI). Die am wenigsten zusammengehörenden Dinge waren hier zusammengepfercht. So enthielt ein zierliches Elfenbeinbehältnis ein Weinsieb aus Aragonit und einen Anhänger des Pharao, den eine Art Mieder zierte, und ein Bild des Königs mit schwarzem Gesicht wie das des wiedererstandenen Osiris.

Woanders lagen noch ziemlich primitive Sistren aus vergoldetem Holz; ein anderer Kasten mit gewölbtem Deckel war mit Wäsche, Schärpen, hölzernen Kopfstützen und einer Robe angefüllt, die Tut-ench-Amun gehört hatte. Noch zu erwähnen bliebe der prachtvolle *Uschebti* (oder Bestattungsstatuette des Königs) aus Holz und die schon eingangs dieses Kapitels erwähnte »Puppe«.

Neben den vier in ihre Einzelteile zerlegten Wagen fand man Überreste eines recht leicht gebauten Baldachins mit einer säulengeschmückten Platte als Basis, über die wohl ein leichter Schleier gespannt war. Endlich zeigte nicht weit von dem Durchgang zu dem Nebenraum ein kleiner Naos (Schrein) aus vergoldetem Holz von 0,55 m Höhe durch seine geöffneten Türen, daß auch hier die Grabräuber am Werk gewesen waren. Was hatten sie wohl gestohlen? Zum mindesten eine Statue aus massivem Gold, deren Sockel aus Ebenholz und deren Rückenstütze (0,11 m hoch, 0,05 m breit) sich noch im Innern befanden und den Namen des Königs Tut-ench-Amun trugen. Die Ausschmückung in leichtem Relief auf den Seitenflächen und den Türflügeln des Naos stellen Szenen aus dem Leben des Königs und seiner jungen Gemahlin Anchsen-Amun dar. Der Umfang des Naos (0,26 m breit, 0,22 m tief) war so groß, daß dieser kleine Tempel nicht nur eine, sondern zwei Statuetten enthalten haben konnte; vielleicht entwendete der Dieb also zwei Statuen aus massivem Gold. Der kleine Schrein war auf einem Holzschliten befestigt, der mit Blattsilber belegt war.

Die Nordseite dieser Vorkammer wurde fast völlig von einem dritten vermauerten Eingang eingenommen, der noch mit zahlreichen Siegeln der Nekropole und einer Kartusche mit dem königlichen Vornamen bedeckt war. Auf jeder Seite stand eine Statue aus schwarzgelacktem Holz, die den König darstellte; die Stäbe, Zepter, der Schmuck, die Kopfbedeckung, der Schurz und die Sandalen waren vergoldet (25). Über jeder Statue hatte sich noch ein Blumengewinde aus Zweigen und Blättern der Persea und des Olivenbaums befunden; eines lehnte noch an der Wand, das andere war heruntergefallen. Diese Statuen, die wahrscheinlich mit ihrer Höhe von 1,67 m und 1,70 m den Körpermaßen des Königs entsprechen, sind äußerst eindrucksvoll. Sie gleichen Porträts des Königs, die sich nur wenig im Kopfputz und in der Schurzform unterscheiden. Sie tragen die Namen des »königlichen *Ka* von Harachte, der Osiris Tut-ench-Amun«.

Als Charter und Carnarvon ein flackerndes Licht durch die Öffnung dieser Vorkammer steckten, gewahrten sie zunächst die großen Bestattungsbetten in Gestalt phantastischer Tiere (XXVI und XXVII), besonders das in der Mitte, auf dem Truhen und Stühle aufgehäuft waren. Darunter lagen achtundvierzig weiße längliche Schachteln mit Tier-Opfergaben. Als sie dann nach rechts blickten, konnten sie die zwei großen, schwarzlackierten Statuen erkennen: sie wiesen den Weg zu dem Grab. Zunächst aber drangen die Ausgräber nicht weiter vor.

Nachdem sie in der Vorratskammer der Königin Teje ein fotografisches Atelier und im Grabe Sethos' I. ein Laboratorium eingerichtet hatten, befaßten sie sich in den folgenden zwei Jahren ausschließlich damit, die Schätze aus dieser Vorkammer herauszuholen. Mit unendlicher Vorsicht wurden die Fundgegenstände an Ort und Stelle gesichert und mit Paraffin bedeckt, dann auf zu diesem Zwecke hergestellte Tragen gelegt, auf denen sie festgebunden wurden, damit während des Transportes keinerlei Beschädigung eintreten konnte. Dann wurden sie in dem improvisierten Laboratorium so weit ausgebessert, daß sie ohne Gefahr weitertransportiert werden konnten.

DIE SARG- ODER WESTKAMMER

Erst am 17. Februar 1923 zerstörten die Archäologen die Wand – oder die »Tür« – zwischen der Vorkammer und der Sargkammer, die von den beiden Statuen bewacht wurde (25). Spuren von späterem Vergipsen zeigten, daß auch hier die Diebe eingedrungen waren. Aber der Schrein aus vergoldetem Holz (3,30 × 5 m bei einer Höhe von 2,73 m), der unmittelbar hinter dieser Tür stand, schien nicht

25 Die beiden Holzstatuen zu beiden Seiten des versiegelten Eingangs in die Bestattungskammer
26 Der vergoldete äußere Schrein, das Tuch mit den Goldrosetten und die farbigen Wandmalereien
27 Ruder und Ritualgegenstände an der Nordmauer der Bestattungskammer

ein Opfer des Raubes geworden zu sein. Er füllte fast völlig die Sargkammer aus (etwa 4×6,40 m). Die Kammer lag in Ost-West-Richtung, und ihr Boden war tiefer als der der Vorkammer. Tatsächlich stand hier nicht nur ein Schrein aus vergoldetem Holz: es waren vier ineinandergeschachtelte, die sich in diesem Raum, welcher der »Goldkammer« in sonstigen königlichen Gräbern entsprach, befanden. Der erste, äußere Schrein war aus vergoldetem Holz angefertigt und mit einer lapislazuliblauen Glaspaste eingelegt. Die Tatsache, daß die beiden Türen nicht mit dem üblichen Siegel – als Ergänzung der Ebenholzriegel – versehen waren, zeigte, daß sie schon einmal nach dem ersten Verschließen des Grabes geöffnet worden sein mußten.

Die Dekorationen auf einem Gipsbewurf an den vier Wänden stellten den Pharao dar, rituell »wiederbelebt« durch seinen Nachfolger und von unterweltlichen Gottheiten umgeben, nachdem er in Gestalt einer Mumie auf einem Schlitten und unter einem Katafalk seinen Einzug in das Grab gehalten hatte (26).

Man fand kaum Platz, sich zwischen dem vergoldeten Holzschrein und den Wänden des Grabes zu bewegen; es waren kaum 75 cm Zwischenraum. Auch hier waren Gegenstände aufgestellt; manche waren, wie die Halsgehänge, die man am Eingang der Verbindungspforte zwischen der Vorkammer und der Grabkammer gefunden hatte, von den Räubern dort fallen gelassen worden. Aber an der Südwestecke und der Nordwestecke der Kammer – also an dem äußersten Ende der schmalen Westseite dieser Kammer – waren dem Ritus entsprechend die beiden Embleme von Anubis aufgestellt, welche an die *Nebriden* oder Tierhäute erinnerten, die um eine Stange, die in einer mörserförmigen Basis steckte, gewickelt waren. Was daneben lag, waren sicherlich Gegenstände des Bestattungskultes: ein doppeltes Kästchen in Form eines Naos und ein weiteres doppeltes Kästchen in Form eines Pylons, schwarz lackiert, die Werkzeuge für die Bestattung enthielten. Auf dem Boden des Nordganges lagen elf Steuerruder aus Holz (27). Man fand außerdem einen Persea-Strauß und Weinkrüge, die mit den Jahren 5 und 9 der Aton-Domäne des westlichen Flusses versehen waren. Vor der halbgeöffneten Tür des Katafalks, die nach Osten führte, standen weitere Körbe, die Statue einer Gans, in Leinen eingehüllt und ganz mit schwarzem Lack bedeckt (es war die heilige Gans Amuns), eine silberne Trompete mit den Bildern der Götter Re, Atum und Ptah und schließlich zwei Lampen aus milchigem Alabaster in sehr orginellen Pflanzenformen. Eine von ihnen hatte im Innern einen gemalten Dekor, der außen nur sichtbar wurde, wenn die Lampe angezündet war.

Als die beiden Türen des Katafalks geöffnet wurden, konnte man einen zweiten Schrein in seinem ganzen Umfang erkennen (28). Aber dieser zweite Schrein war mit einem Tuch bedeckt, das im Laufe der Zeit gelblich geworden war und auf dem man kleine Margeriten aus Goldbronze befestigt hatte. Eine Art Holzstütze hielt das Tuch über diesem zweiten Katafalk fest. Die Türen dieses zweiten, mit Ebenholzriegeln versehenen Schreins waren seit dem Begräbnis nicht geöffnet worden. Die geknüpften Kordeln, die durch zwei Bronzeringe an den beiden Türflügeln liefen, waren mit Siegeln versehen und tatsächlich noch unversehrt. Der Schrein aus vergoldetem Holz mit vertieften Reliefdarstellungen war nicht wie der erste mit Friesen aus *Djed*-Pfeilern (dem Amulett Osiris') und dem Isis-Blut versehen, sondern, wie auch die beiden folgenden Schreine, mit Bildern von Göttern und Genien der Unterwelt, umgeben von Hieroglyphen, dekoriert. Vor dem zweiten Schrein lagen mehrere Stäbe. Die beiden schönsten, der eine aus Silber, der andere aus Gold, waren mit Knäufen versehen, die aus der Figur des noch sehr jungen Königs bestanden.

29 Salbengefäße und Stäbe, wie sie zwischen den beiden äußeren vergoldeten Schreinen aufgehäuft waren, und das große Tuch mit Margeriten aus Gold

Neben Waffen und anderen Stäben bleiben noch vor den geschlossenen Türen dieses zweiten Schreins zwei Alabastergefäße von ganz außergewöhnlicher Form zu erwähnen: das erste, dem Katafalk am nächsten stehende, erinnert an eine traditionelle Königsszene, die »Vereinigung der beiden Länder« (29). Zwei aufrecht stehende Genien, die den Gott Nil darstellen und Pflanzen als Haarschmuck tragen, vollziehen rund um die Vase die »Vereinigung« der Pflanzen des Nordens mit denen des Südens, also des Papyrus mit der Lilie, und bestätigen auf diese Weise die beiden Landschaften Ägyptens als Herrschaftsbereiche des Königs. Diese beiden Landschaften werden auch durch zwei Schlangen symbolisiert, eine trägt die rote Krone des Nordens, die andere weiße des Südens. Der Bauch der Vase zeigte den Namen des Königs und seiner Gemahlin Anchsen-Amun. Etwas weiter stand die andere, mit Jagdszenen geschmückte Salbölvase in zylindrischer Form. Köpfe von Asiaten und Afrikanern bildeten die vier Füße. Auf dem Zylinderdeckel befand sich ein ruhender Löwe, der seine rote Zunge zeigte; seine Stirn wies zwischen den Augen leichte Runzeln auf (XXI). An der gleichen Stelle wurde auch ein goldenes Doppelkästchen in Gestalt der königlichen Kartusche mit vielfarbigen Glaseinlagen gefunden.

Nun folgte der dritte Schrein, dessen Riegel auch unbeschädigt waren. Um den Schrein herum lagen wieder Waffen, zeremonielle Bogen und Pfeile; ein Fliegenwedel, der ursprünglich mit Straußenfedern geschmückt war und auf der Vorder- und Rückseite die Darstellung einer Straußenjagd und die Rückkehr mit der Beute zeigt.

Schließlich kam noch der vierte Schrein, ebenfalls aus vergoldetem Holz. Seine

28 Die Ausgräber beim Öffnen der Schreintüren

30 Sargwanne und erster Sarkophag aus vergoldetem Holz

Gestalt unterschied sich von den beiden vorhergehenden, und sein Gesims und Dach waren aus einem Stück. Dieser vierte Katafalk in der Form einer Kapelle enthielt den prachtvollen Sarkophag aus gelbem Quarzit (30), er war mit Inschriften bedeckt, welche die Titulatur des Königs enthielten und an jeder Ecke mit einem sehr schönen Bildnis in erhabenem Relief geschmückt, das eine Göttin darstellt, die zum Zeichen des Schutzes die geflügelten Arme ausbreitet. Der Deckel war in zwei Teile zerbrochen, als man ihn fand, er bestand aus grobem Granit und war gelb bemalt, um die Farbe des Behälters vorzutäuschen.

Vier Sargschreine aus vergoldetem Holz, ein mit Goldmargeriten bestickter Leinenbaldachin, ein Quarzit-Sarkophag – all dies genügte noch nicht, um die Mumie eines Königs von Ägypten zu schützen. Die Ausgräber waren jetzt dabei, noch erstaunlichere Herrlichkeiten zu entdecken: im Sargophag lagen drei ineinandergefügte Särge in Mumienform (31). Der erste, in Leinen eingehüllte, ahmte den Totengott Osiris nach; die Hände über der Brust gekreuzt, hielt er die Insignien der Königswürde mit Inkrustierungen aus blauem und rotem Glasfluß, wie auch an dem an der Stirn befindlichen Geierkopf und dem aufgerichteten Schlange. Dieser Sarg bestand aus mit Gold bedecktem Holz; die Vergoldung von Kopf und Händen zeigte einen matteren Ton. Silberne Handgriffe hatten dazu gedient, den Deckel zu bewegen. Je weiter die Ausgräber vordrangen, desto mehr Unstimmigkeiten kamen zum Vorschein: hier waren die Türflügel der Schreine falsch angebracht, dort bestanden Sargwanne und Sargdeckel desselben Königsgrabes nicht aus dem gleichen Material. Man entdeckte sogar, daß zum Auflegen und Verschließen des Deckels die Fußspitzen des äußeren Sarges, der in Leichentücher gehüllt unmittelbar in der Sarkophagwanne lag, abgehobelt werden mußten. Das Ganze war überreichlich mit Salbölen bedeckt, die während der Bestattung darübergegossen worden waren.

Als der erste Sarg geöffnet war, wurde ein zweiter sichtbar, der nur wenig kleiner war und sich şo genau in den äußeren fügte, daß man nicht einmal den kleinen Finger dazwischenstecken konnte. Er bestand ebenfalls aus goldbeschlagenem Holz, aber er war überall mit vielfarbigen Glaseinlagen bedeckt. Im ersten Sarg lag auf der Stirn ein kleiner Blütenkranz; dagegen war auf die Brust im zweiten Sarg ein großer Kranz aus Olivenblättern, Weidenblättern und blauen Lotosblüten gelegt. Beide wurden noch an ihrem ursprünglichen Platz gefunden (32).

Seit dem 10. Oktober 1925, dem Tage, an dem der erste Sarg geöffnet worden war, erlebten die Ausgräber ein regelrechtes Abenteuer. Man kam nun an eine dritte mumienförmige Hülle, die mit einem Leichentuch aus rotem Leinen bedeckt war. Nur das Antlitz hatten die Priester in der Nacht des Grabes ohne Hülle gelassen. Um Brust und Unterteil der Perücke lag noch ein Blütenkranz auf einem Grund aus echtem Papyrus. Auf dem Sarg aus massivem Gold war ein religiöser Schmuck von bewegender Reinheit eingraviert: die Flügel der Göttinnen Isis und Nephthys waren darauf verflochten; dann, über den Armen, Gold-Cloisonné, das in leichtem Relief die großen Göttinnen von Ober- und Unterägypten, Nechbet und Wadjet, zeigt. Dieser Sarg vereinte in sich allein die Schmuckelemente der beiden anderen: den ersten umschlossen die gefiederten Arme der Göttinnen Isis und Nephthys; den zweiten dagegen die ausgebreiteten Flügel der Göttinnen Nechbet und Wadjet. Der Sarg aus massivem Gold verteilte die vier Göttinnen um den Leib des verstorbenen Königs. Dieser letzte Sarg wurde am Morgen des 28. Oktober 1925 geöffnet. Über der Mumie lag die außergewöhnliche Goldmaske, die das ausdrucksvollste Porträt des Königs zeigte (XXIX). Infolge der übermäßigen Anwendung von Salbölen während der Mumifizierung und Bestattung war die Mumie fast verkohlt.

Mehr als hundertdreiundvierzig goldene Schmuckstücke lagen an verschiedenen Stellen in den Hüllen des Leichnams.

Ein sehr niedriges vergoldetes Holzbett, das der allgemeinen Form nach einem

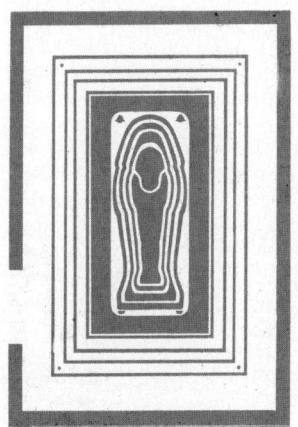 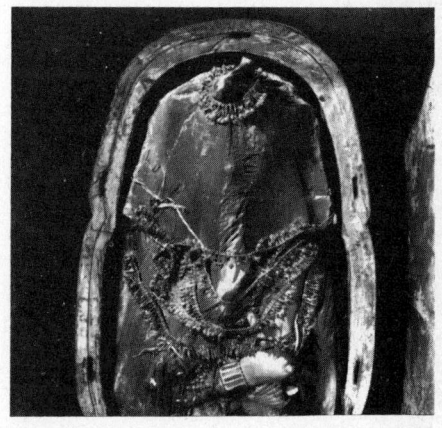

31 Diese Skizze zeigt die Anordnung der vier Goldschreine, der Sargwanne und der drei mumienförmigen Sarkophage
32 Zweiter mit Goldblech überzogener Sarkophag, der in ein Leichentuch eingehüllt und mit Girlanden geschmückt ist

33 Die vier Genien der Bestattungskammer (in den Mauernischen, in denen sie verborgen waren):
a) *Djed*-Pfeiler   b) Anubis-Hund

Löwen glich, trug allein die drei Särge und die Mumie mit ihren Juwelen, alles zusammen wog ein wenig mehr als 1375 kg. (Der Sarg aus massivem Gold allein hatte, bei einer Dicke von 2,5–3,5 mm, ein Reingoldgewicht von 1110,4 kg.)

Wenn man den Ausgräbern in ihrer weiteren Untersuchung folgt, angefangen vom ersten Katafalk bis zu dem Augenblick, wo nach Abnahme der Binden und der dazwischenliegenden Juwelen und Amulette die letzte Goldplatte, das letzte Zeichen auf dem Schädel des Königs freigelegt war, bekommt man das Gefühl, in verschiedene Sphären einzudringen (I). In Wirklichkeit erlebt man das Umgekehrte des tatsächlichen Zeitablaufs, wie er nun von dem Tode des Königs über die Bestattungsförmlichkeiten bis zu seinem Weg zur letzten Ruhestätte dargestellt werden soll. Die stark beschädigte Mumie wurde (der Ausdruck ist nicht übertrieben) von Dr. Derry in Pflege genommen. Nach ihrer Restaurierung hatte sie eine Länge von ungefähr 1,63 m. Nach Schätzung Dr. Derrys muß der König bei seinem Tode etwa 1,67 m groß gewesen sein.

Nachdem der Inhalt der Grabkammer herausgeschafft worden war, nachdem die Schreine auseinandergenommen und die Särge fortgeschafft waren, verblieb zuletzt nur noch der Sarkophag in der Kammer. Erst dann ging man daran, in den Wänden der Kammer nach Verstecken zu suchen, in denen sich Statuetten befinden mußten, die zum Schutze des Grabes unerläßlich waren: diese kleinen magischen Figürchen waren in geheimen Nischen eingeschlossen. Eine zeigte den *Djed*-Pfeiler (im Süden, mit der Front nach Osten gerichtet), die zweite den jungen Hund Anubis (im Westen, mit dem Kopf nach Norden), die dritte einen Totengeist mit menschlichem Antlitz (im Norden, mit dem Gesicht nach Westen) und die vierte eine Statuette des Totengottes Osiris (im Osten, mit dem Antlitz nach Süden gerichtet) (33).

Diese Kammer war die einzige im Grabe, deren Wände ausgeschmückt waren. Erst als man sie geleert hatte, sah man die Wandbemalung als Ganzes: auf einem ziemlich dunklen ockergelben Untergrund und unter einem schwarzen Streifen, der den ägyptischen Himmel darstellt, zeigten große Gestalten in lebhaften (vorwiegend gelben, roten, weißen und schwarzen) Farben eine fortlaufende Reihe über drei Grabwände; die vierte, westliche Wand, war in vier Horizontalstreifen geteilt, von denen die drei unteren Abbilder von Pavianen, Genien der ersten Nachtstunde im Totenreiche, darstellten, das der tote König zu passieren hatte.

c) Bestattungs-Genius   d) Osiris-Statuette

Auf der gegenüberliegenden Ostwand befand sich noch der Leichenzug mit dem Schlitten, auf dem die Mumie des Toten unter einem Katafalk lag. Der Schlitten wurde von bedeutenden Persönlichkeiten des Hofes und den beiden Wesiren gezogen.

An der Nordwand ist Eje, der Nachfolger des Verstorbenen, dargestellt, wie er den Totenritus erfüllt. Dann folgt der Eingang des Königs in den Bereich der Toten-Gottheiten. Begleitet von seinem Doppel, dem *Ka*, umarmt er den Gott Osiris, um gleichsam eins mit ihm zu werden.

Die Südwand der Grabkammer war nicht aus dem Felsen gehauen. Wo sie mit der Vorkammer in Verbindung stand, war sie aus Ziegeln, die vergipst und ebenfalls mit Götterdarstellungen versehen waren, darunter die Göttin des Westens und der Gott Anubis, die sich rechts und links des Königs Tut-ench-Amun befinden. Diese Mauer wurde zum Teil zerstört, als die Ägyptologen den Eingang durchbrachen; und so wurden einzelne Darstellungen, auch die der Göttin Isis, vernichtet.

DIE SOGENANNTE SCHATZKAMMER, IM NORDEN

Eine Öffnung von geringer Höhe an der Nordostecke der Grabkammer führte zu einem kleinen Raum von etwa $4 \times 3,5$ m. Der Durchgang war wahrscheinlich niemals durch eine Mauer versperrt worden. Hier sind nachweisbar Diebe eingedrungen; denn einzelne Kästen waren zum Teil ihrer Juwelen beraubt worden. Dieser Raum wies keinerlei Dekor auf. Carter hatte ihn »Schatzkammer« genannt, da er tatsächlich die kostbarsten Stücke enthielt, die dem Bestattungskult gedient hatten. Andere Archäologen gaben dem Raum den Namen »Kanopen-Kammer«, da der bedeutendste Gegenstand dieses Raums eine riesige Truhe, eine Art heiliger Kiosk, war, der unter mannigfachen Hüllen die Eingeweide des Königs barg, die in Kanopen-Vasen untergebracht waren (XVIII, 34).

Das Betreten dieses Raumes wurde bloß durch die magische Inschrift auf einem Tonziegel verboten, über dem eine Fackel aus Schilfrohr befestigt war. Auf der Schwelle selbst lag die Tragbahre für einen großen vergoldeten Holzschrein in Gestalt eines Pylons, auf dem eine majestätische, schwarzbemalte

Statue des jungen Anubis-Hundes ruhte (35). Der letztere war in mit Fransen versehenen Leinenstoff gehüllt; nur der Kopf mit der feinen spitzen Schnauze war unbedeckt, die Augen waren mit Gold eingelegt, die Ohren mit demselben Metall umsäumt. Unter dem mit dem 7. Jahre der Regierung Echnatons datierten Leinentuch lag eine mit einem Blütenkranz aus Lotos- und Kornblumen bedeckte Leinenschärpe. Zwischen den Vorderfüßen mit den silbernen Krallen lag eine kleine Elfenbeinpalette, die einer der Töchter Amenophis' IV., Meritaton, der Schwägerin Tut-ench-Amuns, gehört hatte. Im Innern der Truhe befanden sich in einzelnen Fächern Kultgegenstände, Juwelen, Anhänger, Skarabäen, Amulette und schließlich Nachahmungen von Opfergaben.

Dahinter tauchte der prachtvolle Kopf einer Kuh aus goldüberzogenem Holz auf, dessen lyraförmige Hörner aus Kupfer hergestellt waren (XXIV). Das Tier, dessen Hals mit Leinenstoff umhüllt war, stellte die Göttin Hathor, genannt »Auge des Re«, dar. Hinter der Skulptur standen auf Gestellen drei Alabaster-schalen mit verschiedenen Überresten von Material der Bestattungsriten.

Das bedeutendste Stück des ganzen Raumes aber war der wundervolle Kanopenschrein. Das Äußere bildete eine Art Holztabernakel, vollständig ver-goldet und auf einem Schlitten ruhend; die vier Eckpfeiler trugen ein Gesims, verziert mit Schlangen, deren Kopfschmuck aus Sonnenscheiben bestand; auf diese Weise entstand ein Baldachin zum Schutz des Hauptschreins, der wiederum oben mit einem Gesims und einem Schlangenfries geschmückt war. Alles war mit Hieroglyphentexten und religiösen Darstellungen bedeckt. An der Außenseite des Tabernakels befanden sich die vier bekannten Schutzgöttinnen Isis, Nephthys, Neith und Selket, die Gesichter seitwärts gewandt, um ihre Wachsamkeit besser zu unterstreichen; rührend ist ihre Haltung und der Ausdruck ihrer feinen Gesichtszüge. Ihre Arme breiteten sie in beschützender Geste vor dem Schrein aus (XVII).

34 Skizzen, aus denen die Anordnung der Kästen, der Vasen und der kleinen Kanophen-Sarkophage zu ersehen ist

35 Der Anubis-Hund auf seinem Naos am Eingang der sogenannten Schatzkammer

In dieser vergoldeten Umhüllung befand sich ein Alabasterschrein auf einem Schlitten. An seinen vier Kanten sah man die gleichen Göttinnen in zartem Relief, wie sie ihre Arme um den Schrein herum ausbreiteten. Dieser Alabasterschrein war mit Leinen bedeckt, und sein Deckel war zunächst noch mit versiegelten Schnüren verschlossen. Das Innere des ausgehöhlten Raums wies vier Vertiefungen auf, in denen sich vier Alabastervasen befanden. Der Deckel jeder einzelnen wurde von dem Kopf Tut-ench-Amuns gebildet, der, mit der *Nemset* bedeckt, an der Stirn den heiligen Geier und die Kobra trug (XIX). Aber das war noch nicht alles: wenn man die Deckel mit den menschlichen Köpfen abnahm, gewahrte man in jeder Vertiefung einen Miniatursarg aus Gold-Cloisonné (XX). Im Innern befanden sich die mumifizierten Eingeweide. Jeder Kanopendeckel stand unter dem Schutz einer männlichen Gottheit, jede Vase unter dem einer weiblichen Gottheit. Carter bemerkte, daß weder die nach den Riten vorgeschriebenen Plätze für die Göttinnen noch die Stellungen der Figuren zueinander, ja, noch nicht einmal ihre Himmelsrichtung beachtet worden waren. (Seit es in Ägypten Kanopen gab, waren die Positionen der Zwillingsgottheiten genau vorgeschrieben.) Der große Tabernakel, dessen äußere Höhe fast zwei Meter beträgt, war an die Westmauer der Schatzkammer gestellt worden.

An der Südwand waren Truhen in Form von Naoi aus geschwärztem Holz aufgestellt. Sie alle waren verschlossen und versiegelt, mit Ausnahme einer einzigen, deren geöffnete Türen eine merkwürdige und prächtige Figur des Königs aus vergoldetem Holz freigaben, die auf einem schreitenden Geparden stand. Diese Gruppe war ebenso wie die andern Statuetten, die man in den verschlossenen Behältnissen fand, in Leinen gehüllt.

Die kleinen schwarzen Naoi enthielten lediglich Statuetten des Königs oder solche von Gottheiten aus vergoldetem oder mit Harz geschwärztem Holz: sieben Statuetten des Königs und neunundzwanzig von Göttern oder Genien; ihre Augen bestanden aus Alabaster, Obsidian, Bronze und sogar Glasfluß. Die meisten dieser Statuetten, die mumienhaft in Leinenstreifen gehüllt waren, trugen auf dem Kopf oder um den Hals Kränze aus natürlichen Blättern, unter denen man noch die Olivenblätter erkennen konnte.

Über diesen hohen Kästen war eine Schiffsflotte, mit den Steven nach Westen gerichtet, aufgestapelt: Schiffe jeglicher Art, vom Papyrusnachen, der zur Flußpferdjagd benutzt wurde, bis zu dem Schiff, das zur Reise ins Totenreich dienen soll, oder zu dem, das die Teilnahme an der Reise des Sonnengottes im Jenseits gestattet. Und alle diese Schiffe waren teils mit Steuerrudern, teils mit Pavillons oder Tempeln ausgestattet. Zwei andere Schiffe standen in der Nordostecke der Kammer. Endlich war noch eines vorhanden, das viel wichtiger und besser ausgestattet als die anderen war. Es war wie diese in lebhaften Farben gehalten und hatte in der Mitte eine Kabine und einen hohen Mast, an dem noch zwei Rahen hingen. Zwei kleine Aufbauten auf dem Vorschiff und dem Heck rundeten die Ausstattung des Schiffes ab, wie es der König Tut-ench-Amun zu seinen Lebzeiten für Fahrten auf dem Nil benutzt haben mußte. Das Schiff stand auf dem Modell eines altertümlichen Kornspeichers.

In der Südostecke lag unter einer Anzahl schwarzer Behältnisse eine lange Kiste, in deren Innern sich ein Rahmen befand, der den Umriß des mumifizierten Gottes Osiris hatte. Er enthielt mit Getreidekörnern vermischten Nilschlamm. Die Körnersaat war aufgegangen, und so konnte man in der Nacht des Grabes die Silhouette eines grünenden und wiedergeborenen Osiris, das Symbol der Auferstehung, erkennen. Das Ganze war in natürlicher Größe gehalten und wie eine

Mumie in Leinenstreifen gewickelt. In einem Holzkasten befand sich das Modell einer Handmühle zum Kornmahlen. Ganz in der Nähe lagen auf einer mit Stuck überzogenen Truhe zwei Siebe, in deren Mitte eine durchstochene Kupferscheibe zum Filtrieren des Biers diente.

Gegenüber den dunklen Truhen mit den vergoldeten und schwarzen Statuetten des Königs und der Genien, die an der Südwand aufgestellt waren, standen an der Nordseite der Kammer, links von Anubis auf seinem Naos, sechs Truhen und Kästen unterschiedlicher Gestalt. Sie waren alle nebeneinandergestellt, aber die offensichtliche Unordnung in der Aufstellung wies wieder auf die systematische Beraubung durch Diebe hin. Kein einziger Deckel war noch mit einem Band und dem Siegel der Nekropole versehen. Der Kasten, der dem Eingang am nächsten stand und der einen gewölbten Deckel hatte, war mit einer außerordentlich schönen Einlegearbeit aus Elfenbein und Ebenholz versehen. Carter konnte etwa fünfundvierzigtausend Einlegeteile feststellen.

Zu den Gegenständen, welche die Grabräuber im Grab liegenließen hatten, gehörte ein herrlicher Brustanhänger mit einer Barke, die in ihrer Mitte einen Skarabäus zeigt, der die Sonnenkugel vor sich herschiebt. Wie ein Degengehänge sah das große, goldgeschmiedete Band aus, an dem dieses Bruststück hing; es zeigte ähnliche Darstellungen, wobei aber die Barke durch einen Korb ersetzt war. Die Zusammenstellung Skarabäus–Korb–Sonne ergab den Vornamen des Königs Tut-ench-Amun, das heißt, den bei der Krönung verliehenen Vornamen Neb-Chepru-Re. Alles bestand aus Gold, Edelsteinen und mosaikartigen Einlagen.

Der zweite Kasten aus rötlichem Holz und mit Paneelen versehen, die in drei Horizontalreihen mit Hieroglyphen geschmückt waren, hatte die Form der königlichen Kartusche, also dieses langgezogenen Ringes, in dessen Mitte man die königlichen Namen schrieb. Auf dem goldbeschlagenen, mit Ebenholz umrandeten Deckel erschien, mit Elfenbein und Ebenholz eingelegt, in Hieroglyphen der Name Tut-ench-Amun, der Geburtsname des Königs, den er vor seiner Krönung trug, ehe er seinen Vornamen Neb-Chepru-Re erhielt. Übrigens erschien dieser zuletzt erwähnte Name überall: nur auf diesem Kasten kam der Name, unter dem der junge König seit der Entdeckung seines Grabes jetzt weltbekannt ist, schließlich zu Ehren.

Im Innern des Kastens befanden sich fast ausschließlich Schmuckstücke in wahllosem Durcheinander. Zunächst ein Kästchen mit verschiedenen Paaren von Ohrringen: bei einigen war das Gold rot gefärbt. Fast alle anderen Schmuckstücke waren mit Skarabäen verziert, dem wesentlichen Element des königlichen Vornamens. Das hauptsächlich verwendete Material war Gold, Lapislazuli (für den Käfer), Glaseinlagen, Amethyst; außerdem Türkis, Karneol und roter Jaspis. Die Armbänder bestanden aus einem Goldreifen, der sich da, wo der Skarabäus angebracht war, zu einem Medaillon erweiterte, oder sie waren in Form von Perlenbändern und Amuletten, bei denen ein großes Mittelstück den Verschluß bildete, gefertigt. Auch ein Spiegelbehälter in Form des Lebenszeichens *Anch* war vorhanden; er war mit Gold eingelegt, und sein Deckel war mit einer silbernen Leiste eingefaßt. Der Spiegel, ohne Zweifel aus dem gleichen Material, war gestohlen worden. Daneben lagen noch Anhänger; hierbei ein sehr hübsches Bruststück in Gestalt einer zierlichen Barke, welche die aufgehende Sonne trägt. Ganz unten lagen zwei Paar »Osiris«-Zepter, der Krummstab und die Geißel, aus Gold und dunkelblauem Glasfluß (als Nachahmung des Lapislazuli), mit Obsidian durchsetzt. Das kleinste Zepterpaar trug den Namen Tut-ench-*Aton*, das große den Namen Tut-ench-*Amun*. Es war auch noch eine Art zeremonieller

Schärpe vorhanden, die aus sieben Reihen röhrenförmiger Perlen aus dunkelblauer Fayence bestand, die sich zwischen Reihen aus Goldperlen befanden. An jedem Ende hingen vier Lebenszeichen an einer Kartusche mit dem Namen des Königs.

Die nächste Truhe, mit gewölbtem Deckel und weiß bemalt, war sehr einfach. Sie war fast völlig ihres Inhalts beraubt. Das einzige noch Vorhandene waren ein Paar Ledersandalen und einige Fußringe aus Stein. Diese Truhe sollte, wie die anderen, Kleidungsstücke enthalten, die zum Teil in andere Kästen gepackt worden waren.

Der vierte Kasten, quadratisch, mit kleinen Füßen, war aus Zedernholz und Elfenbein, mit schwarzer Farbmasse eingelegt und mit Gold und Silber beschlagen. Die Verzierung in Durchbrucharbeit hob sich auf einem dunklen Untergrund ab; sie bestand im wesentlichen aus den magischen Zeichen des göttlichen Lebens (den Hieroglyphen *Anch* und *Was* über Körben). Im Innern sollten sechzehn gleichmäßige Fächer Gold- und Silberflakons enthalten, die heute fehlen (36). Statt dessen lag hier alles in wirrem Durcheinander: ein Spiegelbehälter, ganz in Goldeinlegearbeit, mit dem Bild eines hockenden Genius, der die Ewigkeit verkörpert. Der wahrscheinlich darin enthaltene Goldspiegel war ebenso wie der silberne aus dem andern Kasten gestohlen worden. Hier lag auch noch eine flache Schachtel aus Schilfrohr, auf deren Deckel der König, umgeben von Gottheiten, dargestellt war. Dorthinein hatte man alles Schreibgerät gelegt: eine kleine, sehr flache Elfenbeinschale, eine Elfenbeinpalette mit dem Namen Tut-ench-Amun, die zwei Näpfchen mit schwarzer und roter Tinte enthält, und den Calamus oder das Schilfrohr, das als Schreibfeder diente, und eine andere mit Gold beschlagene Palette. Sodann einen Calamusbehälter in der Art einer palmenförmigen Säule, einen Papyrusglätter aus Elfenbein in Gestalt eines kleinen Schlegels; er hatte einen Handgriff in Form einer ionischen Säule.

Ganz seitlich befand sich noch ein fünfter, ebenfalls weißer Kasten mit gewölbtem Deckel und einer Aufschrift in schwarzer Tinte, die an die anderen Kästen erinnert: *Prozession der Totenkammer*. In ihm lag ein Gegenstand, dessen Anblick plötzlich mehrere Jahrtausende vergessen ließ: ein Fächer aus dreißig abwechselnd weißen und braunen Straußenfedern, die noch vom Lufthauch zitterten und halbkreisförmig in eine Elfenbeinplatte gesteckt waren. Der geknickte Stiel, geschmückt mit einer elfenbeingeschnitzten Papyrusdolde, endete in einem violetten Glasknopf, der auf eine Goldscheibe montiert war. Außerdem lagen noch drei Persea-Früchte in dem Kasten.

Der sechste Kasten, dessen vier Fächer völlig leer waren, stand hinter der ersten Reihe dieser kleinen Möbel. Sein Deckel, der eine mit Tinte ausgeführte Inschrift in hieratischen Buchstaben trug, spielte auch auf die *Prozession der Totenkammer* an und war von den Dieben auf einen benachbarten Kasten in Kartuschenform gelegt worden. Carter und seine Mitarbeiter, die die Behältnisse und ihren Inhalt äußerst genau untersuchten, stellten fest, daß ungefähr 60 Prozent aller Juwelen und Schätze gestohlen sein mußten. Die Kostbarkeit all dieser Schmuckstücke, Gegenstände und Möbel, die bei der Bestattungsprozession mitgetragen wurden, ist unvorstellbar.

Auch an der Nordwand dieser Kammer lag Mobiliar aufgestapelt, obenauf das bereits erwähnte Schiff (37). In der Nordwestecke entdeckte man den langen, dreieckigen Kasten für den Bogen des Königs, reichlich mit Einlegearbeiten und Goldeinlagen versehen, auf denen der König in Gestalt eines Sphinx dargestellt war. Er befand sich in der Mitte von Motiven, die mit der Jagd auf Wüstentiere

36 Inneres des großen, in sechzehn
Fächer eingeteilten Kastens

zu tun hatten, und an jedem Ende befanden sich zwei fein modellierte Geparden-
köpfe. Der Kasten trug noch den Kupferring, mit dem er an dem Wagen des
Königs befestigt wurde. Schließlich lagen noch an der Wand die demontierten
Einzelteile der beiden leichten Jagdwagen. Unter den verstreut herumliegenden
Gegenständen fand Carter noch einen Gegenstand von höchstem Interesse, ob-
wohl es nur eine einfache Peitsche war. Sie trug eine rätselhafte Inschrift: *Der
Sohn des Königs, Truppenkapitän Thutmes.* Wer war dieser Prinz?

Nun mußte nur noch die letzte Ecke der Kammer, die Nordostecke, leer-
geräumt werden. Die Wände waren bis zur Hälfte mit Kästen und Truhen und
schwarzbemalten Holzschreinen bedeckt. Alles war ausschließlich Bestattungsmaterial. Die auf Schlitten ruhenden Schreine enthielten die sogenannten
Uschebti(u), die, wie man annimmt, Diener darstellen sollen, welche dem Verstorbenen die im Jenseits vorgeschriebenen Arbeiten abzunehmen hatten. Aber
diese Diener glichen in sonderbarer Weise dem Herrscher. Trotz der Verschieden-

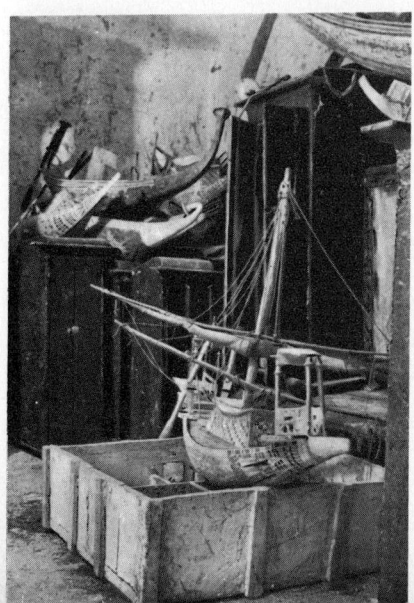

37 In der Schatzkammer aufgehäufte
Schiffe, Kästen für die Statuetten und
der Kornspeicher

artigkeit der Figuren und des Kopfschmuckes blieb die Haltung stets die gleiche: der König, als Mumie verhüllt, in die Ewigkeit schauend, hält in seinen Händen die Embleme des »osirischen« Königtums, oder er umschließt mit seinen Händen die Werkzeuge für die Arbeit in der Landwirtschaft, zu der er befohlen werden konnte. Die Figürchen waren in unterschiedlichem Material ausgeführt und stellten alle möglichen Typen dar. Die schönsten dieser kleinen Meisterwerke, die ungewöhnlich wahrhaftige, lebensnahe Abbilder des Königs zeigen, standen mit kleinen rohen Fayencestatuetten zusammen. Im ganzen wurden hundertdreizehn *Uschebti(u)* mit Inschriften gezählt. Die Werkzeuge, die sie hielten, waren auch als lose, unabhängige Einzelstücke vorhanden. Davon gab es 1866 Stück, einzelne waren aus Eisen, einem damals sehr seltenen Metall, aus dem auch einige andere Gegenstände des Schatzes gefertigt waren, die aber ausschließlich auf der Mumie selbst lagen (Miniatur-Kopfstütze, das *Udjat*-Auge und ein Dolch). Von den schönsten Figürchen waren sechs von hohen Würdenträgern des Königs gestiftet worden: fünf trugen eine Widmung des Armeechefs Nacht-Min, die sechste eine des Oberschatzmeisters Maja. Ein weiteres, etwas anderes Bildwerk, war ebenfalls von Maja gestiftet worden. Es bestand aus einem kleinen Sarkophag aus Holz mit dem Abbild des mumifizierten Königs, der auf einem Bett mit Löwenköpfen und niederen Füßen lag und von zwei Vögeln bewacht wurde; der eine, nahe seinem Herzen, hatte einen Menschenkopf, der andere auf der rechten Seite war ein Falke (XVI).

Durch die Widmung, die sich über die ganze Länge des Bettes von Kopf bis Fuß erstreckte, erfahren wir, daß der kostbare Gegenstand das Geschenk eines Dieners Seiner Majestät war, daß es von dem Oberintendanten der Bauarbeiten des »Platzes der Ewigkeit«, Schreiber des Königs, Oberschatzmeister Maja, stammte.

In diesem Raum befanden sich die einzigen Gegenstände, die sich auf die Umgebung des Königs beziehen. Nach dem Gedenken seiner Untergebenen kam nun das der Familienmitglieder, wenn auch in sehr unerwarteter Weise: auf den übereinandergestapelten Schreinen lag ein kleiner Holzsarg, mit Leinenschnüren befestigt und dem Siegel der Nekropole versehen. Er war ungefähr 76 cm lang und, wie die Kästen mit dem Bestattungsmaterial, schwarz gefärbt; die Inschrift war vergoldet. Er enthielt noch einen zweiten kleinen, vergoldeten Sarg mit dem Bildnis und dem Namen Tut-ench-Amuns. Darin befand sich, in Leinen gehüllt, das zur Mumifizierung gedient hatte, eine kleine Statuette Amenophis' III. aus massivem Gold. Neben der Statuette lag ein dritter, viel kleinerer Sarg aus einfachem Holz. Dieser enthielt noch einen kleinen, menschenförmigen Sarg von 12,5 cm Länge. Dieser war mit Salböl bedeckt und trug die Titel der Königin Teje. Im Innern befand sich, sorgfältig in Leinen eingeschlagen, eine Locke ihrer rotbraunen Haare.

Aber dies war noch nicht alles. Eine andere Kiste aus geschwärztem Holz lag oben auf dem Stapel im Nordosten dieser Wand, an der Seite des großen Kanopenschreins. Sie enthielt zwei kleine menschenförmige Särge, die Kopf bei Fuß lagen. Die äußeren Inschriften bezogen sich auf einen »Osiris« ohne weiteren Namen. Jeder dieser Särge enthielt ein kleineres, vergoldetes Modell, und wiederum in jedem von diesen befand sich die Mumie einer Frühgeburt, die wie die Leiche eines Erwachsenen behandelt worden war. Sie unterschieden sich leicht in der Größe, und die Untersuchung ergab, daß es sich wahrscheinlich um einen Fetus von fünf und einen von sieben Monaten handelte. Die kleinere Mumie trug noch eine viel zu große Totenmaske, während die größere sie nicht mehr aufliegen hatte.

V Pultförmiger Deckel eines kostbaren Kastens, mit Elfenbeinschnitzerei verziert, die sehr zart getönt ist: lichtgelb, ocker, graublau. Die Szene zeigt Tut-ench-Amun und Anchsen-Amun zu Beginn ihrer Regierungszeit – beide mit noch sehr jugendlichen Zügen. Der König stützt sich auf einen Stab, während ihm die Königin zwei Sträuße reicht, die aus Lotos bzw. Papyrus gebunden und mit Mandragoren dekoriert sind.

VI Truhe aus stuckiertem Holz. Die Längsseiten und die beiden abschüssigen Seiten des gewölbten Deckels sind mit Darstellungen von Kriegs- und Jagdszenen verziert. Man sieht hier eine Szene aus dem höchst unwahrscheinlichen Krieg, den Tut-ench-Amun gegen die Syrer geführt haben soll. Die entsprechende Seite des Deckels zeigt eine Jagd auf Strauße, Antilopen, Hyänen und andere Wüstentiere. Auf den kleinen Flächen der Truhe ist der König viermal in Gestalt eines Sphinx abgebildet, der die Tatzen auf seine Feinde gelegt hat.

VII Detail von einem der Wagen, die auseinandergenommen in der Vorkammer gefunden wurden (sie bestehen aus stuckiertem und mit Goldblättchen überzogenem Holz). Das Bild zeigt das Mittelstück des Frieses mit der Darstellung der gefangenen Feinde. Die Fesseln, die in Lilien- oder Papyrusblüten auslaufen, unterstreichen noch die Zugehörigkeit der betreffenden Figuren zu den südlichen bzw. nördlichen Völkern.

VIII Der Thron. Das geschnitzte Holz ist mit Goldblech überzogen und mit Einlegearbeiten aus mehrfarbigem Glasfluß, glasiertem Ton, Edelsteinen und stellenweise mit Silberblättchen verziert. Die Armlehnen des Thrones stellen eine geflügelte Natter dar, die die doppelte Krone trägt und die Namen des Königs schützt. Der aus Rohr geflochtene Sitz wird von Raubtierkatzen getragen. Der Thron wurde in der Vorkammer gefunden.

IX Mittelstück der Rücklehne des überzogenen Thrones. Für diese Darstellung wurden
Gold- und Silberblättchen, farbiger Glasfluß, emaillierter Ton und Kalkspat verwandt.
Die ungezwungene Haltung des Königs findet ihre Parallele in der zärtlichen Geste der
Königin, die offenbar den Blütenkragen des Herrschers mit einer Salbe bestreicht. Der
Kragen ist dem ihrigen ähnlich und jenen, die bei Bestattungsfeiern die Gäste schmückten.

X und **XI** Zwei Figuren, die als typische Darstellungen der beiden Erbfeinde Ägyptens gelten können, bilden das untere Ende – und nicht, wie mitunter geschrieben wurde, den Griff – des Stabes. Hände und Gesicht des Syrers erscheinen wie lebend – dank der Farbe

des Elfenbeins, die kaum verstärkt wurde. Für die Einlegearbeiten wurde farbiger Glasfluß verwandt. Der Asiate und der Afrikaner drehen einander den Rücken zu; nur ihre Füße und Beine berühren einander (man kann den Fuß des Negers neben der Hand des Syrers erkennen).

An einem anderen Stab ist nur die Figur des Afrikaners angebracht. Hier sind die oberen Gliedmaßen und der Kopf aus Ebenholz geschnitzt, der übrige Teil des Körpers und die Kleidung bestehen aus vergoldetem Holz.

XII Der Anhänger hat die Form eines Schiffes, in dessen Mitte sich ein großer Skarabäus befindet, der von zwei Uraeus-Schlangen eingerahmt wird, die von dem Käfer durch drei Hieroglyphen getrennt sind: durch den Djed-Pfeiler, das Lebenszeichen und das Zeichen für die ewige Jugend. Die gleichen Motive schmücken das Halsband. Das Schmuckstück besteht aus Gold, Lapislazuli, Karneol, Türkis und grünem Feldspat.

Die Ausgräber meinten zunächst, daß es sich hier um totgeborene Kinder handelte, die in nächster Beziehung zu Tut-ench-Amun und seiner Gattin Anchsen-Amun standen. War dies aber die richtige Erklärung? Jedenfalls ließen diese beiden kleinen Leichen für eine kurze Weile die außerordentliche Anhäufung von Kostbarkeiten, von Gegenständen, die mit Gold bedeckt oder eingelegt waren, aber nichts über das Leben des Königs aussagten, vergessen. Würden diese beiden Körper zu früh Geborener, die man in diesem Raum gefunden hatte, vielleicht dazu beitragen, das Leben des Herrscherpaares besser verstehen zu können, oder waren auch sie nur für die Bestattungsriten notwendig? Vielleicht wird dies der rekonstruierte Ablauf der Bestattungszeremonien lehren.

DIE NACH OSTEN AUSGERICHTETE SEITENKAMMER

Nach Räumung der Vorkammer und Fortschaffen aller um die Bestattungsbetten gestellten Gegenstände hatten die Ausgräber in der Südwestecke dieses Raumes einen Durchgang entdeckt, der schon im Altertum aufgebrochen worden war; es war eine klaffende Öffnung entstanden, die sich gerade unter dem Bestattungsbett, die Flußpferdgöttin Thoêris darstellend, befand. Die Ausgräber gaben diesem Raum den Namen »nach Osten ausgerichtete Seitenkammer«, und diese Bezeichnung entsprach nach der Ansicht Carters auch genau der Bestimmung dieses Raumes. Er war etwa 4 m lang und 2,90 m breit. Wenn man in den drei anderen Grabkammern schon eine Unordnung feststellen konnte, die durch die Plünderer hervorgerufen und nur oberflächlich durch die Inspektoren der Nekropole behoben worden war, so zeigte diese Kammer ein unvorstellbares Durcheinander der verschiedensten Gegenstände, die von den Räubern durchwühlt worden waren und die die Inspektoren in dem gleichen Zustand belassen hatten, ohne auch nur dafür zu sorgen, daß die Wandöffnung wieder vermauert wurde. Es schien, wenigstens zunächst, als ob die in dieser Seitenkammer aufgestellten oder nach der Beraubung wieder hingestellten Gegenstände ohne jede Ordnung angehäuft worden waren. Die Ausgräber folgerten daraus, daß man in diesem Raum die Reservestücke entweder für die Totenkammer oder für die Schatzkammer gebracht hatte; alles war in wüster Unordnung aufeinandergestapelt und mit Gegenständen vermischt, die von Anfang an für diesen Raum bestimmt waren. Von allen vier Grabkammern war dieser Raum wegen der Verschiedenartigkeit des in ihm aufbewahrten Mobiliars am schwersten zu deuten. Jedoch waren oberhalb des versperrten Durchgangs Siegelspuren vorhanden, die den Weg weisen konnten: die kaum lesbaren Texte wurden an Ort und Stelle von Professor Breasted und Dr. Alan Gardiner entziffert. Sie waren so schlecht zu erkennen, daß diese beiden großen Philologen nicht weniger als sieben Tage dazu brauchten, die Reste zu deuten. Sie unterschieden sich stark von denen der anderen Eingänge und zeigten deutlich vier verschiedene Typen. Die erste Aufschrift lautete: »*Der König von Ober- und Unterägypten, Neb-Chepru-Re, verbrachte sein Leben damit, Götterbilder zu schaffen, so daß sie ihm Weihrauch, Libationen und Opfer jeden Tag gaben.*« Die zweite Inschrift enthielt folgende Worte: »*Neb-Chepru-Re, der Bilder von Osiris schuf und sein Haus wie am Anfang baute.*« Dann kam die dritte Inschrift: »*Neb-Chepru-Re = Anubis triumphierend über die neun Bogen.*« Und endlich die vierte: »*Der Herr Anubis triumphierend über die vier gefangenen Völker.*«
Die Art, in der die Gegenstände in dieser Seitenkammer angehäuft waren, ver-

ursachte den Ausgräbern große Schwierigkeiten. Die Anordnung war so getroffen, daß ein Lufthauch zu genügen schien, um alles zusammenfallen zu lassen. Man mußte deshalb diesen labilen Zustand erhalten, um ein Stück nach dem andern wegnehmen zu können. Dicht aufeinandergeschichtet, zerbrochen, die Kisten geöffnet, umgestülpt, die Kästen ausgeräumt; auf einem der Bogenfutterale fand man sogar Fußspuren, wahrscheinlich waren es die der Grabräuber. Auf Krügen stellte man Abdrücke der schmierigen Hände von Dieben der geweihten Salböle fest.

Fünf Jahre hatten die Ausgräber schon in dem Grab gearbeitet, aber erst am 30. Nov. 1927 waren sie so weit, um mit ihrer Arbeit in der Seitenkammer beginnen zu können. Wegen der Anhäufung der verschiedenartigen Gegenstände war Carter überzeugt, daß bei deren Aufstellung in diesem Raum kein System geherrscht habe. Er gab jedoch zu, daß diese Gegenstände in zwei Kategorien zerfielen: in der Seitenkammer gefundene Einzelteile, die aus anderen Räumen stammten, und solche, die von Anfang an für diese Seitenkammer bestimmt waren und deren Zahl tatsächlich gering war. Diese vielleicht allzu ausschließliche Gliederung konnte der Wirklichkeit nicht ganz entsprechen. Wir werden dies sehen, wenn wir uns bemühen, den Verlauf der Bestattung zu rekonstruieren.

Ganz oben auf dem Stapel befand sich ein Bett, das einen Holzrahmen hatte und mit kurzen Katzenfüßen versehen war. Es war mit einer »Matratze« aus Strohgeflecht bezogen. Es gab sogar vier Betten gleicher Art, die statt einer Kopfwand eine Fußwand besaßen. Zwei bestanden aus Ebenholz; eines davon war mit Gold beschlagen und, wie das andere, auf den Pfosten mit heraldischen Pflanzen und einer Szene »Vereinigung der beiden Länder« geschmückt. Das andere, vergoldete Bett, war das nicht so außergewöhnliche »Gegenstück«. Das dritte, ein Faltbett, war gegen die Südwand des Raumes gelehnt. In der Südostecke stand majestätisch und in diesem chaotischen Durcheinander seltsam anzusehen eine Art Ebenholzthron mit Elfenbeineinlagen. Die eigentliche Sitzfläche bestand aus einer gekrümmten Platte; sie wurde von gekreuzten Beinen mit Entenköpfen und -hälsen getragen. Dahinter befand sich eine Rücklehne, die mit stilisierten und geometrischen Figuren und Göttersymbolen ausgeschmückt war und in deren Hieroglypheninschriften die Namen von Aton und Amun erwähnt wurden. Die Einlegearbeit auf dem Sitz deutete ein Kissen aus dem Fell eines katzenartigen Tieres an. Verschiedene Partien des Thrones waren mit Gold, andere mit Fayencen und Edelsteinen eingelegt (IV).

Ein Schemel aus gleichem Material, dessen Einlegearbeit die traditionellen Feinde Ägyptens zeigte, die von Pharaos Füßen getreten werden, stand in der Nähe. Selbst bei oberflächlichem Hinschauen gewann man vor allem wegen seiner klaren, strengen Linien den Eindruck, daß es sich hier um Kultgegenstände handelte. Daneben stand ein Stuhl aus Strohgeflecht, der von den Ausgräbern als »Gartenstuhl« bezeichnet worden war, und etwas weiter ein weißgestrichener Sitz, bei dem der Raum zwischen den Füßen mit den heraldischen Pflanzen Ägyptens ausgefüllt war. Dieser Art von Sitzmöbel entsprach ein Schemel, dessen Pflanzen in Golddekor erschienen. Aber die originellste Sitzgelegenheit dieser Seitenkammer bestand aus einem weißgestrichenen Holzschemel mit drei Füßen, die die Form von Hundepfoten hatten und unter denen sich noch eine durchbrochene Arbeit befand, die heraldische Pflanzen zeigte. Der halbkreisförmige Sitz bestand aus einander gegenüberstehenden Löwen in leichtem Relief, deren Tatzen gefesselt waren. Hier lag auch ein rundes Kissen mit einem Bezug aus Perlenstickerei.

In dieser Kammer standen zwei kostbare »Kabinett«-Schränke mit vier hohen

Füßen, die in ihrer Form an die »Barbières« unseres europäischen 19. Jahrhunderts erinnerten; sie waren aus dunkelrotem Zedernholz und Ebenholz gefertigt. Einer war mit einem Rahmen aus Streifen eingelegter Inschriften versehen. Beide besaßen unten einen Fries aus Amuletten: Osiris-Pfeiler und Isis-Blut auf einem; die Zeichen *Anch* (Leben), abwechselnd mit den *Was*-Zeptern (göttliche Kraft) auf dem anderen. Auf dem ersten dieser »Kabinett«-Schränke, den Carter zerbrochen vorfand, stand eine hieratische Aufschrift, die besagte, daß er königliche Kleidungsstücke aus sehr feinem Leinen enthalten sollte. Statt dessen befanden sich vier Kopfstützen darin, von denen zwei hölzerne einen religiösen Dekor zeigten: der Gott des Luftraums, den Halbkreis tragend, auf dem der Nacken ruhen sollte, bildete den Fuß der einen; die zweite, in Gestalt eines kleinen Faltstuhles mit gekreuzten Füßen, die in Entenköpfen endeten, zeigte auf der Seite einen Schmuck aus Köpfen des Gottes Bes. Die beiden anderen Kopfstützen waren besonders sauber verarbeitet: ihre Füße waren mit Goldringen versehen; die eine war aus undurchsichtigem blauem Glas, die andere aus Fayence in noch dunklerem Blau hergestellt.

Ein quadratischer Holzkasten war innen mit einer Art Pilz versehen, auf dem wahrscheinlich eine Kopfbedeckung des Königs gehangen hatte, von der aber nur noch einige Leinenreste und kleine Perlen aus Gold, Lapislazuli, Kornalin und Feldspat übriggeblieben waren. Diese Vorgängerin einer Hutschachtel verschwand inmitten der Weinkrüge am äußersten Nordende der Kammer.

Dann folgten drei Ebenholzkästen mit hieratischen Aufschriften, die besagten, daß dies *die Wäschetruhen Seiner Majestät waren, als er noch ein »junges Wesen« (inpu) war.* Einer von ihnen war sogar für Weihrauch, Gummi, Antimonpulver und drei goldene Heuschrecken bestimmt. All dies war verschwunden. Es standen auch noch sieben weitere, fast gänzlich entleerte Kästen in der Nähe. Unter den letzteren befand sich noch ein wichtiges Stück, nämlich das erste Beispiel eines Spielkastens mit Fächern und Schubladen, dessen Schloß im übrigen eine ganz raffinierte Mechanik aufwies. Er enthielt ein *senet* genanntes Miniaturspiel aus Elfenbein, Schleudern, eine Art »Feuerzeug«, das mit Hilfe einer durch einen Bogen erzielten Reibung in runden Aushöhlungen, die gleichmäßig auf einem Brettchen aus Hartholz verteilt waren, Feuer erzeugte. Es fanden sich hier auch Handschuhe für Bogenschützen zum Schutz der linken Hand und, nicht zu vergessen, ein Elfenbeinarmband mit der Darstellung der auf der Jagd verfolgten Tiere, darunter ein von einem Hund gestelltes Pferd, und andere Armreifen aus Fayence mit den Namen früherer Herrscher aus der Mitregentschaft Amenophis' IV.-Echnaton mit Semenchkarê.

Auf dem Haufen der an der Wand aufgestapelten Gegenstände lag ein grob verarbeiteter aufgebrochener Kasten, in dem sich eine Anzahl kleiner Behälter aus hellblauer Fayence befand. (Im Vorzimmer enthielt ein ähnlicher Kasten das dunkelblaue Lapislazuli-Geschirr.) In Türnähe stand auf einem Stapel von Körben ein anderer Kasten, in dem ein Paar gobelinartig gewebte Handschuhe sowie zwei Gewänder für rituelle Handlungen lagen, die durch ihre rechteckige Form Meßgewändern ähnelten. Der Dekor des einen, der zum Teil mit Wollfäden bestickt, zum Teil durchwirkt war, wies seitlich und unten eine Borte auf (man hatte hier eine wahrhaft wilde Tierjagd dargestellt). Um den Halsausschnitt zeigte der gewirkte Streifen geometrische und florale Gebilde mit den Namen Aton und Amun. Diese sicherlich liturgischen Gewänder mußten mit dem Priesterthron in Zusammenhang stehen, der in der gleichen Kammer gefunden worden war. Auch ein zeremonielles Zepter (genannt *Cherep* oder *Aba*), das in der Seitenkammer gefunden wurde, muß hier genannt werden; es war aus Holz und mit Gold beschlagen. Auf der einen Seite waren Tieropfer dargestellt, die von diesen Instrumenten geweiht wurden; auf der anderen sagte eine senkrechte Aufschrift, daß der König, Sohn Amuns, ein funkelndes Antlitz besaß, das strahlte *»wie Aton, wenn er scheint«.*

Bei den Kästen befand sich noch eine große Truhe in Form eines Bogens; sie enthielt Bogen und Pfeile (man fand in diesem Raum übrigens 278 Pfeile in sechzehn verschiedenen Arten) sowie Bumerangs und andere Wurfhölzer. Unter den hier gefundenen Waffen gab es auch einige lange Stöcke, Krummschwerter und acht Schilde, von denen anscheinend nur vier benutzt worden waren; zwei von ihnen trugen einen Überzug aus Gepardenfell. Die Votivschilde hingegen zeigten Ornamente in durchbrochenem, vergoldetem Holz mit Darstellungen des Königs als Sphinx, wie er seine Feinde niederritt oder wie er den Löwen beherrscht. Amulette lagen verstreut auf dem Boden, zusammen mit Modellen von Werkzeugen und *Uschebti(u)*, die wahrscheinlich aus der Schatzkammer stammten. Bemerkenswert waren außerdem einige kleine Modellschiffe, die ohne Zweifel zu den Booten in der Schatzkammer gehörten. Im Nordwesten lag, mitten unter Trümmern, eine prachtvolle silberne Vase in Form eines Granatapfels.

Auch muß man noch die große Anzahl von Stöcken und Stäben erwähnen, die vielen Zwecken dienten und aus verschiedenem Material gefertigt waren. Sie waren mit Gold und Silber verziert, mit Einlegearbeiten versehen oder einfach aus prachtvollem, kostbarem Holz geschnitzt und poliert; alle hatten Handgriffe und Enden, die sehr originell geformt waren. Es waren sozusagen alle Arten vorhanden, selbst gabelförmige Stöcke zum Fang von Reptilien. Die Fächer und Wedel, die ihren Straußenfederschmuck verloren hatten, umgaben an Prozessionstagen den König. Zweifellos gehörten sie auch zum Zeremonienzubehör, und einer von ihnen trug in Einlegearbeit die Namen Echnaton und des Gottes Aton.

Mehrere Spiele mit dreißig Feldern, die man *senet* nennt, enthielten zum großen Teil noch in ihren Schubladen Spielsteine, Knöchel und Stäbchen (XXIII). Man konnte drei Größen unterscheiden, die aus Ebenholz, Elfenbein (oft mit Verzierungen) und Gold gefertigt waren. Dann gab es noch ein Paar Sandalen mit richtiger Intarsien-Arbeit, ein Lederleibchen und ein Paar in Hände auslaufende Kastagnetten aus Elfenbein mit dem Namen der Königin Teje. Zu diesem zusammenhanglosen Ganzen gehörte auch noch ein Teil des kleinen Tragtempelchens, von dem sich weitere Einzelteile in der Vorkammer befanden.

Um schließlich die Liste der auffallendsten Fundstücke zu beschließen, sei zunächst noch eine Art Aufsatz erwähnt, der von den Ausgräbern als ein »Tafelaufsatz« *(centre piece)* bezeichnet wurde. Aus sehr feinem Alabaster geschnitten, mit Farbpasten und Gold dekoriert, bestand er aus einer Art rechteckigen Wasserbeckens, das Blumenmotive und die Namen Tut-ench-Amuns und seiner Gattin Anchsen-Amuns zeigte. In der Mitte dieses Bassins, das man zweifellos mit Blumen füllen konnte, stand auf einem kleinen Sockel eine Barke, deren Bug und Heck in Steinbockköpfen endeten.

Ein Mittelbaldachin mit vier Blumenpfeilern enthielt einen Gegenstand, der einem Sarkophag glich; er war offen und mit Pflanzenmotiven geschmückt. Ein Deckel war nicht vorhanden. Vorn auf der Barke hockte ein reizendes, nacktes junges Mädchen, das eine Lotosblüte an sich drückte (XV); hinten saß eine Zwergin, die mit einem langen Stock das Schiff steuerte.

Nun blieb nur noch eine Truhe an der Nordwestecke übrig. Ihr war übel mitgespielt worden, und ihr prachtvoller Deckel aus Elfenbein, dekoriert und umgeben von einem Fries aus Alabaster und Glasfluß, wurde in einer anderen Ecke wiedergefunden. Das dekorative Zentralmotiv, von poetischer Kraft und geschmacklicher Feinheit – wenn auch etwas überladen –, zeigt die beiden jungen Eheleute Tut-ench-Amun und Anchsen-Amun unter einer Blütenlaube in einem Traumgarten (V). Die vor dem König stehende Königin reicht dem König – der fast noch ein Kind ist – zwei Sträuße aus Papyrus und Lotos. Inschriften bezeugten die Identität der Dargestellten. Die Seitenwände wiesen Szenen gleichen Stils auf, aber sie zeigten Jagd und Fischfang (124) und galoppierende Tiere. Diese Truhe war eine Art familäres Gegenstück zu jener, die in der Nähe der großen schwarzen Statuen in der Vorkammer gefunden wurde und die mit Kriegs- und Jagdtaten eines siegreichen Herrschers dekoriert war.

Es sei nur noch schnell aufgezählt, was Carter als ursprünglich in dieser Seitenkammer aufgestellte Gegenstände bezeichnet hatte. Es waren dies in der Hauptsache jene, die Salböle sowie flüssige und feste Vorräte enthielten. Es blieben noch vierunddreißig Vasen und Alabasterbehälter, die alle leer waren, deren Deckel und Stopfen verschwunden waren, die aber Öle und Salben enthalten haben mußten. Einige der Alabastergefäße hatten ursprünglich andere Besitzer, deren Namen man entfernt hatte. Andere trugen noch die Kartuschen der Vorgänger Tut-ench-Amuns; man entdeckte sogar eine von Thutmosis III. Die alten zerbrochenen Vasen waren wieder repariert worden. Auf zwei Vasen mit den Namen Amenophis' III. hatte man den Namen Amuns ausgekratzt. Eines der durchbrochenen Gefäße zeigte die Form einer *situla* (längliches Libationsgefäß mit Henkel). Andere mit langem Hals trugen drei Blumenringe in Einlegearbeit aus farbigen Pasten. Am erstaunlichsten aber war ein Gefäß in Gestalt eines aufrecht stehenden Löwen, über dessen erhobenem Haupt ein hoher Kopfschmuck aus Blumen den Flaschenhals bildete. Eine Vordertatze war erhoben; die andere stützte sich auf ein magisches Zeichen des Schutzes. Das Tier, aus Alabaster mit Einlegearbeiten aus Elfenbein und Farbpasten, mit den Namen Tut-ench-Amuns und seiner Gattin, stand auf einem durchbrochenen Sockel, der den Fuß des Gefäßes bildete. Eine andere »Flasche« stellte einen liegenden und blökenden Steinbock dar oder immerhin einen, der die Zunge herausstreckte. Ein einzelner Deckel bestand aus einem flachen Alabasterteller, auf dem eine Schale befestigt war, die als Nest für ein Vögelchen diente, das von vier Eiern umgeben war, seinen Schnabel geöffnet hielt und dessen kleine Flügel aufgerichtet waren.

Außerdem lagen noch über diesem Geschirr hundertsechzehn Körbe; sie enthielten größtenteils getrocknete Früchte und Samenkörner; man konnte noch darunter Mandragora, Trauben, die *dum*-Nuß, Melonenkerne usw. erkennen. Dieses Flechtwerk hatte ähnliche Formen wie heute, und eines von ihnen, in Gestalt einer Flasche, enthielt getrocknete Trauben. Die in der Vorkammer festgestellten Spuren ließen vermuten, daß noch viel mehr Vorräte vorhanden gewesen sein müssen.

Endlich gab es hier noch drei Dutzend Weinkrüge, große Amphoren, die wegen der hieratischen Inschriften auf dem Flaschenbauch von außerordentlichem historischem Interesse sind. Die meisten stellten klassische ägyptische Töpferwaren dar, deren »Schultern« zwei kleine Henkel aufwiesen und die unten spitz endeten. Ihre Pfropfen aus ungebrannter Erde, die noch in Ordnung waren, sollten durch ihre Aufschriften sehr wichtige Einzelheiten zu der Geschichte von Amarna beisteuern. Es stellte sich nämlich heraus, daß das jüngste Datum der Regierungszeit Tut-ench-Amuns das Jahr 9 war.

Die meisten Weine kamen von den Domänen des »Westflusses« (im Delta).

Wenn der Nektar in den fremdländischen Weinkrügen auch vielleicht ägyptischer Herkunft gewesen sein mag (die irdenen Siegel zeigten die gleichen Zeichen wie die der ägyptischen Krüge), so deutete die eiförmige Gestalt mit dem langen Hals und einem Henkel zweifellos auf syrischen Ursprung hin. Durch Röhrchen wurde in den schweren irdenen Pfropfen eine Öffnung freigehalten, die zeigte, daß dieses »Ventil« nötig war, um die Gärungsgase entweichen zu lassen.

Auf diese Weise zeigte sich der fabelhafte Schatz in seiner Gesamtheit. Zweifellos handelt es sich um einen Schatz; dies zeigt die Kostbarkeit jedes seiner Einzelteile, ihr künstlerischer Wert und die beträchtliche Zahl der Gegenstände. Kostbare Materialien waren bei nahezu jedem Objekt verwandt worden, überall blitzte das Gold und bedeckte mit seiner nie zerstörbaren Oberfläche diese Welt verschieden-artigster Formen, die für den Toten so wichtig ist, um ihm die Ewigkeit zu sichern. Wir haben die Möbel und Juwelen, die Vasen und Kleidungsstücke, die Familien-andenken und Genienbildnisse, manchmal auch die Namen des jungen Herrschers und seiner Gattin vorüberziehen sehen; es wurden die Verwandten und andere Mitglieder der königlichen Familie erwähnt, wir erlebten ihre Atmosphäre in diesem stummen Glanz. Aber es fand sich keine Inschrift, die hätte helfen können, die Geschichte des Verstorbenen wiederauferstehen zu lassen. Auf den Seiten der Baldachine und Schreine hatte man religiöse Texte entziffern können; auf den Grabfigürchen standen die üblichen Gebete und die Namen einiger Ergebener. Carter hat überall nach Papyri gesucht und einen Augenblick geglaubt, in einem einfachen Kasten (der die Nr. 43 der Vorkammer erhielt) das allerkostbarste Be-hältnis des ganzen Grabes gefunden zu haben: in seinem Innern schienen Schriften-rollen zu liegen, die sich aber nur als Leinenbinden entpuppten. Man mußte die Hoffnung aufgeben: das Grab enthüllte nicht so leicht das Geheimnis des Königs.

Dagegen war das Fortleben nach dem Tode für den Verstorbenen durch Möbel-stücke, durch vorgeschriebene Riten und durch die Vielzahl bedeutungsvoller Ge-genstände vorbereitet. Ihre Gegenwart beschränkte sich darauf, den Rahmen zu zeigen, in dem sich theoretisch das Leben eines Königs abspielte. Außer diesen Eigenschaften besaßen sie noch eine andere Bedeutung und schienen mit den ge-heimnisvollen Riten zusammen ein Ganzes zu bilden. Man hatte alles, was für dieses Leben eine persönliche Note haben konnte, entfernt. Man konnte also von diesem Schatz keine historische Aufklärung erwarten! Immerhin lieferte uns dieses Grab mit seinem Inhalt ein fast unversehrtes Bestattungsmobiliar, das bis dahin unzugänglich war und das trotz der Spuren mehrfacher Beraubung und des Durch-einanders im Grabe zeigte, wie die Bestattungspriester diese Einzelteile gemäß den Riten aufgestellt haben mußten. Es blieb nur noch die Frage des Warum zu klären. Das überraschendste war der außerordentliche Gegensatz zwischen dem Luxus der aufgespeicherten Gegenstände und der schrecklichen Unordnung, in der sie sich befanden, sowie die Enge und Nüchternheit der Räumlichkeiten.

Diese Schätze waren in einem solchen Zustand, daß man sich fragen mußte, ob dies nicht alles in einer gewissen Hast zusammengetragen worden war. So muß-ten zum Beispiel die Wagen auseinandergenommen worden sein, um sie durch die zu engen Eingänge und den Korridor hineinzubringen. Die vergoldeten Holz-schreine, die ineinandergefügt waren, mußten wieder aufgebaut werden, ohne daß man genau darauf achtete, welche Wände zueinander gehörten und wie sie aus-gerichtet sein mußten. Man mußte, um den Sarkophag schließen zu können, die Füße des ersten und größten mumienförmigen Sarges abhobeln: Holzspäne waren achtlos an Ort und Stelle liegengelassen worden. Nachlässigkeit war allenthalben zu spüren.

Dennoch gab es in unmittelbarer Nähe sò viele schöne und prunkvolle Grab-stätten! Man brauchte nicht einmal in königliche Felsengräber, die herrlichsten von allen des Tales, zu gehen, um prachtvolle »Bleiben für die Ewigkeit« zu fin-den. Die Gräber von den hohen Würdenträgern der Könige des Neuen Reiches an der anderen Seite des Steilhanges zeugten noch von der Schönheit, mit der man sie einst ausgeschmückt hatte. Was blieb dann noch den Herrschern, Söhnen der Götter, wenn ihre Minister schon derartige Grabkapellen besaßen? Selbst die Pharaonen, die, wie Ramses I., nicht lange gelebt hatten, besaßen Gräber, die mit viel mehr Sorgfalt ausgestattet waren. Für Tut-ench-Amun war nichts dergleichen geschehen. Ein einziger Raum in recht beschränkten Ausmaßen zeigte einen eilig ausgeführten Wandschmuck.

Jedoch stand nichts – nach eingehender Prüfung – in der Anlage des bescheidenen Grabes in Widerspruch zu einem traditionellen königlichen Grab vor der religiösen Revolution Amarnas, während der Tut-ench-Amun geboren wurde. Während der Tage dieser Häresie durfte man den Lauf der Sonne in ihrer direkten Bahn nicht aufhalten: auch die Gänge und Räume des Grabes von Echnaton in Tell-el-Amarna sind einer einzigen Achse folgend angelegt worden. Vor dieser

38 Plan der Gräber von a) Thutmosis III., b) Thutmosis IV., c) Amenophis IV.-Echnaton,

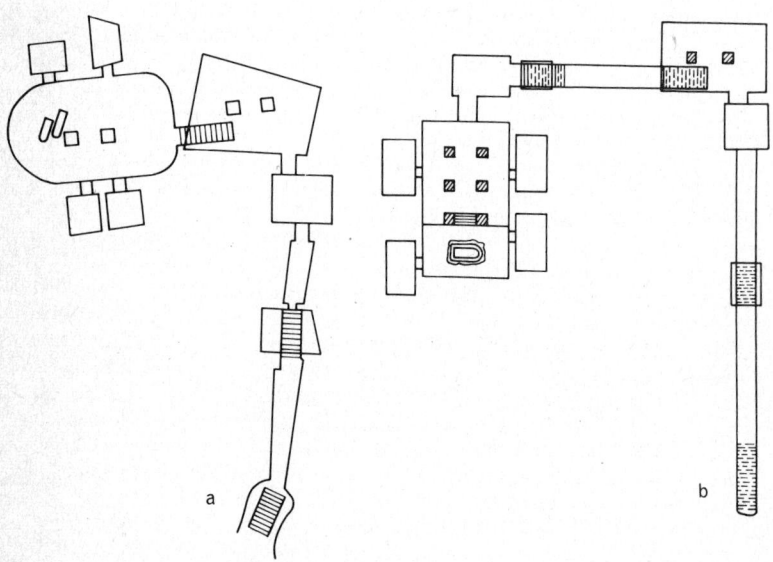

a   b

Epoche – man kann dies gut an den Gräbern von Thutmosis III. und Thutmosis IV. erkennen – zeigt der Zugangsweg zu der Grabkammer Biegungen im rechten Winkel, was auch im Plan des Tut-ench-Amun-Grabes beachtet wurde, ohne daß dort großer Wert auf die Räumlichkeiten gelegt worden war (38).

So kam man zu der Überzeugung, daß, wenn auch die Beisetzung hastig erfolgt sein mußte, diese doch nach den vorgeschriebenen Riten erfolgte und daß das Grab den religiösen Gesetzen entsprechend angelegt worden ist. Man könnte höchstens einwenden, daß diese Räumlichkeiten ursprünglich wohl nicht für den Herrscher vorgesehen waren; immerhin waren sie so zur Verfügung gestellt worden, daß sie keine Fundamentalgesetze der königlichen Grabbauweise jener Epoche verletzten.

Einzig aus den Ereignissen, die das Leben und den Tod des Königs bestimmten, lassen sich diese offensichtlichen Widersprüche verstehen. Das Grab stellt uns vor dieses Problem, aber es hält keine Lösung bereit.

d) Haremhab, e) Sethos I. und f) Ramses IV.

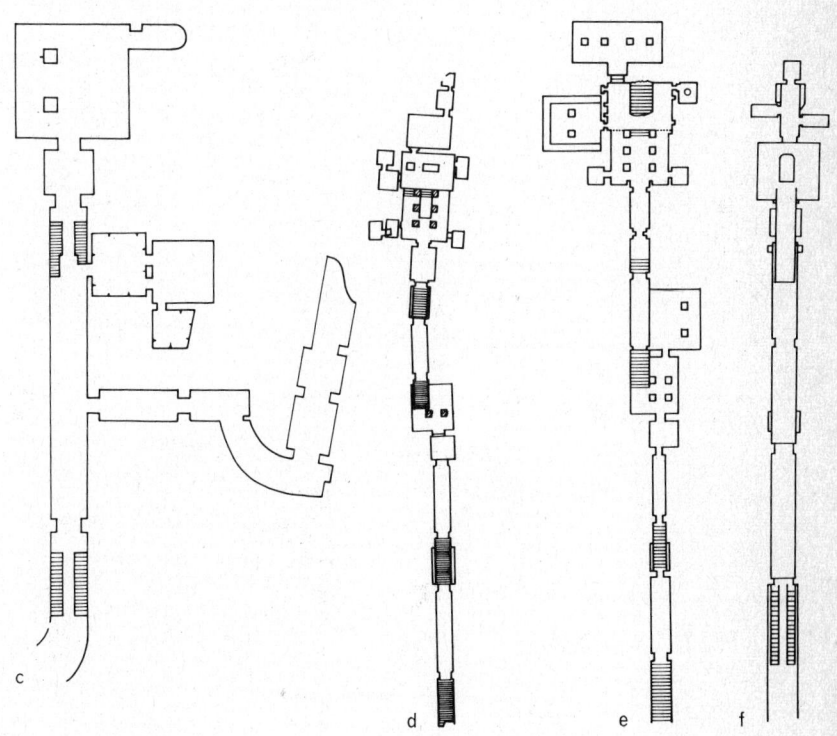

c

d   e   f

Der berühmte Ketzerkönig Amenophis IV.-Echnaton ist eine der anziehendsten Persönlichkeiten der ganzen ägyptischen Geschichte. Bei seinem Namen denkt man sogleich an die religiöse Reform eines jungen Herrschers, den man schon so oft einen »Mystiker« genannt hat. Es war in der Tat eine Häresie, deren geistiger Führer er selbst war, nachdem er höchstwahrscheinlich in früher Jugend von seiner Umgebung in dieser Richtung beeinflußt worden war. Aus vielen Gründen schien ihm der Augenblick gekommen, klarzustellen, daß man bei der Verehrung des allmächtigen Gottes von Theben, Amun »des Verborgenen«, an einer Zweideutigkeit festhielt, die der Priesterschaft nützlicher war als der religiösen Entwicklung des »frömmsten aller Völker«. In den Augen der Allgemeinheit sah Amun alles, ohne selbst gesehen zu werden; aber seine bildlichen Darstellungen zeigten ihn Pharao gleich, doch vergöttlicht, mit der mörserähnlichen Kappe, über der sich zwei hohe Federn befanden, und von der Göttin Mut und dem Kind Chons umgeben.

Es mußte zwischen dem fernen Unbekannten und dem goldenen Idol der richtige Mittelweg gefunden werden. Außerdem mußte man sich für eine höhere und gleichzeitig einfache Vorstellung, die allen zugänglich war, entscheiden. Der Sonnenglobus Aton – sichtbarer Teil der verborgenen Gottheit, deren tägliche Manifestation die Sonne war, die man Re nannte, und deren nächtliche Form Osiris – schien geeignet, ein Bild der erhabenen Kraft zu geben, die alltäglich das Leben erhält und von der alles abhängt (40).

Zu dieser häretischen Form, mit der der Fürst *eine* Ausdrucksform von vielen möglichen erwählte, war der junge Prinz sicherlich von seiner nächsten Umgebung ermutigt worden. Am Hofe seines väterlichen Herrschers – wo gleichzeitig Amenophis III. und seine Gattin, die Königin Teje (39) regierten – hatten hohe Würdenträger, gelehrte Schreiber, die bestrebt waren, bis zu den reinen Quellen der Götterlehre vorzudringen, den Prinzen mit dem erhabenen Gedanken der Weisen von Hermopolis vertraut gemacht.

Die königliche Familie residierte zu jener Zeit in Malkata am linken Nilufer, südwestlich von Theben. Ein gewaltiger Palast mit vielen Wohnvierteln beherbergte prachtvolle Räume, deren Innenwände besonders schöne Friese mit Pflanzen- und Tierdarstellungen schmückten. Amenophis IV. lebte hier zweifellos noch während seiner ersten Regierungsjahre.

Schon bei den ersten königlichen Amtshandlungen des jungen Pharao beginnt eine sonderbare und bezwingende Ära, in der alles zum Problem wird, wo rein gar nichts mit Bestimmtheit angegeben werden kann, wo selbst in das Gewirr der Vollmachten und der Herrscher keine Klarheit zu bringen ist. Nichts was das Drama von Amarna anbetrifft ist absolut sicher.

Beschäftigt man sich mit der Krönung Amenophis' IV., so stehen sich schon mehrere, mit Eifer vertretene Theorien gegenüber: Bestieg Amenophis IV. nach

39 Kolossalgruppe von Teje und Amenophis III. aus dem königlichen Grabtempel westlich von Theben (*Museum in Kairo*)

40 Anbetung der aufgehenden Sonne aus dem Königsgrab von Tell el-Amarna

dem Tode seines Vaters den Thron, oder war er zunächst Mitregent seines Vaters? Hat man sich mit dieser Doppelherrschaft abgefunden? Einige wollen sie auf einige Jahre beschränkt sehen. Andere hingegen sind der Ansicht, daß sie ziemlich lange gedauert hat. Neuerdings wollte man sie überhaupt in Abrede stellen.

Nofretete, die wegen ihrer Schönheit gefeierte Königin, deren unvergeßliches Antlitz hauptsächlich durch die berühmte, in Amarna gefundene Büste weltbekannt ist, wer war sie überhaupt (41)? Woher kam sie? Nichts gibt uns darüber Auskunft, und einzig Vermutungen gestatten uns, den dünnen Faden eines fast unbekannten Lebens nachzuspinnen.

Die Töchter dieses königlichen Paares erscheinen jedoch regelmäßig im Rhythmus ihrer Geburten auf den Standbildern der Herrscher von Amarna. Aber was kann man über die Prinzen berichten, falls es sie überhaupt gegeben hat? Seit der Regierung Amenophis' III. verlangte es die Sitte, daß überall die Prinzessinnen mit ihrer Gegenwart glänzten: selbst Erwähnungen des Prinzen Amenophis, des vierten dieses Namens in der 18. Dynastie, sind vor der Thronbesteigung äußerst spärlich. Gab es noch andere Söhne der königlichen Familie?

Wer war aber dieser »Gottesvater« Eje, der mit der Amme der schönen Herrscherin vermählt war? Bestand ein verwandtschaftliches Band zwischen diesen beiden mächtigen Persönlichkeiten und dem Herrscherpaar?

Welcher Rasse waren die Eltern der Königin Teje, der Mutter von Amenophis IV., und wer war Semenchkarê und wer Tut-ench-Amun? Kann man sich überhaupt darüber einigen, was sein Name bedeutet, und kann man mit Sicherheit aus den Archiven orientalischer Fürstenhäuser den Platz erkennen, den er in Wirklichkeit einnahm, den man aber verkannte?

Die Stunde ist noch nicht gekommen, um ein unwiderrufliches Urteil über diesen kurzen Abschnitt der Geschichte zu fällen, der trotz seiner beschränkten Dauer so bestimmend gewesen ist. Aber man wird gezwungen, unter den aufgeworfenen Hypothesen die auszuwählen, die am besten in den Zusammenhang passen.

Unter diesen Voraussetzungen kann man es versuchen, eine allgemeine Skizze des Lebens dieses Kind-Königs Tut-ench-*Aton* (wie er bei seiner Geburt benannt wurde) zu entwerfen. Sie kann nicht endgültig sein, bevor nicht der Boden Ägyptens weitere Aufschlüsse gibt, die er noch in seinem Schoß trägt.

Außerdem muß man mit Bedacht vorgehen. Vor allem ist etwas festzulegen: der Zeitablauf. Mehr als fünfzehn Autoren, die sich mit dem Studium dieser Epoche befaßt haben, geben die Regierungszeit Tut-ench-*Amuns* (dies ist der nach der Rückkehr nach Theben geänderte Name des Königs) mit kleinen Zeitunterschieden an, jeder errechnet jedoch eine Regierungsdauer von neun Jahren. Aber für die einen lagen diese Jahre zwischen 1369 und 1360 vor unserer Zeitrechnung. Für andere zwischen 1357 und 1350 oder 1349. Nach einer dritten Gruppe von Ägyptologen, die der Wahrheit am nächsten zu kommen scheint, soll Tut-ench-Aton den Thron Ägyptens um 1352 oder 1351 bestiegen haben und nach rund neunjähriger Regierungszeit um 1344 oder 1343 gestorben sein. Ihm soll für etwa vier Jahre der »Gottesvater« Eje in der Regierung gefolgt sein, und dann soll der Feldherr Haremhab die Macht an sich gerissen haben.

Aber – das ist das Grundproblem – kein Dokument gestattet uns bis zu dieser Stunde, den Bereich der Hypothesen zu verlassen, wenn man feststellen will, wo Tut-ench-Aton geboren und am Hofe welchen Herrschers er aufgewachsen ist.

Die größte Klippe bei dieser Frage ist das Problem der Mitregentschaft. Obwohl eine Mitregierung Amenophis' III. mit Amenophis IV. belegt ist, so ist dieses Phänomen an sich kein Ausnahmefall: eine Ausnahme scheint lediglich die Periode zu sein, in der die Ereignisse stattfanden. Tatsächlich kannte man zu allen Zeiten der ägyptischen Geschichte Beispiele von Doppelregierung eines Königs und seinem unmittelbaren Nachfolger, sei es nun sein Sohn oder sein

41 Büste der Königin Nofretete (*Ägyptisches Museum, Berlin*)

nächster Verwandter. In dieser 18. Dynastie sind auch andere Mitregierungen belegt, und niemand scheint die Doppelregierung von Amenophis IV. und Semenchkarê anzweifeln zu wollen. Auch die Doppelherrschaft von Sethos I. mit Ramses II. zu Beginn der 19. Dynastie wird allgemein anerkannt.

Weshalb muß man nun erst bei der Geschichte von Amarna auf so viele Vermutungen und sogar auf so viele haltlosen Phantastereien stoßen? Über diese königliche Doppelmacht kann nichts mit restloser Sicherheit berichtet werden, da bis heute kein Text gefunden wurde, der eindeutig auf ein Jahr »X« der Regierung Amenophis' III. anspielt, das mit einem bestimmten Jahr seines Nachfolgers Amenophis IV. (der einige Jahre später Echnaton wurde) zusammenfällt, in dem er den Thron mit seinem noch lebenden Vater teilte.

Bei der Feststellung des Endes der Regierungszeit von Amenophis IV.-Echnaton scheint die Schwierigkeit weniger groß zu sein. Nach den Daten auf den Krügen, die man in der Ketzerstadt fand, kann man mit großer Wahrscheinlichkeit das Jahr 17 von Amenophis IV.-Echnaton – wahrscheinlich sein Todesjahr – dem Jahr 1 von Tut-ench-Aton gleichsetzen. Wobei das letzte Regierungsjahr des jungen Königs, der offensichtlich mit achtzehn Jahren starb, das Jahr 9 war, das ebenfalls auf den Weinkrügen in seinem Grab erwähnt ist. So mußte er also zwangsläufig im Laufe des achten Jahres der Mitregierung von Echnaton geboren worden sein.

Wenn es überhaupt eine Doppelregierung von Amenophis III. und Amenophis IV. gegeben hat, worauf vieles hindeutet, muß die Inthronisierung Amenophis' IV. zwischen den Jahren 27 und 30 von Amenophis III. stattgefunden haben. Entsprechend diesem Schema mußten die beiden ersten Töchter Amenophis' IV. vor dem Jahre 4 geboren worden sein. Es handelt sich dabei um Meritaton und Maket-Aton. Das entspricht den Jahren 31 bis 33 am Hofe Amenophis' III.

An den Grenzen der Stadt Amarna (Achetaton) – der Hauptstadt des Mitherrschers, in der sich Amenophis IV.-Echnaton anscheinend im Jahre 5 niedergelassen hat – erneuerte eine Grenzstele aus dem Jahre 6 (mit einem Zusatz aus dem Jahre 8) die Gelübde der Stadtgründung und fügte hier ein Bildnis der dritten Tochter Anchsen-pa-Aton bei. Im Jahre 6 änderte der König seinen Namen und wurde Echnaton.

Zweifellos wurde im Jahre 33 von Amenophis III. in der Hauptstadt des Königs seine letzte Tochter, Prinzessin Baket-Aton, geboren. Im Jahre 8 kommt in Amarna (Achetaton) die vierte Prinzessin zur Welt; es ist die kleine Nefer-Neferu-Aton-ta-Schere. Im selben Jahr, dem Jahr 36 der Regierung, oder am Ende des vorausgegangenen Jahres, wurde in der Hauptstadt des alten Königs Tut-ench-Aton geboren. Im Jahre 9 der Regierung Echnatons oder ein wenig vorher ist Nefer-Neferu-Re zur Welt gekommen. Sie ist die fünfte Tochter des Paares von Amarna und trägt in ihrem Namen nicht mehr das Wort Aton, das für ihre vier älteren Schwestern verwandt wurde und das man auch bei ihren Verwandten Baketaton und Tut-ench-Aton wiederfindet. Im Jahre 9 wurde das dritte Jubiläum des »allmächtigen Globus, der am Horizont von Achetaton regiert«, gefeiert. Dies bezeichnete einen bedeutenden Abschnitt in der Glaubenslehre des Ketzertums, und man änderte den Namen und die Namenszusätze der sichtbaren Erscheinung des Allmächtigen. Diese Jubiläen mußten sich denen des greisen thebanischen Herrschers anpassen, die seit dem Jahre 30 seiner Regierung ziemlich regelmäßig gefeiert wurden (das zweite Jubiläum im Jahre 34, das dritte im Jahre 37).

Am Ende des Jahres 9 von Echnaton scheint die sechste Tochter des Paares

42 Das königliche Paar und die sechs Amarna-Prinzessinnen bei der »Parade der tributpflichtigen Fremden«. Tell el-Amarna.

schon geboren zu sein: sie erhielt den Namen Setepen-Re und ist mit ihren Schwestern auf einer Wandmalerei des königlichen Palastes (Reste in Oxford) dargestellt, bevor die Namen des »Globus« endgültig bestimmt worden waren.

Im Jahre 12 fand eine große Zeremonie statt, deren Sinn zu vielerlei Deutungen Anlaß gegeben hat. Wie dem auch sei: man muß, um eine annehmbare Zeitfolge festzulegen, vor allem die Anwesenheit dieser sechs Amarna-Prinzessinnen hinter dem jungen Herrscherpaar festhalten, die unter einem Baldachin dem Vorbeimarsch zusahen (42).

In der Hauptstadt des älteren Pharao zählt man nun das Jahr 39, dies ist die letzte Datierung, die den König Amenophis III. in seinem Palast von Malkata erwähnt. Aber er konnte nicht im selben Jahr gestorben sein, da man im Grab seiner Enkelin in Amarna, der Prinzessin Maket-Aton, zerbrochene Fragmente des Sarkophags gefunden hat, auf denen sich die Namen der beiden Regierenden (Amenophis III. und Echnaton) in zwei Zwillings-Kartuschen befinden. Wenn man diese Überreste richtig entziffert hat, lebte die junge Prinzessin noch während der Festlichkeiten des Jahres 12, die sich im zweiten Monat der zweiten Jahreszeit abgespielt haben. Sie starb vielleicht gegen Ende desselben Jahres, wodurch das Hinscheiden ihres Großvaters, Amenophis III., einige Monate später, zweifellos zwischen den Jahren 39 und 40 von Malkata, anzusetzen ist.

Mit dem Jahr 15 von Echnaton könnte das Jahr 1 des zweiten Phänomens einer Doppelregierung, nämlich der Echnatons mit dem jungen Semenchkarê, identisch sein. Im Jahre 16 heiratete er seine dritte Tochter Anchsen-pa-Aton, die elf, zwölf Jahre alt gewesen sein mußte, und gegen Ende des Jahres 17 verstarben der Ketzerkönig und Semenchkarê fast zu gleicher Zeit. Noch vor Beendigung dieses Jahres sah man den jungen Tut-ench-Aton »auf dem Throne seiner Vorväter bestätigt«.

Aber wenn man die Argumente einer kleinen Anzahl von Ägyptologen als unwiderlegbar betrachten will, die eine Mitregierung von Amenophis III. und

Amenophis IV. nicht anerkennen wollen, so muß man alle Geschehnisse in der Geschichte Amarnas und die ersten vier Regierungsjahre Echnatons in Malkata zeitlich verschieben – und als Beginn seine Krönung bei dem Tode Amenophis' III. zwischen den Jahren 39 und 40 ansetzen. Unter diesen Voraussetzungen hätte der junge Tut-ench-Aton, der zwischen den Jahren 40 und 41 höchstens fünf oder sechs Jahre alt sein konnte, etwa sein zweiundzwanzigstes Lebensjahr erreicht, als er siebzehn Jahre später Echnaton folgte. Wenn man seine allgemein anerkannten neun Regierungsjahre hinzuzählt, wäre er bei seinem Tod älter als dreißig Jahre gewesen. Bei der genau durchgeführten Untersuchung seiner sterblichen Überreste durch anerkannte Anatomen hat sich aber ergeben, daß der Herrscher bei seinem Tode nicht älter als neunzehn oder zwanzig Jahre gewesen sein konnte.

Es gibt demnach viel mehr entscheidende Momente, die eher zugunsten einer Mitherrschaft als für eine einfache Aufeinanderfolge der Regierungen ohne ein Ineinandergreifen sprechen. Außerdem gibt es zahlreiche Argumente für die Richtigkeit der ersten Hypothese.

Jedoch sind damit nicht alle Schwierigkeiten überwunden, eine wichtige Frage bleibt noch ungelöst, auf die letzthin Sir Alan Gardiner hinwies. Es handelt sich um einen Brief aus der berühmten Korrespondenz der ägyptischen Archive von Tell el-Amarna (der Hauptstadt der Ketzerei), die aus gebrannten Tontäfelchen bestehen, welche mit Keilschriftzeichen bedeckt sind, wie sie für das Akkadische, die Diplomatensprache des ganzen Vorderen Orients zu jener Zeit, benutzt wurden. Der Brief Nr. 27 der Ausgabe von Knudtzon war von dem König Tuschratta von Mitanni an Napchurria, Herrscher von Ägypten, gerichtet worden. Diese recht interessante Botschaft spielt auf die Prinzessin Taduchepa, Tochter des Königs Tuschratta, an, die in den Harem Amenophis' III. geschickt und beim Tode des Pharao in den Harem seines Sohnes, Nefer-Chepru-Re = Amenophis IV., gebracht worden war (so legt man dies jetzt aus, nachdem man die Identität zwischen Napchurria und Nefer-Chepru-Re, dem Krönungsnamen von Amenophis IV., als erwiesen ansieht). Bis jetzt hatte man angenommen, daß die hieratische Aufschrift auf dem Rand des Täfelchens bei der Einordnung in die Archive des Pharao in Malkata, seinem Palast im Westen von Theben, aus dem Jahre 12 stammt. Die erste Ziffer dieses Datums stand jedoch dort, wo später eine Lücke durch eine Beschädigung des Textes entstanden war. Sie mußte daher rekonstruiert werden. Jetzt ist man der Ansicht, keine Zeichen mehr auszubessern, die man nicht mehr genau erkennen kann. Somit wäre dieser Brief im Jahre 2 an Amenophis IV.-Echnaton gelangt, als er in der Hauptstadt seines Vaters kurz nach dessen Bestattung weilte, auf die in der Botschaft anscheinend Bezug genommen wird. Im Augenblick ist es unmöglich, ohne nochmalige Prüfung des Täfelchens festzulegen, welches der beiden Daten, das Jahr 2 oder 12, das richtige ist; man müßte dies im Museum von Berlin aufbewahrte Dokument einer ganz genauen Untersuchung unterziehen. Bis jetzt hat dieses wichtige Argument keine Beweiskraft, da der Text verstümmelt ist, obwohl ein neueres Foto der Tafel (43) für die alte Annahme spricht. Andererseits könnte man folgenden Einwand erheben: Kann man, trotz der letzten Arbeiten hervorragender Spezialisten der Phonetik der beiden Sprachen (der akkadischen wie der ägyptischen), sicher sein, daß Napchurria (oder Nabchururria) und Nibchuria (oder Nipchururia) immer jeweils Nefer-Chepru-Re (Krönungsnamen Amenophis' IV.) und Neb-Chepru-Re (Krönungsnamen Tut-ench-Atons) entsprechen? Konnte hier nicht einmal eine Verwechslung vorliegen und hätte nicht in diesem Fall der Brief, wenn er tatsächlich im Jahre 2 eingetroffen ist, an den neuen Herrscher Tut-ench-Aton gerichtet sein können, den die ausländischen Könige als *alleinigen* Nachfolger des verstorbenen Amenophis' III. anerkannt hätten, während sie den Ketzerkönig systematisch ignorierten (in gleichem Sinne handelte ja auch einige Jahre später Haremhab, nachdem er Pharao geworden war)? Doch diese letzte Annahme steht auf recht schwachen Füßen.

Nachdem wir die am schwierigsten wiederherzustellenden Punkte der Zeitrechnung von Amarna berücksichtigt haben, müssen wir, um das wenige wieder lebendig zu machen, was wir über das Leben des Kind-Königs wissen, die Zeitspanne herausnehmen, wo das, was wir von ihm wissen, uns erlaubt, den Ablauf seiner ersten Lebensjahre darzustellen. Wenn wir uns dabei die Theorie der Mitherrschaft zueigen machen, werden wir der Wahrscheinlichkeit am nächsten kommen.

Die Menschen und Geschehnisse am Ende dieser 18. Dynastie erscheinen noch mehr als in irgendeiner andern Epoche ohne rechten Zusammenhang. Äußerste Zurückhaltung wurde überall geübt. Die Verwandtschaftsgrade der Prominenten, angefangen bei der königlichen Familie, sind nicht immer klar, und die hierauf Bezug nehmenden Texte schweigen sich über deren Absichten, ihre Identität und ihre Umgebung aus, so daß sie zu Akteuren einer wahrhaften Pantomime werden.

In der wirren Atmosphäre jener Zeit spielt die umwälzende Reform eines neudurchdachten Dogmenbegriffes die Hauptrolle, deren Wirkungen sich weit in das politische Gebiet erstrecken. Bei diesem Stand der Dinge erfolgten heftige Umwälzungen und Reaktionen, die bis in das Innerste der Gräber der Nekropole reichten, wobei die Verstorbenen das Letzte ihrer Persönlichkeit einbüßten, da man sogar wagte, ihre Namen herauszumeißeln.

So hat man auch die Mumie des »Scheingrabes« der Königin Teje noch nicht klar identifizieren können, die doch einen wesentlichen Faktor darstellt, um das Problem der Verwandtschaft Tut-ench-Amuns mit den ihm vorangegangenen Herrschern Amenophis IV.-Echnaton und Semenchkarê besser behandeln zu können (44). Bei der Entdeckung des Grabes wurde die Mumie, von der man jetzt sicher weiß, daß sie in einem ursprünglich für eine Frau vorgesehenen Sarg bestattet wurde, als die Echnatons angesehen. Dann war man sicher, in ihr die sterblichen Überreste des Königs Semenchkarê zu erkennen. Als Spezialisten diesen Leichnam mit dem Tut-ench-Amuns verglichen, waren sie über die fast völlige Gleichheit der Schädelform, eines Breitkopf-Typs, verblüfft und zögerten keinen Augenblick, hier zwei Brüder zu sehen, die nur einige Jahre voneinander trennten. Semenchkarê scheint mit fünfundzwanzig oder sechsundzwanzig Jahren gestorben zu sein.

Die neuesten Theorien über die Identität der namenlosen Mumie, deren Uräus-Schlange auf der Stirn den Namen Aton trägt, neigen wieder den früheren Deutungen zu. Aber das würde bedeuten, daß der Ketzerkönig im Alter von etwa

43 Brief No. 27 der Amarna-Korrespondenz in Keilschrift, der die hieratische Aufschrift aus dem Jahr 12 (?) zeigt *(Ägyptisches Museum, Berlin)*

44 Der geheimnisvolle Sarkophag aus dem Grabversteck No. 55 im Tal der Könige

sechsundzwanzig Jahren gestorben sei. Nun steht aber fest, daß sich Amenophis IV. von dem Jahre 1 seiner Regierung oder seiner Mitherrschaft an (oder der absoluten Herrschaft, wenn man die Mitherrschaft ablehnt) sofort bemüht hatte, seine religiöse Reform durchzuführen. Wenn man nun annimmt, daß Amenophis schon im Alter von zehn Jahren den Bau eines Tempels für den Sonnenglobus Aton befohlen habe, so muß man notwendigerweise in ihm ein einzigartiges Genie sehen, einen noch weit mehr erleuchteten Mystiker, als man bisher dachte, oder ein Kind, das mit Vorbedacht von der höchsten königlichen Macht vorgeschoben wurde, die ihrem Erben den Gewinn eines Experiments zukommen lassen möchte, dessen Früchte er dann auch ernten soll.

Wie dem auch sei, es wird heute allgemein als erwiesen betrachtet, daß Amenophis III. den Sonnengottheiten seine Verehrung erwies, besonders aber dem Sonnenglobus, dem »Auge der Sonne«, den man heutzutage noch unzutreffend als »Scheibe« bezeichnet. Diese Reaktion des Königs, die sich gleichzeitig gegen eine zu unklare Auslegung religiöser Fakten durch die Amun-Priester, andererseits gegen deren alles lähmende Herrschsucht richtet, war der logische Schlußpunkt eines Aufbegehrens, das bereits unter seinen Vorgängern begonnen hatte.

Schon auf einem Skarabäus Thutmosis' IV. kam der alte Name Aton wieder zu Ehren. Zwei Architekten von Amenophis III., Suti und Hor, hatten an dem Luxor-Tempel eine Hymne einmeißeln lassen, die als verblüffendes Vorspiel für das bekannte Gedicht des Ketzerkönigs Echnaton, seine *Sonnen-Hymne,* gelten kann. Aber es sind noch andere Beweise für die Haltung des Königs vorhanden. In Nubien (Kawa) hatte er einen Tempel mit Namen »Gem-Aton« gegründet. Und hieß sein Schiff nicht auch »Prachtvoller Glanz des Aton«? Diesen Beinamen gab er auch einem seiner Regimenter.

Ungefähr im Jahre 11 seiner Regierung hatte er sich aus dem Umkreis, in dem der Gott Amun seine Priester und Getreuen um sich scharte, entfernt. Am linken Flußufer, auf einer Grundfläche von ungefähr 30 ha, südlich der Stelle, an der sich heute die Reste seines großen Grabtempels befinden, dessen Eingang von den Memnon-Kolossen gebildet wird, hatte er seine neue Hauptstadt an einem Platz erbauen lassen, der, gemäß den Ansichten einiger Autoren, das berühmte Djarucha, »Sache des Abends« oder »Abendlicher Windstoß«, sein kann.

Im Innern des gewaltigen Gebietes befanden sich drei Hauptbezirke. Im Norden befand sich die Wohnstätte der ältesten Tochter Amenophis' III., Sat-Amun, die er heiratete und zur Königin machte. In der Mitte lag die Residenz mit ihrem großen, von Säulengängen umgebenen Hof, die Amenophis IV. während der ersten vier Jahre seiner Mitherrschaft mit seinem Vater bewohnte. Überall gab es natürlich weniger große Häuser und Nebengebäude für weniger bedeutende Familienmitglieder, außerdem drei große Villen, die in einer getrennten Einfriedigung zusammenlagen, in denen wohl Ramose – der Wesir, dessen berühmtes Grab die Bewunderung aller Besucher der thebanischen Nekropole erregt –, der königliche Kanzler und schließlich der Großintendant gelebt haben mögen. Es gab dort offensichtlich auch ein Arbeiterdorf, ebenso Wohnstätten für die kleineren Beamten; diese Bauten waren alle, wie jedes ägyptische Haus, aus luftgetrockneten Lehmziegeln errichtet. Die Räume waren innen verputzt und die Wände bemalt. Der gewaltige Herrschersitz Amenophis' III. befand sich südlich dieses Komplexes. Neben ihm befand sich ein kleineres Gebäude, das wahrscheinlich für die »Große königliche Gemahlin«, die Königin Teje, bestimmt war. Der königliche Palast trug den Namen »Haus des Neb-Maat-Re (Krönungsname Amenophis' III.) ist der prachtvolle Glanz Atons«; der gleiche Name wurde seiner Residenz in Amarna gegeben. Als der König in das 30. Jahr seiner Regierung kam, welches das Jahr seines ersten Jubiläums war, änderte er den Namen seines Palastes in »Das Haus des Jubels«; ein Beiname, den auch ein Aton-Tempel in Amarna erhielt. Heute heißt diese königliche Zitadelle Malkata, was auf arabisch »Ort, an dem Dinge gesammelt wurden«, bedeutet, eine Anspielung auf die Überreste aus der Pharaonenzeit, die man hier schon lange vor den offiziellen Ausgrabungen gefunden hat.

Diese Wohnstätte war natürlich mit sehr schönen Gärten versehen und mit dem Nil durch einen Kanal verbunden, der sich nach der Stadt zu verbreiterte, um den oberen Querbalken eines T zu bilden. Man hat diesen Kanal lange als Reste des berühmten Wasserbeckens der Teje, der »Großen königlichen Gemahlin«, angesehen, für die der König in aller Öffentlichkeit so viel Liebe und Ehrfurcht zeigte. Ein berühmter Text, der in mehreren Fassungen auf historischen Skarabäen erhalten ist, hat die Erinnerung an den Bau eines riesigen Bassins von 3700 Ellen Länge und 700 Ellen Breite (60 ha) wachgehalten, das der Herrscher innerhalb von fünfzehn Tagen, zwischen dem 1. und 16. Tag des 3. Monats der Überschwemmung, als der Fluß über die Ufer getreten war, anlegen ließ. Am Tage des »Festes der Öffnung des Wasserbeckens«, das am 16. Tag des 3. Monats der Überschwemmung stattfand, waren die hohen Dämme, welche dieses Flußgebiet umgaben, fertiggestellt, und der König fuhr auf seinem vergoldeten Prachtschiff, dem *Prachtvollen Glanz Atons*, während der Zeremonie, in deren Verlauf man die Bewässerungsbecken miteinander verband, indem man die Verbindungsdämme durchstieß. Als nach dem Rückgang des Überschwemmungswassers der künstliche See trocken lag, konnten die Bauern dort anbauen: so hatte im Jahre 11, ein Jahr nach der Ankunft der mitannischen Prinzessin im Harem des Pharao, die Große königliche Gemahlin Teje als neuen Liebesbeweis ein riesengroßes Besitztum in Djarucha erhalten, das ihr ein neues Einkommen sicherte, dessen Verwaltung sie den Beamten ihres eigenen Harems anvertraute. Seine Lage war gut gewählt, denn es lag in der Nähe von Achmim, dem antiken Ipu, das vielleicht die Heimat der großen Teje war, und nicht, wie man es bisher immer angenommen hatte, westlich von Theben.

Tatsächlich war Teje nicht königlichen Geblüts. Ihr Vater Juja und ihre Mutter

Thuje, hohe priesterliche Würdenträger Amuns, bekleideten in der Provinz ebenfalls Ämter, die höchstwahrscheinlich zur Lage ihrer Familienbesitztümer in Beziehung standen. Der Vater war daher auch »Prophet des Min« und »Vorsteher der Rinder des Min« in Achmim (45), die Mutter »Oberin des Harems von Min« (46). Beide zählten am Hofe des Pharao zu den höchstgeachteten Persönlichkeiten, und vor allem hatte Juja auch den Titel »Gottesvater«, in dem manche eine Bezeichnung für den Schwiegervater des Pharao erkennen wollen. Außerdem war er »Befehlshaber der Streitwagen«, und eine Menge anderer Stellungen verbanden ihn mit dem König und dem Reich des thebanischen Amun. In Theben selbst nahm seine Gattin die bedeutende Stellung einer »Oberin des Harems von Amun« ein.

Die Königin Teje, Tochter dieser beiden Provinzadligen und wahrscheinlich nubischer Herkunft, was die beiden im Tale der Könige gefundenen Mumien recht deutlich beweisen, war zur ersten Dame des Reiches geworden, da der Pharao sie zur Königin erhob. Er brach dadurch mit der religiösen Tradition, die den König immer zwang, eine Pharaonentochter zur königlichen Hauptgemahlin und Mutter des Erbprinzen zu nehmen. Er wollte seinem ganzen Volk und den fremden Stämmen deutlich zu verstehen geben, daß er keine Prinzessin heiratete: am Tage seiner Vermählung, im Jahre 1 seiner Regierung, ließ er eine Reihe von Erinnerungs-Skarabäen herausgeben, die außer dem Namen der Königin ihre bescheidene Herkunft erwähnten, so daß keiner darüber im unklaren blieb. Die Macht des Königs war so groß, daß er es wagen konnte, auch seine Vasallen von dem nördlichen Naharina bis nach Karoy im Herzen des Sudan, in der Nähe von Napata, darüber zu unterrichten, um ihnen diese Königin aufzuzwingen. Dies war gleichbedeutend mit der Mitteilung, daß alle dieser Verbindung entsprießenden Kinder niemals als Bastarde betrachtet werden durften. Eine derartige Stellungnahme war gegenüber den Amun-Priestern tatsächlich eine Provokation.

Letztere konnten es nun nicht mehr wagen, auf den Wänden ihrer Heiligtümer zu verkünden, daß ihr Gott am Tage der Vermählung die Stelle des Herrschers eingenommen habe, um eine unbestreitbar königliche Tochter göttlichen Ursprungs zu befruchten. So erschien nämlich Amun in der Szene der »Theogamie« auf den Wänden des Totentempels von Deir-el-Bahari, um zu beweisen, daß die Königin Hatschepsut durch den König der Götter gezeugt war, der sich Ahmes, der Tochter des Pharao, offenbart hatte.

In Luxor hat Amenophis III. selbst an die Umstände seiner göttlichen Herkunft erinnert, und seine Mutter, die Königin Mutemuja, die wohl nicht, wie man behauptet hatte, fremdländischer Herkunft war, führte mit dem sichtbaren Bild Amuns einen Dialog göttlicher Liebesekstase.

Diese Heirat des Herrschers mit einem Mädchen bürgerlicher oder kleinadliger Herkunft mußte das Ansehen der thebanischen Priesterschaft stark beeinträchtigen. Zweifellos bemühte sich Amenophis III. während der ersten Jahre seiner Regierung, obwohl er verheiratet war, bei offiziellen Gelegenheiten meistens in Begleitung der Königinmutter, die aus königlichem Geblüt war, zu erscheinen. Aber sehr bald schon erwies er bei allen Feierlichkeiten, bei allen Anlässen und in allen Städten, die er besuchte, Teje, Teje *allein* und immer wieder Teje, alle Ehren. Die einzige Ausnahme – zweifellos ist dies die logische Folge seiner Heirat mit Teje – wurde bei der ältesten Tochter des Paares gemacht, der Prinzessin Sat-Amun, mit der er sich vereinte und die er offiziell als seine Gattin anerkannte, so als ob er der Prinzessin einen größeren Anteil göttlicher Herkunft übertragen wollte. Jedoch fuhr die letztere fort, dem weiter unverbrüchlich zueinander

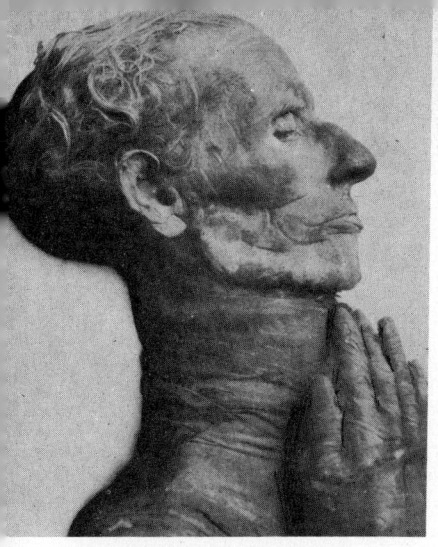
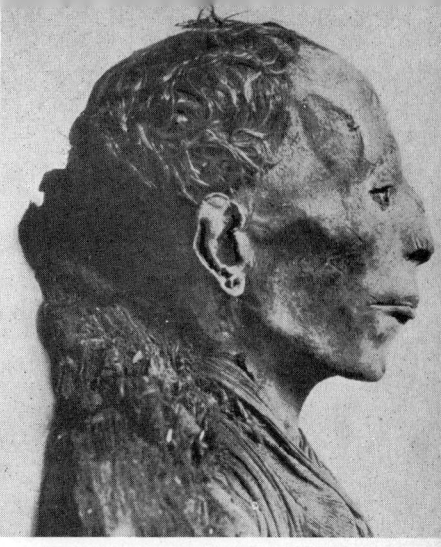

45 Die Mumie Jujas, des Vaters
der Königin Teje *(Museum in
Kairo)*

46 Die Mumie Thujes, der Mutter
der Königin Teje *(Museum in
Kairo)*

haltenden königlichen Paar die Achtung und täglichen Ehren zu erweisen. Es scheint, als ob man sich an dem königlichen Hof bemühte, das äußere Gesicht der königlichen Genealogie zu verändern: die Töchter erhielten den Vorrang, und man findet sie überall in Begleitung des Fürstenpaares auf den Basen der Monumentalstatuen in den großen Tempeln oder auf den Wänden der Gräber hoher Würdenträger des Reiches dargestellt. Die kleinen Prinzen des Hofes erscheinen aber nirgends, und doch wissen wir, daß sich der künftige Amenophis IV. auch dort befunden haben muß.

Als der König anordnete, sein Grab vorzubereiten, hatte er am Ende der Syringe zwei weitere Kammern vorgesehen: eine für Teje, die andere für Sat-Amun, seine älteste Tochter. Amenophis IV.-Echnaton folgte diesem Beispiel, als er offiziell bei der Grundlegung seiner Stadt erklärte, er werde sich an diesem Ort mit seiner Gemahlin Nofretete und der ältesten Prinzessin Meritaton bestatten lassen.

Erinnerungen an Sat-Amun sollten im Grabe ihrer Großeltern Juja und Thuje wiedergefunden werden. Man sieht sie auf den Rückenlehnen von zwei Kinderstühlen dargestellt. Sie steht vor der Königin Teje, der sie ihre Verehrung erweist, oder sie thront in Majestät und empfängt das goldene Halsband; über ihrer Perücke trägt sie den hohen Kopfschmuck mit einem Lotosbukett, wie er den königlichen Favoritinnen und den Prinzessinnen zusteht, die ihr Vater geheiratet hat. Ihr Name erschien in einer Kartusche: eine Koholröhre, die sich im Metropolitan Museum in New York befindet, zeigt die nebeneinandergesetzten Kartuschen von Amenophis III. und Sat-Amun und liefert so, neben anderen Beispielen, einen förmlichen Beweis für diese Ehe. –

In den Palästen der Residenz des Königs am linken Nilufer von Theben waren vor allem die Prinzessinnen hoch geehrt; ihre Zahl war groß, und wir kennen sie noch nicht alle; aber sicherlich war keine so bedeutend wie Sat-Amun.

Zum Verwalter ihres Vermögens hatte der König den zu jener Zeit wahrscheinlich mächtigsten Mann des Landes bestellt, Amenhotep, Sohn des Hapu. Er war in der Palasthierarchie so hoch gestiegen, daß der Herrscher ihm am Ende seines Lebens die seltene Gunst gewährte, in der Nähe der königlichen Totentempel sein eigenes Sanktuarium zu errichten: eine höchste Ehre, die einem Untertan sonst nicht zustand. Er wurde in Athribis, im Nildelta, wahrscheinlich während der Regierungszeit Thutmosis' III., geboren und erlebte, dank seiner großen Weisheit, ein so selten hohes Alter, daß man es als das Alter der Gerechten bezeichnete, nämlich hundertzehn Jahre. Über seinen Tod hinaus wurde er zu einer vergöttlichten Persönlichkeit, deren Gedenken noch lange nach dem Tode ehrend bewahrt wurde.

Unter Amenophis III. hatte er seine Laufbahn als königlicher Schreiber fortgesetzt und wurde sehr bald mit dem Zeremoniell der zahlreichen Götterfeste betraut; er war außerdem Chef der militärischen Rekrutierungen, aber er war vor allem darauf bedacht, so schnell wie möglich zu dem Amt des »Chefs aller königlichen Bauten« aufzusteigen. Er bemühte sich, von dem Gebel el-Ahmar den prachtvollen Sandstein, den »Wunderstein«, abzubauen und ließ die gewaltigen Blöcke von dem Ende des Deltas bis in die Gegend von Theben schaffen. Dieser feste, rote Sandstein stand unter dem Schutz des Gottes Atum und wurde zum bevorzugten Baumaterial der Herrscher, die, mehr als alles andere, die Sonne verehrten. So darf man auch nicht darüber erstaunt sein, daß man später in Amarna, der »Stadt des Globus«, nicht mehr die Überreste eines Granitobelisken, sondern nur die eines Sandsteinobelisken vorfand. Überall, von Athribis über Karnak bis zum fernen Nubien, erkennt man noch die Arbeit Amenhoteps, dessen eigene Statuen im Tempel des Gottes Amun sogar einen Platz erhielten.

Er wurde zum »Zeremonienmeister für das Amun-Fest« ernannt; auf diese Weise verlieh ihm Amenophis III. gerade dort eine erhöhte Bedeutung, wo der Hohepriester des dynastischen Gottes keine Einmischung wünschte. Mehr noch: Amenhotep, Sohn des Hapu, wurde erblicher Fürst, dessen Zuname Huje war und der bewundernswerte Statuen, wahrhafte Mittler zwischen Gott und Gottergebenen, im Tempel desselben Amun besaß. An der Basis eines vor dem zehnten Pylon von Karnak errichteten Kolosses tragen zwei seiner Standbilder in der Gestalt eines Schreibers aufschlußreiche Inschriften, die zeigen, wie sehr sich der Palast bemühte, der Amun-Priesterschaft den Glanz und die Bedeutung gegenüber dem Volk zu entziehen.

»Ihr, Leute des Südens und des Nordens«, sagt Amenhotep auf der einen Statue, »Ihr, Augen, welche die Sonne sehen könnt, Ihr, die Ihr nach Theben gekommen seid, um den Herrn der Götter anzuflehen; Ihr alle, kommt zu mir! Ich berichte das, was Ihr sagt, dem Amun von Karnak, im Augenblick, da Ihr die Opferformel sprecht und Ihr das (Libations-) Wasser ausgießt. Denn ich bin der Herold, ernannt von dem König, um Eure Gebete zu hören und um die Angelegenheiten Beider Länder (zu den Göttern) aufsteigen zu lassen.«
Auf der anderen Statue spricht Amenhotep: »Ihr, Leute von Karnak; Ihr, die Ihr Amun sehen wollt, kommt zu mir, denn ich bin der Herold dieses Gottes. Neb-Maat-Re (Amenophis III.) hat mich ernannt, damit ich (dem Gott) übermittle die Worte Beider Länder, wenn Ihr die Opferformel sprecht und wenn Ihr alle Tage meinen Namen anruft, wie das einem Erwählten gebührt.«

»Herold des Gottes« war ein Amt, das Amenophis III. auch an andere Militärpersonen verliehen hatte, aber keiner von ihnen verfügte über eine ähnliche Macht wie diese Graue Eminenz im Königreich, Amenhotep, Sohn des Hapu. Gewiß gehörte auch er zur Offizierskaste in diesem Ägypten, in dem das Militär stärker als sonst im Vordergrund stand, da das Reich durch die Saumseligkeit des Machthabers von Theben schon geschwächt war. Einer dieser Offiziere stand vielleicht als junger Krieger in Syrien oder in Palästina im Felde als »Schreiber der königlichen Rekruten«. Später fand man ihn wieder, als er lieber in Memphis als in Theben wohnte, bevor er zu dem Feldherrn Haremhab wurde, der einmal auf den Thron der Pharaonen gelangen sollte. Er muß etwa zwanzig Jahre alt gewesen sein, als die Aton-Ketzerei begann.

Im Palast hatte Amenophis, Sohn des Hapu, überall Zugang, und nichts blieb ihm von den Geheimnissen des *Kep* verborgen. Was war der *Kep*? Diese Frage kann heute noch kaum richtig beantwortet werden. Aber man kann wenigstens das mit Gewißheit sagen, daß es sich um eine militärische Organisation handelte, wahrscheinlich innerhalb des königlichen Palastes, die im Neuen Reich auftauchte. Dort wurden die Söhne nubischer Fürsten erzogen, die nach Strafexpeditionen des Pharao in die Länder Wawat und vielleicht auch Kusch, was dem ägyptischen und sudanesischen Nubien entspricht, in die Metropole gebracht worden waren. Diese »Rebellen-Söhne« wurden mit Achtung behandelt, obwohl sie einer strengen Disziplin unterworfen waren. Sie genossen dieselbe Erziehung wie die eigenen Söhne des Pharao und konnten später, mit den harmonischen Bildungsgütern des frühen Altertums versehen, ihre Erfahrungen im Dienste des Nubien ihrer Vorväter verwerten. In der Hauptsache waren sie dann dem Vizekönig von Nubien in seinen Arbeiten behilflich.

Andere schlugen die Offizierslaufbahn im Pharaonenheer ein und blieben als Jugendkameraden der Prinzen dann in deren unmittelbaren Umgebung. Sie erhielten auch Stellungen am Hof und wurden Erzieher der königlichen Prinzen, deren geistige und militärische Ausbildung sie ja selbst erhalten hatten. Aber während ihres ganzen Lebens behielten sie den Titel »Kind des Kep« bei. Während der 18. Dynastie kann man das dauernde Wirken dieser Elitebeamten feststellen, die jedoch weiterhin ihrem Mutterland verbunden blieben.

Außerdem spielten die Nubier in dem Augenblick, als sich die großen dogmatischen Reformen dieser Zeit abzeichneten, eine Rolle, die noch nicht genügend hervorgehoben worden ist. Sie nahmen am Hofe von Malkata eine Sonderstellung ein, die noch durch die Gegenwart einer Königin, die wahrscheinlich nubischer Herkunft war, gestärkt wurde. Dies beweisen die Bildnisse der Königin Teje, so z. B. der kleine Ebenholzkopf, der sich heute im Berliner Museum befindet (58). Aber die Gesichtszüge einer Frau aus dem Süden fallen noch mehr bei dem Anhänger der Halskette (das Gegengewicht, *Menat* genannt) mit dem Bildnis der Herrscherin auf, den man bei Ausgrabungen im Palast der Teje in Malkata gefunden hat, außerdem existiert ein ähnliches Stück, das aus Tell el-Amarna stammt. Endlich wird man diese Mutmaßung nicht mehr anfechten können, wenn man die kleine, im Metropolitan Museum in New York befindliche Sardonyx-Platte betrachtet, auf der sich ein Sphinx mit dem Kopf der Königin Teje befindet, deren Antlitz ihre Rasse nicht verleugnen kann und das man neuerdings mit einer ähnlichen Darstellung in den Ruinen des der Teje geweihten Tempels von Sedeinga im nördlichen Sudan vergleichen konnte. Selbst die Perücken der Königinnen und der Prinzessinnen in Malkata wie in Tell el-Amarna erinnern mit ihrem kleinen, kurzen Haarschnitt an den der Nubierinnen.

Das Übergewicht der Nubier im Palast wurde in der Umgebung des Königs durch Heiraten des Herrschers mit asiatischen Prinzessinnen ausgeglichen, die mit zahlreichem Gefolge in Ägypten eintrafen.

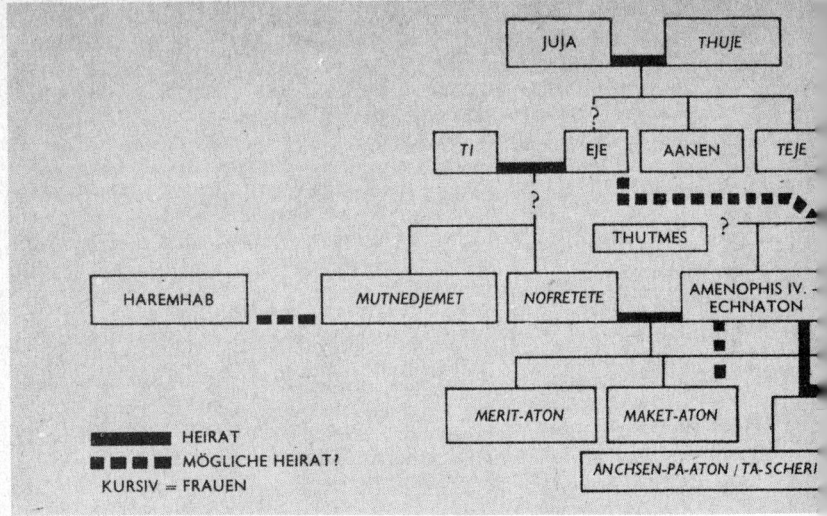

	JUJA	THUJE	
TI	EJE	AANEN	TEJE

THUTMES

HAREMHAB — MUTNEDJEMET — NOFRETETE — AMENOPHIS IV. - ECHNATON

MERIT-ATON   MAKET-ATON

ANCHSEN-PA-ATON / TA-SCHERI

■■■ HEIRAT
■ ■ ■ MÖGLICHE HEIRAT?
KURSIV = FRAUEN

47 Stammbaum der amarnischen Familie

Amenophis III. gab im Jahre 10 seiner Regierung einen historischen Skarabäus heraus, der seinem Volke die Ankunft der Giluchepa, Tochter des Königs von Naharina, Schutarna, begleitet von dreihundertsiebzehn Damen ihres Hauses, ankündigte. Aber diese Nebengemahlin, die wie die meisten anderen fremd-ländischen Prinzessinnen zum Zeichen des Bündnisses zwischen den Ländern an den Hof des Pharao geschickt wurden (man erinnere sich an die drei syrischen Prinzessinnen, Nebenfrauen von Thutmosis III.), mußte sich, neben der herrischen Teje, in eine recht untergeordnete Rolle fügen. Die fremden Herrscher, die durch Gesandte Nachforschungen über das Los ihrer Töchter oder Schwestern anstellten, erhielten oft nicht allzu schnell und leicht Auskünfte, da die Gattinnen fremder Herkunft häufig recht zurückgezogen lebten. So erging es auch Kadaschman-Enlil, dem Bruder einer babylonischen Prinzessin am Hofe Amenophis' III., der zahl-reiche Boten ausschickte, um über ihr Los Gewißheit zu erhalten.

Am Hof des Pharao gab es Königskinder, in deren Blut die heiße Sonne Nubiens fortwirkte; aber man fand auch Prinzen und Prinzessinnen im Harem des Palastes, deren Typus und hellere Haut auf nördliche Herkunft schließen ließen.

Im Jahre 30 seiner Regierung bereitete Amenophis III., umgeben von seinen Frauen und Prinzessinnen, allen voran Teje, seine Favoritin, die Zeremonien für sein erstes Jubelfest vor. Im Vertrauen auf seine Heerscharen hatte er mehr und mehr das Interesse am Reich selbst verloren. Als ein überzufriedener Fürst, der im raffiniertesten Luxus lebte, den die ägyptische Kultur je gekannt hatte, genoß er sein Dasein, das seine Wesire und seine Minister anscheinend von jeglicher Beeinträchtigung freihalten wollten. Zweifellos zeigte er auch schon zur Zeit des Jubiläums Merkmale einer gewissen Verweichlichung, die im Laufe der folgen-den Jahre schnell zunehmen sollte.

Trotz der Beflissenheit des Hofes nur das Vorhandensein von Prinzessinnen zu betonen (48), lassen verstreute Hinweise neben dem Erbprinzen – dem späteren

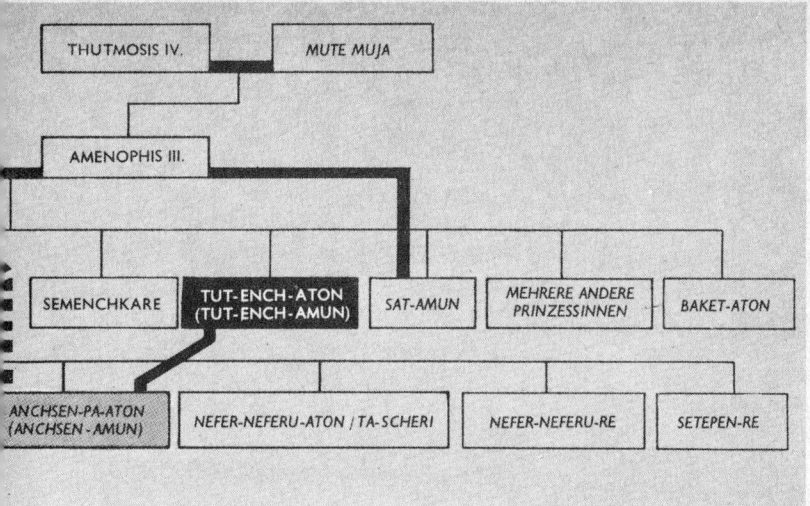

Amenophis IV. – noch die Existenz mehrerer Brüder vermuten. Zweifellos ist der älteste Sohn des Königs dazu zu rechnen, der frühzeitig starb und auf einem Monument in der Nähe des Serapeion von Memphis erwähnt ist: Prinz Thutmes, der junge Truppenführer, dessen Peitsche mit seinem Namen bei dem Schatz des Tut-ench-Amun lag.

Der Erbprinz, der den väterlichen Thron teilen sollte, war Amenophis. Wenn sich auch die Inschriften dieser Zeit nicht über dieses Thema auslassen, nimmt man doch an, daß er schon um das Jahr 30 mit einem Mädchen von vollendeter Schönheit und mit dem Namen Nofretete verheiratet war. Bis heute weiß man noch nichts über deren Herkunft. Lange hatte man geglaubt, sie mit Taduchepa, Tochter des Königs Tuschratta von Mitanni, gleichsetzen zu können, deren Vorhandensein durch die Briefe von Tell el-Amarna bestätigt ist. Aber man weiß auch, daß Taduchepa erst im Jahre 36 der Regierung Amenophis' III. in Malkata eintraf, und zu dieser Zeit hatte Nofretete ihrem Gatten Amenophis IV. schon vier oder fünf Töchter geschenkt. Manche Autoren behaupteten, sie könne eine Tochter von Teje und Amenophis III. sein oder von Amenophis mit einer Nebenfrau, aber diese Hypothesen können nicht bewiesen werden. Man ist also auch hier, wie fast immer während der Ketzerzeit, auf Vermutungen angewiesen, ohne je einen Beweis antreten zu können. Das einzige Mitglied ihrer Familie, von dem man heute weiß, ist ihre Schwester Mutnedjemet, die in den Gräbern von fünf Höflingen Amenophis IV.-Echnaton in Tell el-Amarna dargestellt ist. Sie trägt aber nicht den Titel einer Prinzessin. Damit wäre eines sicher: daß Nofretete nicht durch Geburt zu der königlichen Familie gehörte. War sie überhaupt Ägypterin? Nichts widerspricht dieser Annahme. Sie war schön wie die thebanischen Edelfrauen, die in den Grabkapellen der Nekropole dargestellt sind. Die bemalte Büste in Berlin zeigt jedoch eine rosige Hautfarbe, die entweder auf ihre große Sorgfalt schließen läßt, sich vor Sonnenglut zu schützen, oder vielleicht auch auf ihre nördliche Herkunft hinweist.

Eine andere Bindung an den ägyptischen Boden zeigt das Vorhandensein ihrer Amme, der Dame Ti, Frau des »Gottesvaters« Eje. Wer aber waren Ti und Eje? Sie erschienen in Tell el-Amarna, und nach ihrem gemeinsamen Grab zu urteilen, waren sie die glühendsten Anhänger der Reform von Amarna und standen dem Ketzerkönig am allernächsten (49). Woher kamen sie? In diesem Zusammenhang ist auf ein merkwürdiges Zusammentreffen hinzuweisen: wenn man Namen und Titel von Eje mit denen von Juja, dem Vater der Königin Teje, vergleicht, kann man eine fast völlige Übereinstimmung beider Persönlichkeiten feststellen. Daher haben einige Wissenschaftler die Behauptung aufgestellt, es sei dies ein und dieselbe Person. Dann allerdings hätte er sehr lange leben müssen, denn einmal mußte die eine seiner Töchter alt genug sein, um die Gemahlin Amenophis' III. zu werden, dann hätte er die Regierungszeit von Amenophis III. und Amenophis IV.-Echnaton (einschließlich der Mitherrschaft Semenchkarês) und die Tut-ench-Amuns überleben müssen, um schließlich selbst – und sei es nur für einige Jahre – den Thron zu besteigen. Wenn man aber die Mumie Jujas aus dem Tal der Könige mit einem eindrucksvollen Porträt Ejes als König in Gestalt des Nilgottes auf der Basis einer Statue im Museum von Boston vergleicht, ist man doch über die merkwürdige Ähnlichkeit der Gesichtszüge recht verblüfft (50). Um eine mögliche Verwandtschaft zwischen diesen beiden zu erklären, hat man neuerdings versucht, sie als Vater und Sohn anzusehen: Ähnlichkeit des Namens, der Titel, der körperlichen Konstitution und der Familienbeziehungen zur Stadt Achmim schienen dies nahezulegen. (Eje ließ für den Gott Min in dieser Gegend eine Felsenkapelle bauen, und späterhin verleugneten weder sein Schützling Tut-ench-Amun noch er als König diesen Gott, und beide brachten wieder die Eigennamen in Mode, in deren Zusammensetzung der Gottesname vorkommt.)

Eje, der Amenophis IV., dem Ketzer, so nahestand, daß er zu seinem treuesten Parteigänger in der Stadt des Sonnenglobus wurde; Eje, der Kommandeur der gesamten Reiterei Seiner Majestät und Befehlshaber der Streitwagen; der Privatschreiber des Königs, in dessen Grab die *Große Hymne* an Aton eingemeißelt ist; der Fächerträger des Königs: war er nicht vor allem *it-neter*, das heißt »Gottes-vater«, vielleicht also Schwiegervater des Pharao?

Neuerdings möchte man in ihm den Vater Nofretetes sehen, der sich als Witwer mit Ti wiederverheiratet hat, welche die Amme und dann wohl die zweite Mutter dieser gewesen wäre, die Königin werden sollte. Aber niemals ist Eje als »Vater« der Königin bezeichnet worden: die Hypothese ist kunstvoll und verführerisch, kann aber nicht endgültig beibehalten werden.

Zu dem Zeitpunkt, als das Jubiläumsfest (oder das Fest *Sed*) von Amenophis III. vorbereitet wurde, organisierte die Umgebung seines Erben im großen Palast von Malkata Festlichkeiten, in deren Verlauf Amenophis IV. zum Mitherrscher seines Vaters erklärt werden sollte. Um seine theologische Stellung zu untermauern, beschloß der Prinz den Bau eines Tempels für die aufgehende Sonne – Re-Harachte – im Norden des Heiligtums von Karnak und entschloß sich, selbst Hoherpriester dieses Gottes zu werden; dann definierte er die neue Bedeutung dieser Gottheit, so wie er sie in Karnak manifestiert sehen wollte: *Re-Harachte-der-sich-in-seinem-Horizont-erfreut-in-seinem-Namen-des-Sonnenlichts(Schu)-das-in-dem-Sonnen-Globus(Aton)-erscheint.*

So fiel das Jubiläum König Amenophis' III. mit dem des Gottes zusammen, der, wie der König, nach einer langen Zeit, unmittelbar nach den Riten dieses geheimnisvollen Sed-Festes, am Horizont wiedergeboren wird. Im Laufe der Zeremonien mußte Amenophis III. einen Scheintod erleiden, der an die barbarischen

Vorgänge der rituellen Tötung des vorgeschichtlichen Herrschers von Ägypten, wenn jener körperliche Hinfälligkeit zu spüren begann, erinnern sollte. Er mußte das Leinentuch von Osiris, dem getöteten Gott, tragen, auf dessen Hinscheiden die Geburt seines Sohnes Horus, des Bürgen für die Fortdauer allen Geschehens, folgte. Dann erschien er, wie Horus, die aufgehende Sonne, am Horizont, um einen neuen Kreislauf zu beginnen. An seiner Seite würde sein Sohn Amenophis IV., der nunmehrige Mitherrscher, durch seine Gegenwart diese Verjüngung der Kräfte versinnbildlichen. Dann würde er auf dem religiösen Gebiet offiziell die Reformen beginnen, indem er sich bemühte, die wahre Natur des Gottes aufzuzeigen.

Dieser wichtige Abschnitt im göttlichen Leben des Pharao mußte sich in der Umwandlung gewisser Einzelheiten an dem Heiligtum und der Errichtung neuer Monumente zeigen. Amenophis III. wählte das sudanesische Nubien, um bei dieser Gelegenheit in Soleb einen Tempel für Gott Amun zu errichten oder zu vergrößern. Amenhotep, Sohn des Hapu, überwachte die Arbeiten und machte diese Stiftung zu einem Heiligtum von solcher Eleganz, daß es mit dem Tempel von Luxor und dessen harmonischen Blütensäulen wetteifern konnte. Er setzte dort Priester ein und leitete die Zeremonien des Festes. Andere hohe Würdenträger – unter ihnen der Wesir des Südens, Ramose – begaben sich nach Nubien zum Sedfest des Königs. Nach Theben hatte Amenhotep, Sohn des Hapu, für dieses Jubiläum zwei Statuen von vierzig Ellen Höhe kommen lassen; jede von ihnen war ein Monolith aus den Steinbrüchen des Roten Gebirges, des Gebel el-Ahmar, im Norden Ägyptens. Es sind dies die berühmten Memnon-Kolosse, die auf dem Platz der Pylonen des Totentempels für Amenophis III. am Eingang der thebanischen Nekropole stehen. Der Bildhauer, der diese Bildnisse des Königs ge-

48 Acht Prinzessinnen bringen Amenophis III. und Teje Opfer dar (Thebanisches Grab des Cheruëf)

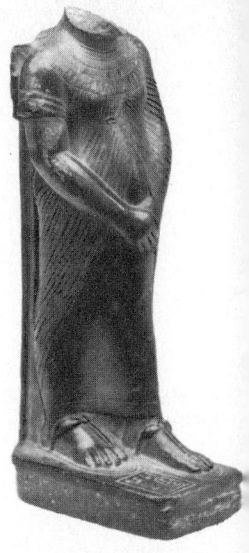

49 Der »Gottesvater« Eje und die Amme Ti bei der Entgegennahme von Ehrengaben in Achetaton *(Museum in Kairo)*
50 Der Gott Nil, der die Züge des Königs Eje trägt *(Museum of Fine Arts, Boston)*
51 Statue von Amenophis III. im Stil von Amarna *(Metropolitan Museum of Art, New York)*

schaffen hatte, mußte der Verantwortliche für die Bauarbeiten im Roten Gebirge, der Oberste Bildhauer des Königs, Men, gewesen sein. Er hatte die Statuen in einem Stil höchst verfeinerter Ausdruckskunst geschaffen. Sein Sohn, der Bildhauer Bek, kam unter den Einfluß des Mitherrschers und befolgte aufmerksam die Anordnungen, die ihm der Fürst selbst gab.

Die klassische Ausführung wurde aufgegeben, nach der idealisierte Menschen in klarer und eleganter Synthese die Züge und Gestalten der Herrscher wiedergaben. Man mußte mit fast grausamem Realismus im Stein nunmehr jede Wirklichkeit (die der Formen, des Ausdrucks und der Bewegungen) wiedergeben und sogar alle künstlerischen Möglichkeiten ausnutzen, um den undurchdachten Gottesbegriff in seiner irdischen Inkarnation zum Ausdruck zu bringen. Bek wurde wahrscheinlich damit beauftragt, die eindrucksvollen Pfeilerstatuen von Amenophis IV. herzustellen, die dazu bestimmt waren, den bei Beginn seiner Regierung der Sonne geweihten Tempel im Osten Karnaks zu schmücken (52). Eine derartige Reform konnte nur mit dem stillschweigenden Einverständnis und der Unterstützung einer gewissen Elite stattfinden und weil ein Bedürfnis dafür vorlag. So entsprachen also die Taten des Fürsten, in dem man den größten Mystiker des Altertums sah, einer neuen Geistesrichtung, die tiefgreifende Folgen auf allen Gebieten der ägyptischen Gesellschaft nach sich zog. Eine Götterlehre zu vereinfachen, weil sie für die große Masse der Menschen unzugänglich ist – das dem Göttlichen entfremdete Volk mit der Darstellung eines Gottes, der für alle leuchtet, wieder dem Gott zuzuführen –, zu proklamieren, was die Geistlichkeit seit den »Zeiten der Götter« wußte: daß nämlich die Menschen jeder Herkunft gleich geboren wurden und daß einzig ihre »Bösartigkeit sie verändert hat« – die

Menschen zu vereinen, indem man sie der Kreatur näherbringt und sie an ihre tiefe Verwandtschaft zu allen mineralischen, vegetabilischen, animalischen und menschlichen Elementen erinnert –, die Praktiken der Magie zu unterdrücken, die nur dazu dienten, den moralischen Aufschwung zu lähmen: das waren die Grundgedanken von Amenophis IV., und das war auch sein Programm.

Das bedeutete gleichzeitig, die Stadtbewohner von einer Tradition zu befreien, die sie zu ersticken drohte; ihre Augen für alle Dinge zu öffnen und nicht mehr an Formeln und Thesen zu hängen, denen man sich seit Jahrtausenden beugte. Der Fürst und seine Umgebung betrieben diesen wahrhaften Umsturz aller bisher festen Werte während der ersten drei Jahre seiner Mitherrschaft. Die neben dem neuen Ausdrucksstil in der menschlichen Plastik am deutlichsten hervortretende Umwälzung betraf die Aufnahme der Umgangssprache in die offiziellen Schriften, die bis zu dieser Zeit aus den Tempeln und dem Palast auf das peinlichste verbannt war.

Derartige Neuerungen hatten natürlich mit bedeutenden Hemmnissen und Widerständen zu rechnen. Der Versuch konnte nur während einer Mitherrschaft gewagt werden, während der ältere König in seiner thebanischen Hauptstadt blieb und mit seinen Beamten die Staatsgeschäfte in altgewohnter Weise weiterführte. So konnte der junge König mit seiner Familie und seinen Getreuen eine neue Hauptstadt gründen und dort, in der neuen Umgebung, seine Reform Wurzeln schlagen lassen. In Theben würde dann, vielleicht langsamer, der neue Geist ohne allzu großes Aufsehen an Boden gewinnen. Schon Ramose, der Wesir des Südens, hatte sein Grab in beiden Stilarten ausschmücken lassen (53, 54). Neben klassischen Reliefs von ruhiger Anmut und Malereien mit einer selten eleganten Stilführung findet sich in der Grabkapelle die Darstellung des jungen königlichen Paares, das am Fenster seines Palastes erscheint, in einem ganz realistischen Stil.

Amenophis IV. wählte in der Umgebung der Stadt des Thot, des Gottes der Intellektuellen, Hermopolis, im XV. oberägyptischen Gau (Nomen) eine Gegend am Ostufer des Nils aus, die auf einer Länge von etwa 10 Kilometern im Schutze der Flanken der Bergketten der Arabischen Wüste lag, die hier einen riesigen Halbkreis bilden. In wenigen Jahren ließ er in diesem jungfräulichen Gebiet eine Traumstadt erstehen, in der die Paläste und kleinen Häuser oft dicht

52 Einer der Osirispfeiler im Sonnentempel von Amenophis IV. zu Karnak (*Museum in Kairo*)

beieinanderlagen und fast jedes Gebäude einen dazugehörenden schönen Garten besaß. Diese Stadt wurde Achetaton, das heißt »Horizont des Aton«, genannt; sie ist heute unter dem arabischen Namen Tell el-Amarna bekannt, der eine Zusammenfassung des neuen Dorfnamens im Norden des historischen Platzes: el Till und des Stammesnamens der Beni Amran, die diesen Bezirk bewohnten, darstellt. Amenophis IV. begrenzte die neue Hauptstadt mit vierzehn majestätischen, aus dem Felsen gehauenen Stelen. Elf davon markierten die Stadtgrenze am rechten Flußufer; drei andere, in den nummulitischen Kalksteinfelsen der libyschen Kette eingehauen, bildeten im Westen die Grenze eines ausgedehnten Kulturlandes, das für die Versorgung der Tempel, Paläste und der Bewohner Achetatons bestimmt war.

Diese drei ersten Grenzstelen (eine im äußersten Norden; die beiden anderen ganz im Süden) stammen aus dem vierten Jahr der Mitregierung von Amenophis IV. Auf ihnen erklärte er, den Eid geleistet zu haben, diesen »reinen Platz« weder im Süden noch im Norden jemals zu überschreiten. Er versicherte, daß niemand, selbst die Königin nicht, ihn dazu verleiten könnte, an einer anderen Stelle einen günstigeren Platz zur Verehrung Atons zu suchen. Er hatte vor, fünf Heiligtümer und zwei große Paläste (einen für den Pharao, einen für die Königin) zu errichten. Auch ließ er für sich, für Nofretete und für die Prinzessin Meritaton ein Grabmal in den Bergen vorbereiten und verfügte, daß, sofern der eine oder andere von ihnen in einer fernen Stadt Ägyptens sterben sollte, zur Bestattung nach Achetaton übergeführt zu werden hatte. Er befahl außerdem, ein Grab für den heiligen Stier Mnevis vorzubereiten, ein weiteres für den Hohenpriester, andere für die übrigen Mitglieder der Aton-Priesterschaft und natürlich weitere für die Beamten und Untergebenen.

Diese Gräber wurden im Osten der Stadt angelegt, sozusagen als Reaktion gegen die seit Jahrtausenden meist in einer Gegend westlich des Nils gelegenen

53 Amenophis III. thront mit der Göttin Maat unter dem Doppelbaldachin in seinem Palast. Darstellung im thebanischen Stil. (Grab des Ramose in Theben)
54 Amenophis IV. und Nofretete, Herrscher von Amarna, im Kunststil der neuen Schule dargestellt. (Grab des Ramose in Theben)

Nekropolen, wo die Sonne mit den Toten verschwindet und wo sie dank der Osiris-Riten ein Wiederauferstehen nach langen geheimnisvollen Verwandlungen erlebten. Der Ketzerkönig ordnete die Abschaffung der bisher geübten Gebräuche an, die er als magisch bezeichnete, und er lehrte, daß nach dem Sonnenuntergang nichts überlebe, sondern alles in einer Art kosmischen Schlummers fiele: »der Hauch des Lebens« gelangt kaum zur Nase, und die Atmung wird schwächer.

Dieses neue Dogma geht auf eine wiederaufgegriffene Vorstellung von dem Wirken der Göttin Maat, Tochter des Re, zurück. Sie war der erhabenste Inhalt der ganzen ägyptischen Religion, die im Dienste des Königtums stand. Sie war die Gerechtigkeit und die Ordnung. Wer es wagte, sie herabzusetzen, griff damit die Struktur der Monarchie an. Einige Autoren glaubten, in dieser Haltung des revolutionären Königs eine der größten Gefahren zu sehen, die Ägypten und sein Reich jemals bedroht hatten. Der Versuch mußte jedoch gewagt werden, denn vor allem mußte man die Grundgedanken erneuern, die nicht mehr zeitgemäß zu sein schienen.

Maat war nicht nur Gerechtigkeit und Ordnung; Maat war auch, als Tochter Res, Ausstrahlung der Sonne und gleichzeitig Hauch des Lebens, vielleicht auch Licht. Schon Amenophis III. hatte sowohl in seinem Krönungsnamen als auch in den Beinamen mehrerer Tempel versucht, diese Grundeinheit in der Formel »Chaem-Maat«, das heißt »erscheinend (oder sich erhebend) gleichzeitig mit Maat«, hervorzuheben. Mit anderen Worten: der König war eins mit dieser himmlischen Macht, für die er Bürge und Beweis war.

Der Beweis, daß Amenophis IV. sich zunächst damit begnügte, seiner während der Regierungszeit seines Vaters erfolgten inneren Eingebung nachzugeben, findet sich in der Grabkapelle des Wesirs von Theben, Ramose, an dessen Wänden sich Darstellungen des gleichen Gedankens in zwei Stilarten zeigen. In der einen ist Amenophis IV. unter einem Baldachin mit dem traditionellen Prunk dargestellt, zusammen mit der Göttin Maat, Tochter des Re. Auf dem Haupt der Göttin befindet sich eine ungeheuer große Straußenfeder, welche die Hieroglyphe seines Namens ist, aber sie erinnert auch auf symbolische Weise an den Hauch des Lebens durch eine fast unmerkliche Bewegung der Federspitzen. Vor dem König stehen zwei Hieroglyphenzeichen, die in allen anderen Epochen von den Händen der Götter gehalten werden: das Lebenszeichen (Anch) und die göttliche Macht (das Zepter Was), in der Rolle von Flagellum-Trägern, deren Federn dem Herrscher zugeneigt sind, um ihm den göttlichen Hauch zu vermitteln; die Inschriften besagen: er ist es, der »durch Maat lebt« (53).

Dagegen zeigt ein wenig weiter eine ganz andersartige Szene den Mitherrscher am Fenster seines Palastes an der Seite Nofretetes in völlig gewandeltem Stil, der zum Ausdruck bringt, wie sich die neue Richtung um Wahrhaftigkeit in Bildwerken und Sprache bemüht. Über dem Paar glänzt der amarnische Globus, der seine Strahlen aussendet, die in kleinen Händen endigen. Die Strahlen, die dem königlichen Antlitz nahekommen, halten die Zeichen des Lebens und der göttlichen Macht, die bei der anderen Darstellung die Basis für die Straußenfedern gebildet hatten. Das lebenspendende Licht, das von dem Globus ausgeht, wird ihm damit übermittelt (54).

Im Jahre 4 seiner Thronbesteigung hatte also Amenophis IV. seine Reform in großen Linien festgelegt. Das heißt, daß er mehr mit bildlichen Darstellungen im neuen Zeitgeschmack und nicht mit den bisherigen »Klischees«, die den modernen Geistern sehr fern lagen, diesen ganzen Gedankengang ausdrückte, als daß er diese Ideenwelt radikal veränderte. Der König wollte nicht nur die Umgangssprache in die offiziellen Akten eingeführt wissen, sondern er hatte auch neue Bilder gefunden, um seine Lehre kundzutun, und außerdem waren diese Bilder in einem kühnen naturalistischen Stil gehalten (55).

Im Jahre 6, während der Winterjahreszeit, ist aus Amenophis IV. der »Diener des Aton«, Echnaton, geworden. Auf seinem Wagen aus Elektron begibt er sich zu den elf neuen Stelen, die auf den östlichen und westlichen Steilhängen seine gewaltige Hauptstadt begrenzen. Die Opfergaben sind dargebracht; vor allen Edelleuten seines Hofes erneuert er den Eid, niemals die Grenzen seiner Stadt zu überschreiten. Nun wohnt er endgültig in der Stadt des Globus (56), und dieser Eid, den er im Jahre 8 nochmals vor den vierzehn Grenzstelen wiederholt, zeigt uns, daß der Mitherrscher in Ägypten nicht nach Gutdünken handeln konnte, solange noch der alte Palast regierte.

Die religiösen Baulichkeiten beherrschten die Stadt. Das zweite Jubiläum im Namen Atons wurde kurz nach dem zweiten Jubelfest Amenophis' III. in Malkata gefeiert. Die Ereignisse in beiden königlichen Familien brachten die beiden Mitherrscher noch näher zusammen. In der Stadt des Globus feierten die Herrscher gerade die Geburt ihrer dritten Tochter Anchsen-pa-Aton. Und förmlich als öffentliche Bestätigung des Einverständnisses des älteren Königspaares mit dem religiösen Abenteuer des jungen Paares erhielt die letzte Tochter, die die Königin Teje ungefähr im Jahr 33 geboren hatte, den Namen Baket-Aton. Es scheint, daß diese letzte Prinzessin kaum zwei Jahre nach dem Tod des letzten mütterlichen Vorfahren, Juja und Thuje, deren Leichen man in einem kleinen Grab des Tals der Könige beisetzte, geboren worden war. Der zweite Prophet Amuns, Aanen (57), Hoherpriester des Re-Atum in Heliopolis und Bruder der Königin Teje, hatte die Zeremonien bei dieser Bestattung geleitet.

Neben kostbaren Truhen, welche die Herrscher in das Grab bringen ließen, vermehrte ihre älteste Tochter, Sat-Amun – die ihr Vater einige Jahre zuvor geheiratet hatte –, die Grabausstattung ihrer Großeltern mit Sesseln, auf denen die Gunstbezeigungen des Königs für sie dargestellt sind. Aber man ist doch überrascht – wenn man in diesem verstorbenen Ehepaar die Eltern des »Gottesvaters« Eje, Chefs der Pferde Echnatons und Privatsekretär des Ketzers, sehen will –, daß sich keinerlei Geschenke des Amarna-Hofes im Grab der Eltern von Teje finden.

Kurze Zeit danach starb der zweite Prophet Amuns, Aanen, der sogleich, im Jahre 34, durch seinen Nachfolger Sa-Mut ersetzt wurde. So waren also in Karnak die Heiligtümer für den Gott Amun noch geöffnet, und man duldete auch noch keine Verfolgung des dynastischen Gottes; ja, der Bruder der Königinmutter war sogar eines der bedeutendsten Mitglieder der Amun-Priesterschaft geworden. Außerdem errichtete man weitere Bauten im Aton-Bezirk von Karnak. Dies war schon vor dem Jahr 4 der Doppelregierung von Amenophis IV. veranlaßt worden, und die Arbeiten wurden im Jahre 6 des Amarna-Königs fortgesetzt. Vier dieser Tempel bestanden aus Sandstein; einer von ihnen hatte einen einzelnen Obelisken aus dem gleichen Material. Ein fünfter Tempel war aus anderem Gestein und befand sich ebenfalls in der großen Domäne Atons im Heliopolis des Südens (d. h. Karnak z. Z. der Häresie). Schließlich war noch aller Wahrscheinlichkeit nach ein kleiner Tempel in nächster Nähe des Heiligen Sees errichtet worden, und zwar zur Zeit des dritten Zwillingsjubiläums der beiden Könige und des Globus, das im Jahre 4 Echnatons, also in den Jahren 36 bis 37, von Amenophis III. gefeiert wurde.

Zwischen den Jahren 34 und 35 der Regierungszeit Amenophis' III. muß die Geburt Tut-ench-Amuns stattgefunden haben. Aber man muß wirklich auf sorg-

XIII Die Porträtstatuette des Königs aus stuckiertem und bemaltem Holz. Die Hautfarbe ist rot, Pupillen, Augenschminke und Brauen sind schwarz, die Brust ist in eine Art weiße Tunika gehüllt. Die Büste endet unterhalb der Taille und besitzt keine Unterarme. Am Ohrläppchen sieht man das Loch zur Befestigung der Ohrgehänge. Der Kopfputz besteht aus einer gelben mörserförmigen Kappe mit flachem Deckel; die Vorderseite ist mit dem Uraeus geschmückt.

XIV Es handelt sich hier nicht um ein Trinkgefäß, sondern um eine dreiarmige Lampe,
die man in das Grab gestellt hatte. Sie besteht aus einem vollerblühten Lotoskelch, der von
zwiebelförmigen Blüten flankiert wird; letztere sitzen auf gebogenen Stengeln, deren jeder
ein horizontalgerichtetes Blatt trägt. Das Ganze ist eine sehr »moderne« Darstellung.

XV Unter den Parfümbehältern (?), die in der »Seitenkammer« gefunden wurden, ist die Alabasterbarke der schönste. Der Bug hat die Gestalt eines syrischen Steinbocks; die Hörner sind echt und stammen von einem jungen Tier. Die Figur einer nackten jungen Frau, die eine Lotosblüte vor der Brust hält, befindet sich hinter dem Kopf des Steinbocks. Alabaster, Farbmasse, eingelegte Edelsteine und Blattgold.

XVI Ein verkleinertes Abbild der Mumie des Königs Tut-ench-Amun. Er ist als Osiris dargestellt; das Bett, auf dem er liegt, zeigt in grobem Umriß den ausgestreckten Körper einer Katze. Zwei Vögel sitzen zu seiten des Königs – einer davon hat einen Menschenkopf – und breiten schützend einen Flügel über den Leib der mumienförmigen Statuette. Das Holz ist in der natürlichen Farbe belassen worden, und nur wenige Details sind farbig.

fältigste Weise alle Gegenstände seines Grabschatzes, alle Überbleibsel von Denkmälern, die er während seiner kurzen Regierungszeit errichtet hatte, prüfen, um seltene und ganz zufällige Anspielungen auf seine Eltern zu entdecken. Während der Aton-Häresie, in Tell el-Amarna wie auch in Malkata, wollte man wohl absichtlich die Abstammung der Mitwirkenden dieses Dramas als nebensächlich behandeln: nur der Globus zählte noch, der Schöpfer allen Seins! Ein einziges Mal nennt Tut-ench-Amun auf einer geweihten Löwenstatue des Tempels von Soleb, der später in den südlichen Sudan, zum Gebel Barkal, transportiert wurde, Amenophis III. »seinen Vater«. Diese Erwähnung wird von zahlreichen Autoren bestritten, die sie nicht wörtlich nehmen wollen, sondern in ihr nur eine Anspielung auf den Vorfahren der königlichen Familie sehen. Man hat deshalb verschiedene Theorien aufgestellt. Die eine sieht in dem Prinzen Tut-ench-Amun möglicherweise den Sohn Amenophis' III. und der Prinzessin Sat-Amun (das bedeutet also den Sohn seiner Halbschwester und Tante!); andere aber stellen die These auf, daß das königliche Kind aus einer Vereinigung stammt, aus der schon Semenchkarê und Nofretete hervorgegangen waren!

Wieder andere halten eine Vaterschaft Amenophis' III. für möglich, meinen aber, die Mutter wäre eine der bis heute unbekannten Nebenfrauen des Herrschers gewesen. Neuerdings will man als Vater Tut-ench-Atons einen ziemlich »hypothetischen« Sohn von Eje und Ti, der Amme von Nofretete, sehen, also einen Milchbruder der letzteren. Dieser hätte sich dann mit einer Tochter von Amenophis III. und Teje vermählt: das Ergebnis dieser Vereinigung wäre Tut-ench-Aton gewesen. Und letzten Endes könnte seine Mutter auch die »Mutter eines Königs« Meritre gewesen sein.

Viele Ägyptologen weisen auf die auffallende Ähnlichkeit hin – eine Ähnlichkeit, die zu deutlich ist, um zufällig zu sein –, die man nach Freilegung des Mumienhauptes von Tut-ench-Amun zwischen dem Antlitz des jungen Königs und dem von Amenophis IV. feststellte, das durch Bildnisse bekannt ist. Andererseits hat die Analogie der Gesichtszüge und die Ähnlichkeit der Schädelformen bei der Mumie Tut-ench-Amuns mit der in dem Scheingrab der Königin Teje in Theben bestatteten Leiche, die man nacheinander Amenophis IV., dann Semenchkarê zuschrieb, die Gelehrten zu der Auffassung gebracht, Tut-ench-Amun wäre der Bruder des einen oder anderen dieser Könige gewesen. Damit kommt man den Tatsachen sicherlich recht nahe. Es scheint möglich, daß Amenophis IV. und Semenchkarê Brüder oder zumindest Halbbrüder gewesen waren. Semenchkarê mußte am Hofe von Malkata kurz nach dem ersten Jubiläum von Amenophis III. geboren worden sein.

Kommen wir nun auf die wenigen Einzelheiten zurück, die wir mit Sicherheit festlegen können. Man hat behauptet, die Königin Teje wäre zu der Zeit, als Tut-ench-Aton geboren wurde, schon unfruchtbar gewesen. Wer kann dies aber bestätigen? Wenn man die Konstitution der ägyptischen Frauen und der Nubierinnen kennt und wenn man sich daran erinnert, daß kaum zwei Jahre vor der vermutlichen Geburt des künftigen Königs, Teje die kleine Prinzessin Baket-Aton zur Welt gebracht hatte, so kann man auch schwer abstreiten, daß sie imstande gewesen wäre, dem Prinzen zu einer Zeit das Leben zu schenken, da sie selbst etwa achtundvierzig (und Amenophis III. ungefähr zweiundfünfzig) Jahre gezählt hat, vorausgesetzt, daß sie mit dreizehn Jahren geheiratet hatte.

Die weiteren Tatsachen müssen im Grab Tut-ench-Amuns zu finden sein. Worin aber besteht ihre Wichtigkeit? In erster Linie in einer Ähnlichkeit, nicht nur mit Amenophis IV. und Semenchkarê, sondern auch mit der Königin Teje. Dies sind

55 Amenophis IV.-Echnaton und
Nofretete bringen in Begleitung
einer Prinzessin dem Gott Aton
Opfergaben dar *(Museum in
Kairo)*
56 Amenophis IV.-Echnaton und
Nofretete. Mehrfarbiger Kalk-
stein *(Louvre)*
57 Aanen, der Bruder der
Königin Teje, heliopolitanischer
Priester und »Zweiter Prophet«
Amuns *(Museo Egizio, Turin)*

Faktoren, die an erster Stelle stehen (58, 59). Als Ergänzung der Inschrift auf dem
Löwen, den man in Soleb gefunden hat, kann man eine kleine Goldstatuette aus
dem Grabe des Kindkönigs ansehen, die Amenophis III. in hockender Stellung
und in der Haltung des Sonnenkindes darstellt, wie um dadurch die Einheit mit
seinem Sohn deutlich zu machen, in dessen Fleisch er wiedergeboren werden sollte,
um sich so nach der Ordnung der Dinge selbst zu überdauern. Diese in Leinen
gehüllte und in einen kleinen Sarg gelegte Statuette befand sich neben der rühren-
den Reliquie der Königin Teje, die aus einer Haarlocke bestand und die, wie eine
Mumie, in einem kleinen Sarkophag neben dem Bildnis ihres Gatten beigesetzt
war. Weshalb das Augenscheinliche leugnen wollen? Auch andere Gegenstände
zeigten Anspielungen auf die Eltern des Königs, so zum Beispiel der Alabaster-
krug, der die Namen des Pharaonenpaares von Malkata trägt.

Diese Gegenstände stehen neben einigen seltenen Einzelstücken der Grabausstattung, die anderen Mitgliedern der königlichen Familie gehört hatten: dem
Schreibgerät aus Elfenbein mit dem Namen der Schwägerin des Königs und Gemahlin des Semenchkarê, Meritaton; dem kleinen Kastendeckel, der mit dem Bildnis in hockender Stellung einer anderen Schwägerin, Nefer-Neferu-Re, geschmückt
war; dazu kamen Einzelstücke aus dem Grabschatz des Semenchkarê – ein Kasten
mit dem Namen Echnatons in Verbindung mit der Kartusche seines Mitherrschers,
eben dieses Semenchkarê –, eine Peitsche des Prinzen Thutmes (des älteren Bruders
des Königs?).

Neben diesen Erinnerungsstücken befanden sich im Grab auch solche von nahen
Verwandten, von Freunden und treuen Untergebenen, die im königlichen Dienst
gestanden hatten, wie Nacht-Min und Maja, die ihm Statuetten gewidmet hatten.

Aber die einzigen Gegenstände, die sich in diesem Grab als beredte Bilder des Fleisches erwiesen, aus dem er hervorgegangen war, sind die kleine Statuette Amenophis' III. und die Haarlocke der Teje, die erstaunlich gut erhalten ist.

Ohne allzu kühn zu erscheinen, läßt sich die Meinung vertreten, daß vor Beendigung des Jahres 35 von Amenophis III. die Große königliche Gemahlin, Teje, in ihrem Harem von Malkata dem letzten ihrer Kinder das Leben geschenkt hat: Tut-ench-Aton. Der ägyptischen Sitte entsprechend wählte und gab die Mutter dem Kind mit den Worten, die sie bei der Geburt sprach, den ersten Namen: für einen Prinzen, der womöglich einmal den Thron besteigt, bleibt dies der Rufname bis zur Krönung. Dann bekam er mit seiner Titulatur einen anderen dazu. Von seinem ersten Schrei an, von dem Augenblick, da der Hauch des Lebens dem Wesen, das aus dem Wasserreich entstieg, zu atmen gestattete, war Tut-ench-*Aton* mit dem Stempel der Aton-Ketzerei gezeichnet: seine jüngste Schwester, die ein, zwei Jahre zuvor geboren wurde, war schon dem Globus geweiht worden, dem Herrn von Achetaton, der Hauptstadt, wohin beide schon bald gebracht werden sollten, um dort mit ihren jungen Nichten zusammenzutreffen.

Und da in dieser sonderbaren Periode alles zu einem Problem wurde, wundert es einen nicht, daß man sich in wissenschaftlichen Kreisen noch nicht über die Bedeutung des Namens dieses jungen Prinzen einig ist. Jeder ägyptische Name bildet einen kleinen Satz, mit dem das fleischgewordene Wesen unter den Schutz eines Gottes gestellt wird. Nur die Sieben Feen der Hathor, die zu dem Neugeborenen eilten, könnten uns sagen, was die Königin Teje unter Tut-ench-Aton verstand. Selbst dieser Name, den nach mehr als dreitausend Jahren seit der Geburt des Prinzen die ganze Welt des 20. Jahrhunderts kennt, ist noch ein ungelöstes Problem. »Mächtig ist das Leben Atons«, sagten die einen; »Anmutigen Lebens ist Aton«, versichern die anderen. Wieder andere behaupten: »Lebendiges Abbild von Aton.« Und eine ganz neue Theorie übersetzt: »Alles Leben liegt in den Händen Atons.« So bleibt die philosophische Diskussion über diesen Namen weiterhin offen, den die Ägypter nicht einmal für diesen jungen Herrscher gebrauchten, da sie ihm ja an dem Tag seiner Krönung den Namen *Neb-Chepru-Re* gaben.

58 Kopf der Königin Teje aus Ebenholz mit Einlegearbeiten *(Ägyptisches Museum, Berlin)*
59 Kopf Tut-ench-Amuns (Totenmaske) aus massivem Gold *(Museum in Kairo)*

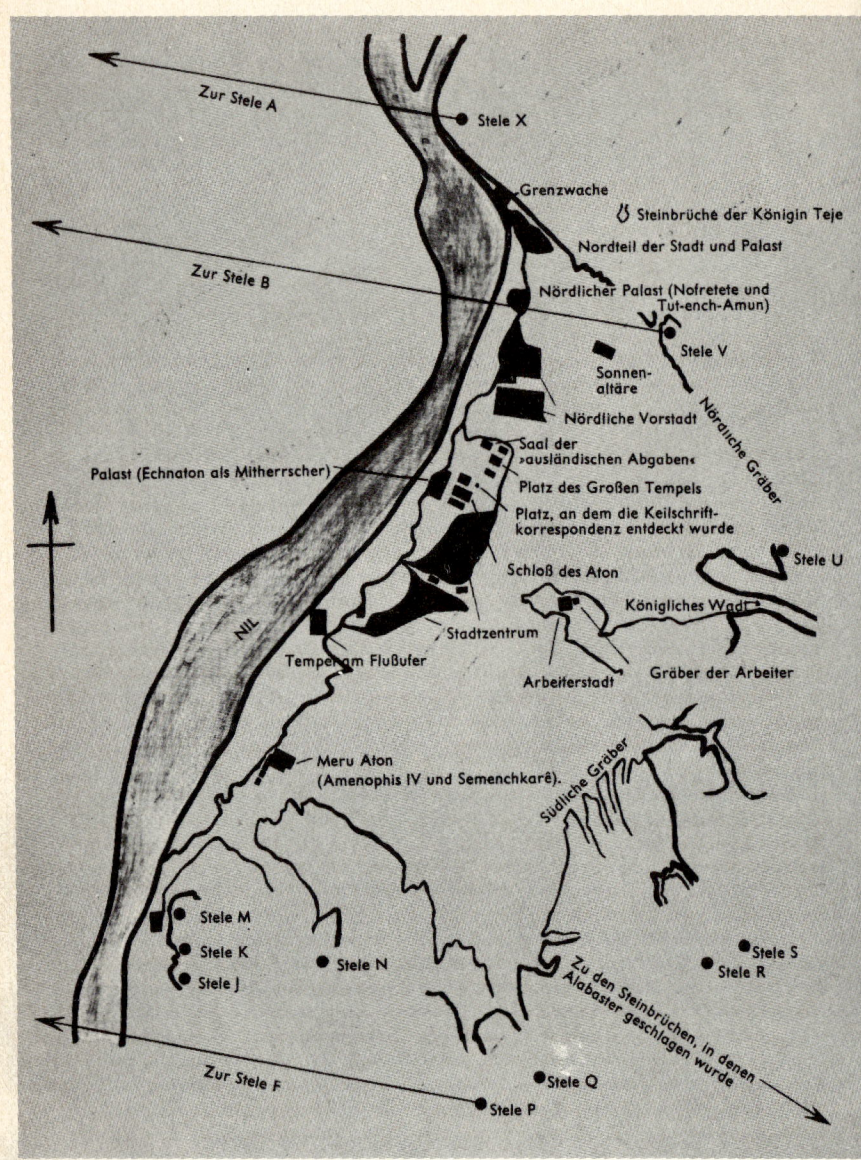

Zur Stele A

Stele X

Grenzwache

♨ Steinbrüche der Königin Teje

Nordteil der Stadt und Palast

Zur Stele B

Nördlicher Palast (Nofretete und
Tut-ench-Amun)

Stele V

Sonnen-
altäre

Nördliche Vorstadt

Nördliche Gräber

Saal der
›ausländischen Abgaben‹

Palast (Echnaton als Mitherrscher)

Platz des Großen Tempels

Platz, an dem die Keilschrift-
korrespondenz entdeckt wurde

Stele U

Schloß des Aton

Königliches Wadî

NIL

Stadtzentrum

Tempel am Flußufer

Arbeiterstadt

Gräber der Arbeiter

Meru Aton
(Amenophis IV und Semenchkarê).

Südliche Gräber

Stele M

Stele K

Stele J

Stele N

Stele S

Stele R

Zu den Steinbrüchen, in denen
Alabaster geschlagen wurde

Zur Stele F

Stele Q

Stele P

60 Plan des 10 km langen Gebietes von Tell el-Amarna. Ostufer des Nils

(1361–1359)

Als Tut-ench-Amun geboren wurde, stand Theben, die üppige und freie, allen Einflüssen des Orients offene Hauptstadt, in Verbindung mit der ganzen, damals bekannten Welt, und Achetaton, die Ketzerstadt, war ihr Extrakt (60). In dieser Periode hoher Kultur, in der die Waffenruhe nach dem Siege die Entwicklung der Literatur und die Verfeinerung des künstlerischen Ausdrucks gestattete, lebten Bürger wie Beamte in bis dahin unbekanntem Luxus, an dem auch der kleine Mann teilhatte. In allen Städten hatte man die Mode von einst, die einfach, ja, zuweilen streng gewesen war, aufgegeben. An Festtagen setzten die Männer prächtige Perücken mit raffinierten Locken auf, die Damen trugen kunstvolle Haartrachten mit langen, künstlichen Zopfsträhnen, die über die Schultern bis zur Brust fielen und die sie meist der kurzen, runden Haartracht vorzogen, die wegen des exotischen Reizes dieser nubischen Mode von den Damen der Ketzerstadt schnell aufgegriffen wurden. Männer und Frauen kleideten sich jetzt in üppige Gewänder aus plissiertem Leinen mit weiten Ärmeln und eleganten Knoten, die außerdem oft mit Fransen versehen waren. Die Sandalen hatten noch nicht die hochgeschürzten Spitzen wie die »Schnabelschuhe«, die erst in der 19. Dynastie in Mode kamen, aber sie waren oft mit appliziertem und durchbrochenem Leder geschmückt, und der Herrscher besaß einige Paare, die mit Goldarbeit verziert waren. Man hatte für ihn außerdem welche ohne Kappe, aber mit Fersenschutz hergestellt.

Diesen Wohlstand, den Geschmack am bequemen Leben, fand man auch in den Herrenhäusern, die mitten in einem Garten meist am Rande der Städte lagen. Da das Gelände im Zentrum zuweilen beschränkt war, erreichten diese Häuser bis zu drei Stockwerken. Aber in Achetaton, welches das Herrscherpaar von Malkata regelmäßig aufsuchte, war genügend Platz vorhanden, und die Baumeister Echnatons konnten weiträumige Herrensitze bauen, die der Traum jedes Ägypters waren.

Die Bauten – Paläste wie bescheidene Häuschen – bestanden aus ungebrannten Ziegeln; Stein und Kalk wurde für den Boden, die Säulenbasen und die Rahmen aller Öffnungen verwendet. Türen und Säulen waren aus Holz. Jedes Grundstück war mit einer hohen Mauer umgeben und hatte neben dem Portal eine Pförtnerloge. Man gelangte von da in den Hofraum, durch den ein Weg in rechtem Winkel zu dem Hauptgebäude führte. Dieses rechteckig angelegte Bauwerk enthielt immer die drei Hauptteile eines jeden Wohnhauses. Eine große Halle diente vor allem dem Empfang. Der mittlere Teil enthielt meist den größten Raum, den Wohnraum. Seine Decke, die viel höher war als die der anderen Räumlichkeiten, wurde von Säulen getragen (in den reichen Häusern waren es meist vier). In der Mitte des Raumes befand sich oft eine kleine Feuerstelle. Entlang der Wand war eine große Platte mit leicht erhöhtem Rand: hier wurde das Lustralwasser über die Hände und Füße des Hausherrn und der Gäste gegossen. Vor der gegenüberliegenden Wand befand sich eine Estrade für die Sitzgelegenheiten. Die schmalen und sehr hoch angebrachten Fenster dämpften durch Steingitter das eindringende grelle Licht. Die Säulen waren zuweilen mit Pflanzen und Tieren bemalt. Die Paläste besaßen außerdem dekorierte Decken. Beiderseits des Mittelsaals befanden sich die Arbeitsräume des Hausherrn; hier lag auch das Treppenhaus, das zu einer über der Eingangshalle liegenden Loggia führte. Der dritte Teil des Wohnhauses war für die Familie reserviert. Der Dame des Hauses war vor allem das Mittelzimmer, ein viereckiger Salon, vorbehalten. Auf beiden Seiten lagen die sehr einfach gehaltenen Schlafräume, die meist mit einem kleinen Alkoven versehen waren. Die sehr gepflegten sanitären Einrichtungen hatten sogar Sitzgelegenheiten. Die Ägypter kannten vor der griechisch-römischen Zeit kein Badezimmer; aber anscheinend waren Duschräume immer vorhanden. Nach dem Waschen mußte man, wie in allen heißen Ländern, die Haut pflegen, um sie geschmeidig zu erhalten. So verfügte der private Teil des Hauses über Salbräume, wo die Haut massiert und eingerieben wurde. Der Wasserablauf nach außen war durch Steingutröhren gesichert.

Die Wohnpaläste der Herrscher von Amarna und Malkata zeigten im allgemeinen gleiche Anlagen, allerdings mit einem Luxus und zusätzlichen Einrichtungen ausgestattet, die bei den anderen Herrenhäusern nicht zu finden waren (61).

Hinter dem Wohnhaus lagen, in einem Gebäude für sich, die Wirtschaftsräume, die für jedes Haus unerläßlichen Küchen und Bäckereien, die Brauerei, in der man ein berauschendes Bier herstellte, und die Vorratsräume, wo die mit Jahreszahlen und Gewächsangaben versehenen Weinkrüge aufbewahrt wurden, die Weine der »Domäne von Aton«, deren Herkunft meist der »West-Fluß«, das heißt die Deltagegend in der Nähe des heutigen Alexandria war. Die Wirtschaftsgebäude enthielten auch die Stallungen, den Hundezwinger und die Pferdeställe sowie Werkstätten, meistens eine Tischlerei und eine Spinnerei. Ein Brunnen lieferte das Wasser, und zahlreiche Silos in Zuckerhutform enthielten das für die Nahrung wichtige Getreide. Jedes Besitztum besaß selbstverständlich einen Ziergarten mit Sykomoren, Palmen, Weiden, zuweilen auch mit Akazien, Granatbäumen und großen Blumenrabatten: Papyrusstauden, Mohn, Kornblumen und sogar Mandragorabüsche, die dicht um das rechteckige Wasserbecken in der Mitte des Besitzes standen, das schöne blaue Lotosblüten enthielt. Am Eingang des Gartens stand im Freien ein kleines Tempelchen mit einem Altar, wo man auf einer Steinplatte den Sonnenglobus verehrte, der seine mit kleinen Händen versehenen

61 Rekonstruierte Mittelhalle im Hause des Wesirs Nacht (Tell el-Amarna)

Strahlen zu dem Amarnapaar aussandte, das den Prinzessinnen das Leben geschenkt hatte.

Beiderseits der Steinplatte waren zwei Tafeln mit den Bildern des Hausherrn und seiner Gemahlin angebracht. Könnte man dies nicht als einen Vorläufer des Triptychon der christlichen Kirche mit den Darstellungen der Stifter betrachten?

Im Zentrum der Ketzerstadt befanden sich die Königspaläste, die bedeutendsten religiösen Bauwerke und die Ministerien. Unheimlich große Gebäude mit Säulenhallen und Statuen bargen die offiziellen Räumlichkeiten des Palastes, und über die Hauptstraße der Stadt spannte sich ein großer Bogen als erstes Beispiel für eine Brücke in Ägypten, welcher die beiden Teile des Pharaonenbesitztums miteinander verband.

Der Privatpalast befand sich auf einer Anhöhe: man gelangte zu ihm durch einen Park mit drei Terrassen. Das gewaltige Terrain grenzte an den Nil, und ein besonderer Hafen war mit einer langen Säulenhalle versehen, die in Richtung des Flusses mit seinen blumengeschmückten Ufern lag, an dem die Barken der königlichen Familie anlegten. Hier kamen auch die Herrscher von Malkata an, wenn sie etwa 350 Kilometer nilabwärts fuhren, um einige Tage an dem »strahlenden« Leben der Hauptstadt des Globus teilzuhaben. Die Unruhen im Lande schienen nicht bis hierher zu dringen, und die Herren der Stadt haben offensichtlich ihre ganze Kraft darauf verwendet, um ihre Reform durchzuführen und für sie zu leben. In den Jahren, die seiner Geburt folgten, also zwischen dem 37. und 38. Jahr der Regierung Amenophis' III. – das heißt gegen Ende des 9. und am Beginn des 10. Jahres von Echnaton –, nach dem dritten Jubiläum des Königs von Theben, begleitete das Kind Tut-ench-Aton, wahrscheinlich im Alter von drei Jahren, seine Eltern und seine ältere Schwester Baket-Aton nach Achetaton, da dieses Fest auch in der Stadt des Aton zusammen mit dem Zwillingsjubiläum für Aton und seinen Diener Echnaton gefeiert wurde.

Das Schiff fuhr, bevor es anlegte, an dem Handelsviertel vorbei, wo eine Unzahl

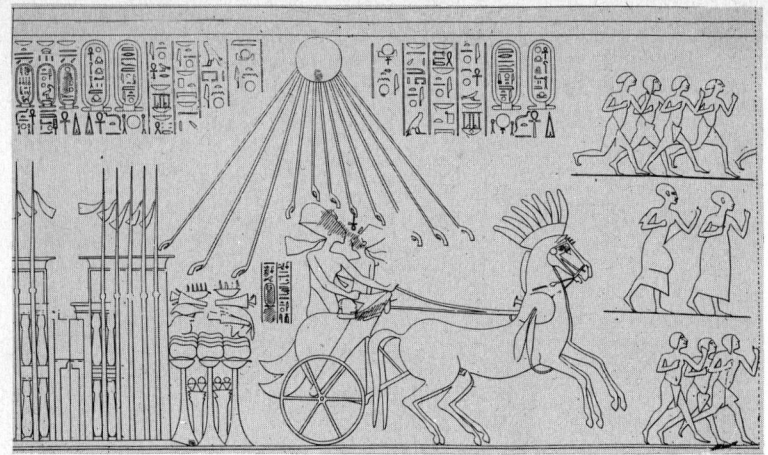

63 Das königliche Paar verläßt aneinandergeschmiegt auf seinem Wagen den Atontempel (Grab des Mahu)

von Getreidespeichern über die strahlendweißen Kaianlagen hinausragten (62). Nicht weit davon befand sich der Laden des mykenischen Händlers, dessen polypengeschmückte Töpferwaren in Mode waren.

Der kleine Prinz bestieg den Wagen einer der Prinzessinnen dieser Stadt, seiner Kusine, und hatte seine Freude an der Parade, an der er in der Stadt, im Gefolge der königlichen Wagen, teilnehmen durfte, während die hohen Würdenträger, ja selbst der Wesir, vor Hitze und Anstrengung schnaufend, hinterherlaufen mußten (63). Er kam an den riesigen Tempeln vorbei. Nachdem der Zug die doppelte Tempelmauer passiert hatte, hielt man vor zwei großen Pylonen an, die denen der Tempel von Luxor und Karnak glichen. An ihnen waren Maste befestigt, an deren Spitzen lange Fahnen wehten zur Erinnerung an den Lebenshauch, der alles beseelt, die in zwei Fünfergruppen eingeteilt waren (es war dies die heilige Zahl von Chnumu [Hermopolis] und Achetaton) an Stelle von zwei Zweier- oder Vierergruppen wie in Karnak oder Memphis. Die beiden Herrscherpaare schritten durch die gewaltigen, nach oben geöffneten Säle, die mit einer stattlichen Anzahl von Sockeln aus ungebrannten Ziegeln (genauso viele, wie das Jahr Tage hatte) geschmückt waren. Sie dienten dazu, an den Festtagen des Jubiläums die für Aton bestimmten Speiseopfer, aber auch die täglichen Gaben, aufzunehmen.

Nachdem sie der Sonne ausgewählte Pflanzen auf offenen Altären, zu denen einige Stufen führten, geopfert hatten, verließen sie den ersten Bau, das *Per Hay* oder »Haus des Jubels«, um sich dann zu einem zweiten Tempel zu begeben, dem *Gem Aton*, das heißt »Aton ist gefunden worden« (64).

Dann begab sich die königliche Familie in den zu dieser Zeit fast vollendeten Tempel mit Namen *Schut-Re*, das heißt »Fächerschirm des Re«, der der Königin Teje geweiht war. Dies war ein Heiligtum in Gestalt eines riesigen Kiosks, ähnlich einem Säulentempel, dessen schützende Wände dem Luftzug freien Zutritt ließen, so daß es immer kühl blieb. Auch dieses Heiligtum stand wie alle anderen in Beziehung zu der führenden Rolle der Frauen in der königlichen Familie, den Be-

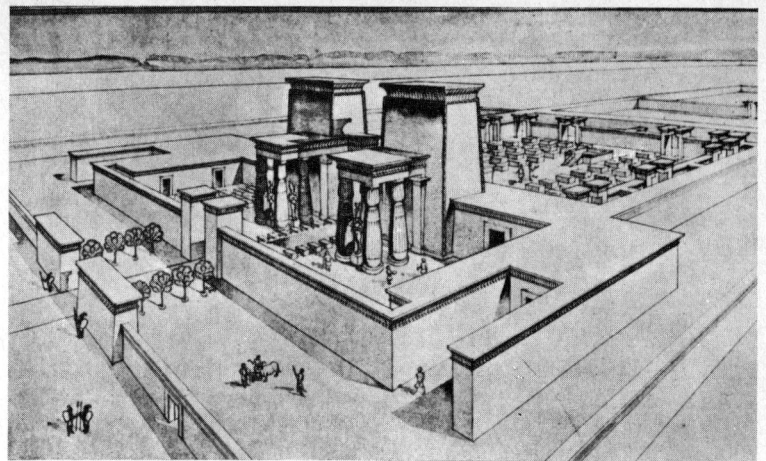

64 Eingang zum Heiligtum des großen Tempels von Tell el-Amarna.

wahrerinnen des göttlichen Lebenshauches, den sie immer wieder dem Herrscher übermitteln und gar zuführen, um ihn zu stärken, so wie Isis es mit ihren Flügeln bei dem leblosen Osiris getan hatte.

Während der Besichtigung der Arbeiten durch die älteren Familienmitglieder blieben das Kind und die kleinen Prinzessinnen im kühlen Schatten zurück und vertrieben sich die Zeit mit der Betrachtung der Standbilder Amenophis' III. und Tejes, Echnatons und Nofretetes, der beiden Regentenpaare, die ihnen Mutnedjemet, die Schwester der Nofretete, die die Königskinder oft beaufsichtigte, zeigte und erklärte.

Zu jener Zeit wurden jedoch alle offiziellen Besuche möglichst abgekürzt, da der Gesundheitszustand des Herrschers von Malkata nicht mehr der beste war. Als im Jahr 36 ein verbündeter König, Tuschratta, der Naharina beherrschte, auf dringende Bitten Amenophis' III. zur Vermählung eine seiner Töchter, die Prinzessin Taduchepa, geschickt hatte, fand diese bei ihrer Ankunft in Malkata einen fast völlig erschöpften Herrscher vor. Tuschratta hatte sich auf den Rat der Gesandten und auch auf Bitten des Pharao selbst bereit erklärt, dem Herrscher von Ägypten die heilkräftige Statue von Ischtar der Großen, der Herrin der Liebe und des Krieges, zu überbringen. Die Göttin scheint von größter Wirksamkeit gewesen zu sein, und der König behielt sie in seinem Palast, um ein so wunderbares Heilmittel immer nahe bei sich zu haben. Aber Tuschratta, sein Verbündeter gegen die Hethiter, der ihm schon so viele Beweise seiner Freundschaft – Gegenstände aus Gold und Lapislazuli, Waffen, Edelsteine, Pferdegespanne und Wagen und vor kurzem erst dreißig Frauen – gegeben hatte, wollte seine Göttin nicht hergeben. Dieses Mal hatte Amenophis III. die Göttin in Theben gelassen und nicht mit in die Stadt des Globus genommen, wo Aton als alleiniger Herr regierte. In Malkata war man toleranter, und kurz vor dem 36. Jahre seiner Regierung hatte Amenophis III. noch im Sinai dem Gotte Amun und der Göttin Hathor Opfer bringen lassen.

Der Zug begab sich weiter vor das Ministerium der Auswärtigen Angelegenheiten (das »Korrespondenzbüro« des Pharao), und der Minister Tutu verneigte sich am Haupteingang. Es war seine Aufgabe, die Briefe durchzusehen, die aus allen mit Ägypten verbündeten Hauptstädten für den Landesherrn eintrafen. Wie es scheint, wurden während der Mitherrschaft Briefabschriften an Echnaton in seine Hauptstadt gesandt. So wurden mehr als dreihundertsechzig Keilschrift-Täfelchen in den Ruinen des Archivbüros gefunden.

Die Polizeibeamten hielten im Schatten ihrer Beobachtungsstände mit sanfter Gewalt die Menge zurück, die ihre Herrscher, Ausstrahlungen der Sonne, die in ihren Wagen aus Elektron standen, vorbeiziehen sehen wollte.

An diesem Festtag hatten die jungen Leute frei, die im »Haus des Lebens«, das heißt der Universität, studierten, in der sich die Laboratorien neben einem Scriptorium zum Kopieren der heiligen Bücher befanden; einige von ihnen hatten sogar die Genehmigung erhalten, sich in den Innenhof des Palastes zu begeben, in dem sich die Herrscher ihren Höflingen und hohen Würdenträgern an dem »Erscheinungsfenster« zeigten (65).

Einige Jahre später erzählte die Prinzessin Anchsen-pa-Aton, die immer im Palast des Ketzerhofes gelebt hatte, Tut-ench-Amun von dem ungeheuren Begeisterungstaumel, der auch auf die Menge übergriff, als Echnaton und Nofretete sich zeigten, um »Das Gold der Belohnungen« an den »Gottesvater« Eje zu übergeben. Das Zeremoniell des Erscheinens an dem gewaltigen Balkonfenster des Palastes bei diesen Gelegenheiten scheint eine Erfindung der Häresie gewesen zu sein.

Hier wurden den Günstlingen die goldenen Halsketten umgelegt; Becher, Ge-

65 Echnaton und Nofretete auf dem »Balkon« ihres Palastes. Links die Darstellung des Palastes und die Prinzessinnen der königlichen Familie. (Grab des Parenefer)

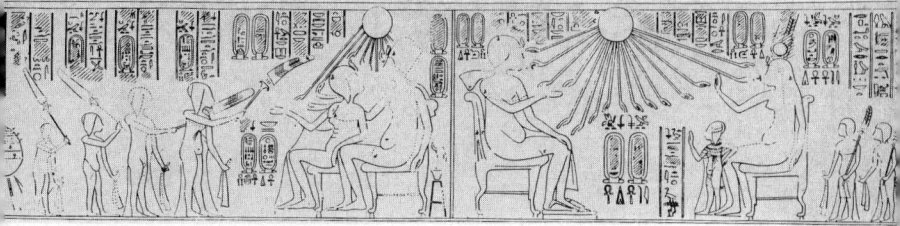

66 Der doppelte Türsturz des Grabes von Huje. Die beiden Paare aus der Zeit der Mitregierung in Tell el-Amarna. (Grab des Huje)

schirr und Schmuck ihnen zugeworfen. Aber Eje als Chef aller königlichen Pferde war sicherlich am stolzesten auf die braunroten Lederhandschuhe, die er überall herumzeigte; auch hatte man ihn im Triumph nach Hause getragen. Die bei dieser Gelegenheit entfaltete Pracht überstieg noch die der Festlichkeiten anläßlich der Auszeichnung Parenefers, des Haushofmeisters des Pharao.

Der Zug ging dann noch an dem Hause des Hohenpriesters Panehsi und an dem Amt für öffentliche Arbeiten vorbei. Truppenabordnungen der »pazifischen« und internationalen Armee des Pharao wurden von Trompetenbläsern angeführt, dann kam eine Abteilung ägyptischer Infanterie, eine Abteilung Beduinen und Soldaten des Schardanen-Kontingents und schließlich eine Abteilung nubischer Bogenschützen.

Bei jedem seiner Besuche residierte Amenophis III. in seinem Palast »Prächtiger Glanz des Aton«, den er in der Ketzerstadt besaß. Der letzte Aufenthalt der Eltern Echnatons und Tut-ench-Amuns in dieser Stadt hatte den Haushofmeister der Königin Teje, Huja, dazu angeregt, in seiner Grabkapelle einen doppelten Türsturz mit zwei parallelen Bildern anzulegen, welche die beiden königlichen Paare darstellten (66). Auf der einen Seite erhalten Echnaton und Nofretete, die zärtlich beieinandersitzen, die Zeichen der Verehrung ihrer vier erstgeborenen Töchter; auf der anderen wird Teje, die ihrem Gemahl gegenübersitzt, von ihrer jüngsten Tochter, der kleinen Prinzessin Baket-Aton, begleitet. Verschiedene Ägyptologen meinten, daß die Geste der Tochter die Verehrung für ihren schon verstorbenen Vater andeute; aber nichts kann diese Hypothese stützen. Wie dem auch sei: man sieht kein Bild von Tut-ench-Aton; er wird niemals, ebensowenig wie die anderen Prinzen des Palastes, zusammen mit seiner Familie dargestellt. Im neuen Reich Atons erschienen, vielleicht ritueller Gründe wegen, nur die weiblichen Familienmitglieder, und dieses Gesetz wurde von den Höflingen bis in die Tiefe ihres Grabes befolgt. So sieht man auch den Hohenpriester Panehsi zusammen mit seiner Frau und in Gesellschaft dreier Töchter das Mahl einnehmen.

Alles vollzog sich innerhalb der vierzehn Grenzstelen so, als wollte Aton mit seinem gesegneten Atem nur den weiblichen Teil eines Paares auszeichnen, um damit die hervorragende Rolle der weiblichen Vorfahren zu unterstreichen. Außerdem waren die religiösen Kapellen besonders den königlichen Damen gewidmet: es waren dies die »Fächerschirme des Re«, ägyptisch *Schut-Re*. Ihr Symbolgehalt stand in Beziehung zu den Straußenfedern, die den Fächer bildeten, mit dem, als Hieroglyphen, ihr Name geschrieben wurde und die den Lebenshauch anzeigten, den sie kraft des Sonnenglobus übertrugen. Außer den großen offiziellen Tempeln von Amarna brachten die Ausgrabungen mehrere »Fächerschirme des Re« für Teje, Nofretete und Meritaton wieder zum Vorschein. Die Überreste des letzteren zeigen, daß er in Nord-Süd-Richtung angelegt war, um den erfrischenden Luftzug besser aufzufangen und damit einen kühlen Ort zu schaffen, der in einem heißen Land so wohltätig ist. Und endlich war noch ein »Fächerschirm des Re« am linken Nilufer in der Nähe von Hermopolis gebaut worden, den Amenophis IV. der kleinen Prinzessin Anchsen-pa-Aton = Ta-Scheri geweiht hatte.

Auch die Künstler hatten die Gelegenheit dieses königlichen Besuchs benutzt, um in Entwürfen das Thema dieses Empfanges, den Echnaton seinem hochgestellten Vater bereitete, zu behandeln: der junge Herrscher ist hier dargestellt, wie er selbst für den thebanischen Machthaber einen Trunk bereitet (67). Man brauchte über die von der Göttin Ischtar zur Heilung des Königs erwartete Rolle nicht noch durch die diplomatische Korrespondenz von Tell el-Amarna informiert zu werden: die körperliche Hinfälligkeit von Amenophis III. läßt sich auch schon an einer Stele aus Amarna ersehen, die eine Weinlaube darstellt, von der Trauben herabhängen und auf deren Rückseite die beiden Herrscher von Malkata vor einer Tafel mit Opfergaben dargestellt sind (Britisches Museum). Hier sieht man Amenophis III., wie er kurz vor seinem Tode ausgesehen haben muß: fett, mit wulstigen Zügen, apathischem Ausdruck und schlaffem Leib. Welcher Gegensatz zu dem Profil der Teje an seiner Seite, das immer noch – obwohl der Stein beschädigt ist – von ausgesprochen körperlicher Kraft und dynamischem Willen zeugt (68).

Kurz nach seinem ersten Besuch in der Hauptstadt seines ältesten Bruders kam der kleine Tut-ench-Aton in die Palastschule und lernte auf diese Weise einen fördernden Wetteifer kennen, da er zusammen mit einigen Kindern des Adels und ausländischen Prinzen des *Kep* lernen mußte.

Die Erziehung der Kinder begann in dem damaligen Ägypten recht früh, und wenn sie auch noch lange von der Mutter genährt wurden, so lernten sie doch schon im Alter von vier Jahren lesen.

Am Vormittag beschäftigte man die Schüler mit dem Lernen des Schriftbildes und der Aussprache von einigen hundert Hieroglyphenzeichen, die Abbilder all dessen, was existierte und lebte, waren. Die Zeichen waren nach Kategorien eingeteilt, und hierbei ergab sich schon die Möglichkeit, den Kleinen einen Begriff von dem Aufbau der Welt zu geben. Sobald die Kinder die Hauptzeichen erkennen und lesen konnten, die Konjugation der Zeitwörter und die Stellung der einzelnen Pronomen im Satze beherrschten, wenn sie Zahl und Geschlecht richtig anwandten, die Zahlen kannten und gute Kopfrechner waren, lehrte man sie die hieratische Schrift, die man zur Beschriftung der Papyri und Ostraka verwandte. Dann mußten sie sich mit der Literatursprache vertraut machen und ihrem besonderen Vokabular, und das System der Umschreibung von fremden Substantiven, besonders der asiatischen, lernen. Der kleine Prinz durfte für seine Übungsarbeiten Papyrus benutzen, den man seit der 1. Dynastie aus den Fasern der großen Papyrusschilfe der Sümpfe herstellte. Die andern Schulkinder der Stadt konnten dieses königliche Material nicht verwenden, da es sehr kostspielig und der Herausgabe von Büchern in Rollenform vorbehalten war. Sie übten auf Kalksteinsplittern oder auf Tonscherben, die man heute allgemein als *Ostraka* bezeichnet. Der Schulmeister verbesserte den jungen Prinzen ebenso wie seine Kameraden, und wenn die Sätze, die man ihnen zum Abschreiben gegeben hatte – Auszüge aus Volkserzählungen, Büchern der Weisheit und der Lebenskunst –, nicht richtig wiedergegeben waren, machte er seine Verbesserungen in roter Tinte. Die meisten Fehler kamen dadurch zustande, daß die Wörter im Schriftbild nicht getrennt wurden wie bei uns, sondern lückenlos aufeinanderfolgten.

Es war eine große Anstrengung für den Schüler, der an das gesprochene Wort seiner Zeit gewöhnt war, eine literarische Sprache, die außerdem noch ziemlich veraltet war, zu gebrauchen.

Für die Schule hatte man Tut-ench-Aton wie einen kleinen Schreiber mit einer Palette ausgestattet (IVb). Dies war ein rechteckiges Täfelchen (die einfachsten waren aus Holz, die kostbarsten aus Elfenbein oder sogar mit Gold beschlagen), dessen oberer Teil zwei Aushöhlungen für die Trockenfarbe-Stückchen schwarz und rot (mit Gummi vermischter Ruß und Ocker) aufwies. Ein Fach in der Mitte der Palette war für kleine Stäbchen aus Meerbinsen bestimmt, die zum Schreiben dienten: dies waren die Calamus. Ihr Ende war nicht wie bei Gänsekielen abgeschrägt; es wurde einfach durch Kauen zerfasert und bildete so einen winzigen Pinsel. Eine kleine, hohle Säule mit einem Blütenkapitell enthielt Reservepinsel, die in diesem Etui geschützt waren; denn sie waren recht zerbrechlich. Der Schüler besaß auch einen Glätter, der nach dem Entfernen eines schlecht geschriebenen Wortes dem Papyrus wieder eine glatte Oberfläche verlieh, damit an dieser Stelle die Tinte nicht zerfloß. Als Radiergummi verfügte das Kind über eine Art Schaber aus sehr feinem Sandstein, den es in einem kleinen Lederetui aufbewahrte, das oben durch einen Faden zusammengezogen werden konnte. Manchmal benutzte es statt dessen auch eine Art Schwämmchen, das am Ende einer kleinen Kordel hing, um die Schrift auf einem *Ostrakon* auszulöschen. Zum Befeuchten seines Pinsels hatte es einen Wasserbecher. Seine Aufschrift erinnerte den Schreiber häufig daran, vor dem Beginn seiner Arbeit einige Tropfen zu Ehren Imhoteps, des zum Gott gewordenen Weisen, zu versprengen, welcher der Erbauer

67 Relief, das Amenophis IV. zeigt, wie er Amenophis III. einen Trank eingießt (*Ägyptisches Museum, Berlin*)
68 Tempel-Stele mit der Darstellung der Herrscher von Malkata im Amarna-Stil (*British Museum*)

der Stufenpyramide von Sakkara in der 3. Dynastie war. Aber die meisten Paletten der Schreiber standen unter dem Schutz von Thot, dem Gott der Literatur, des Maßes und der Weisheit.

Der Nachmittag war der körperlichen Ausbildung des Prinzen und seiner Kameraden vorbehalten: Schwimmen und Ringen. Man lehrte ihn auch, mit dem Bogen umzugehen und wahrscheinlich auch auf Vollblütern zu reiten, die seinem Vater von orientalischen Herrschern geschenkt worden waren. Aber das Reiten gehörte nicht zu den ägyptischen Gepflogenheiten, und man brachte es einem Prinzen nur in Ausnahmefällen bei. (Wenn ein Pharao mit seinen Pferden erschien, so zogen diese seinen Wagen, aber ihr Rücken blieb frei.)

Am Ende der Elementarschule lernte der junge Prinz Aufsätze schreiben; die klügsten und gelehrtesten Schulmeister priesen ihm die Vorteile der Literatur an:

Wenn du aus einem Schultag Nutzen ziehst, so ist dies für die Ewigkeit, die Arbeiten, die man dort macht, sind dauerhaft wie die Berge.

Trägst du nicht eine Palette? Das ist doch der Unterschied zwischen dir und dem, der das Ruder führt.

Tauche in dein Buch, so wie man in das Wasser taucht.

Wer niemals hierherkommt, dem ist das Elend.

Obwohl sein Gesundheitszustand recht schwach war, mußten ihm zu dieser Zeit seine Waffenlehrer beibringen, wie man in der Wüste Hasen, Gazellen, Steinböcke, Antilopen und selbst Strauße jagt, wenn man einem elfenbeinernen Armband Glauben schenken will, dessen Dekor an diese Jagden erinnert und das in dem Königsgrab gefunden wurde. Aber Tut-ench-Aton zog es viel mehr vor, mit seinen Hunden herumzulaufen und unter der Rankenlaube im Garten des Palastes seine Zeit im Kreis seiner Kameraden mit dem *Senet* (XXIII) oder dem »Schlangenspiel« zu verbringen und aus einer Art Feuerzeug, das sich in seinem Grab fand, Flämmchen hervorzuzaubern.

Er hatte den ersten Teil seines Unterrichts noch nicht hinter sich, da hallte schon der ganze Palast vom Echo der großen Zeremonie wider, die in der Hauptstadt des Globus stattfand. Die Herrscher von Achetaton hatten in Begleitung ihrer sechs Töchter eine Audienz veranstaltet, und in einem für diese Art Aufmarsch besonders errichteten Gebäude überreichten alle Gesandten dem König ihre Tribute.

Seit einiger Zeit waren am Hofe pessimistische Gerüchte im Umlauf, und die Umgebung der Königin Teje, besorgt um die Macht des Thrones, hatte die »Herrin Ägyptens« gedrängt, bei dem Mitherrscher vorstellig zu werden. König Amenophis III. lag im Sterben (an seiner Mumie ließ sich der schlechte Zustand seiner Zähne feststellen), und schon seit vielen Monaten schien er an den Geschehnissen um ihn herum kaum mehr Anteil zu nehmen. In Karnak waren die Hohenpriester wieder anmaßend geworden. Außerdem stand es in Asien schlecht. Die Briefe der Verbündeten Ägyptens an Amenophis III. und an seinen Mitherrscher blieben unbeantwortet. Augenscheinlich nahm der Palast nicht einmal mehr von dem Einfall der Habiru in Palästina Kenntnis, der dank der Mithilfe des Karawanenfürsten Labaja stattfinden konnte; auch der regelrechte Einbruch des Hethiterkönigs Schuppiluliuma in die syrischen Provinzen, deren Norden schon durch den Verrat des Königs von Amor, Aziru, Sohn des Abdaschirta, selbständig geworden war, blieb unbeachtet. Die Tribute, welche die asiatischen Vasallen Ägyptens regelmäßig seit der Eroberung durch Thutmosis III. geschickt hatten, trafen nur noch selten ein. Teje aber sah an ihrer Seite den König von

Theben sterben, und es war nun Sache seines Sohnes, des Ketzers, eine Demonstration zu veranstalten, die geeignet war, den Kritiken zu begegnen und die unglückliche Lage des Reiches zu verheimlichen. Zweifellos waren die asiatischen Delegierten, die immer mit zahlreichen Geschenken gekommen waren, nicht sehr zahlreich, und die Schatzmeister hatten ihnen als Gegengabe einen Teil der Geschenke gegeben, die seinerseits der König von Mitanni geschickt hatte. Die Treue der Nubier jedoch bewies, wenn dies überhaupt nötig war, wie sehr sich der Süden den Nachkommen von Juja und Thuje ergeben zeigte.

Diese Zeremonie des Jahres 12, die man manchmal als Parade oder Szene der Tribute bezeichnete und die, wenn die erhaltenen Inschriften richtig gelesen wurden, am achten Tage des zweiten Wintermonats stattgefunden hatte, wird von manchen Autoren als Zeugnis für den tatsächlichen Regierungsantritt Echnatons auf dem Throne seines Vaters, unmittelbar nach dessen Tode, angesehen. Ein Brief (Nr. 27 der Archive – Knudtzon-Ausgabe) des Königs Tuschratta von Mitanni an Echnaton (Napchururia) scheint sowohl auf die Beisetzung Amenophis' III. wie auf die Thronbesteigung Echnatons anzuspielen; er wurde bei seinem Eintreffen in Theben mit dem Datum der gleichen Jahreszeit, aber mit dem ersten Monat registriert, wenn man bei der Lesart »Jahr 12« für die Aufschrift der Archivstelle bleiben will, die beschädigt und umstritten ist und in der Sir Alan Gardiner nur einfach das »Jahr 2« erkennen will. In diesem Falle hätte aber die Bestattung Amenophis' III. schon vor der »Parade der ausländischen Tribute« stattgefunden, und die Zeremonie wäre dann ein Teil einer Krönungsszene gewesen. Aber wie soll man sich dann erklären, daß die Prinzessin Maket-Aton mit ihren fünf Schwestern bei der Parade zugegen war und daß bei ihrem Tode – der wahrscheinlich Ende desselben Jahres erfolgte – ihr Sarkophag die nebeneinanderstehenden Kartuschen ihres Großvaters und ihres Vaters zeigte? Hier sind wir an der dunkelsten Stelle im Leben Tut-ench-Amuns angelangt. Bei ihm traten immer wieder die beiden »Grundprobleme« in Erscheinung: gab es eine Doppelregierung von Amenophis III. und Amenophis IV.? Dient der Name *Nap*chururia immer als akkadische Umschreibung des Krönungsnamens von Amenophis IV., oder wird dieser Name zuweilen für *Nip*chururia, den Krönungsnamen Tut-ench-Amuns, gesetzt? Und so fragt man immer wieder von neuem, ob bei dem Tod von Amenophis III. die Thebaner, die der Häresie Echnatons feindlich gegenüberstanden, nicht vielleicht das Kind Tut-ench-Amun als Nachfolger seines Vaters wählten und systematisch den Ketzer von Achetaton totschwiegen.

Diese These könnte auch erklären, weshalb Echnaton seinerseits einen Mitherrscher (Semenchkarê) wählte, um seinen neuen Vorrang als ältester König zu festigen. Es ist unmöglich, das Problem Tut-ench-Amun objektiv zu behandeln, ohne diese Vorbehalte zu berücksichtigen und nicht die Ungewißheit zu betonen, die bestehenbleibt, wenn man die verstreuten und oftmals sich widersprechenden Dokumente in Einklang zu bringen versucht.

Auch ohne sicheres darüber sagen zu können, sei auf jeden Fall festgestellt, daß man bei Ausgrabungen in Tell el-Amarna wohl einmal die Erwähnung eines Palastes von Semenchkarê, niemals aber eindeutig die eines Palastes von Tut-ench-Amun gefunden hat. Andererseits trifft man im Norden der Stadt, in der Domäne der Königin Nofretete, häufig auf die Erwähnung Tut-ench-Atons und Anchsen-pa-Atons.

Man könnte nun vorläufig annehmen, daß zur Zeit der berühmten Parade von Amarna der Amenophis III. nachfolgende König (wahrscheinlich Echnaton), trotz seines Eides, die Ketzerstadt nicht zu verlassen, in die Hauptstadt des Südens (Malkata) gekommen war und in seinem dortigen Palast residiert hat, den die Aufschrift auf dem Brief (Nr. 27) als das »Schloß« *(Pa-Bechen),* genannt »Sich im Horizont erfreuend« *(Hay em Achet),* angibt. Der Besuch ließe sich durch die Beisetzungszeremonien für seinen Vater erklären. Wenn der Erbe sich auch die Feindseligkeit des Palastes in Malkata zugezogen hatte, so fand er doch sicher keinen Widerstand bei seiner Mutter Teje, die anscheinend immer als Vermittlerin zwischen den beiden Höfen tätig gewesen war und die sogar ihr diplomatisches Geschick spielen ließ, um ihrem ältesten Sohn die Freundschaft von Tuschratta, dem König von Mitanni, zu erhalten. Tatsächlich schickte dieser an Teje Geschenke, und als er vom Tod Amenophis' III. erfuhr, wandte er sich auch an sie mit der Bitte, dafür zu sorgen, daß die Bande zwischen den beiden Ländern erhalten blieben. Und so wurde die Prinzessin Taduchepa dann eines Tages in den Harem des neuen Königs (Napchururia: Echnaton) übergeführt.

Echnaton hatte schon vor dem Jahre 9 seiner Regierung eine Nebenfrau namens Kija geheiratet; aber das gute Einvernehmen zwischen Nofretete und ihrem Gatten scheint auch noch am Ende des Jahres 12 nach der »Parade der ausländischen Tribute« bestanden zu haben, als nämlich das Paar von Trauer überwältigt vor dem leblosen Körper der kleinen Maket-Aton stand. Die beiden Reliefs, die diese herzzerreißenden Szenen in der königlichen Nekropole von Achetaton zeigen, haben in der ganzen Kunsthinterlassenschaft Ägyptens nicht ihresgleichen. Aus ihnen läßt sich auch noch folgendes erkennen: während im Todeszimmer die königlichen Eltern und alle Umstehenden in schmerzlicher Haltung vor der im Bett verstorbenen Prinzessin klagen, verläßt eine Frau das Zimmer; in ihren Armen hält sie einen Säugling, den sie stillt. Zweifellos war Maket-Aton im Kindbett gestorben, nachdem sie ihrem Vater angetraut worden war, wie dies auch einige Jahre später mit seiner dritten Tochter geschehen sollte (69).

Wenn Amenophis III. in der Stadt des Globus einen eigenen Palast besaß, so hatte auch Teje dort ihren Wohnsitz, der unzählige Male auf Ruinentrümmern von Tell el-Amarna erwähnt wird. Man nimmt daher an, daß sie nach dem Tode ihres Mannes dort recht häufig gewohnt hat, wenn sie auch weiterhin in Malkata residierte. Aber die unzähligen Besitztümer der Königin verteilten sich über ganz Ägypten, und sie nahm nicht nur nach Amarna den Halbwaise gewordenen Tut-ench-Aton mit. Da jedoch in Achetaton auch ein Palast für die kleine Baket-Aton existierte, verweilte die Königinmutter vielleicht gern an diesem Ort. Sie interessierte sich für die Arbeiten eines Bildhauers Juti, den sie vornehmlich damit beauftragte, Porträts ihrer letztgeborenen Tochter Baket-Aton zu schaffen. Das Paar von Amarna erwies dieser einflußreichen Frau immer seine besondere Aufmerksamkeit, und die großen, für die Witwe veranstalteten Bankette waren wert, im Grabe des Huje, ihres Haushofmeisters von Amarna, verewigt zu werden: den neuen Herrschern gegenüber befindet sich die Königin mit der kleinen Baket-Aton (70). An ihrer Seite muß sich auch Tut-ench-Aton befunden haben, der aber in Anwendung der strengen Regel nicht dargestellt werden durfte. Seine nahe Verwandte und spätere Frau, Anchsen-pa-Aton, sitzt an der Seite Nofretetes und nimmt an dem Festmahl teil. Teje führt einen Becher Erfrischungen an die Lippen, doch als es darum geht, sie beim Essen darzustellen, gewinnt die Tradition von Theben die Oberhand, und der Bildhauer wagte es nicht, sie dabei zu zeigen. Nur Echnaton und Nofretete sowie ihre kleinen Töchter kauen herzhaft an einem Stück Fleisch und an einer gebratenen Ente. So wird also in Achetaton weder auf den Grabwänden noch auf den Stelen der Ketzer-

69 Schmerz und Klage im Palast beim Tod der Prinzessin Maket-Aton

Familie eine Darstellung des jungen Prinzen gegeben, obwohl man überall seine Gegenwart ahnt und man hier und da seinen Namen auf Inschriften in den Ruinen erwähnt findet. Er wird auch nirgends in der Begleitung Tejes gezeigt, als diese mit Baket-Aton von ihrem ältesten Sohn in den Tempel geführt wird, den er für sie hatte bauen lassen, den »Fächerschirm des Re«, dessen fast vollendeten Bau sie noch auf ihrer letzten Reise mit Amenophis III. gesehen hatte (71).

In der thebanischen Hauptstadt hatte der kleine Prinz mit seinen Studien in der Palastschule wieder begonnen. Wenn einige der Großen von Nubien sich gern mit goldenen Ohrringen schmückten, so scheinen ihre Kinder eine besondere Vorliebe für große Ohrgehänge mit mehreren Anhängern gehabt zu haben: Tut-ench-Aton trug ebenso wie seine kleinen Kusinen in Tell el-Amarna diese Schmuckstücke vor seiner Pubertätszeit; in seinem Grabe fand man solche Ohrringe, die mit Insignien geschmückt waren, welche bewiesen, daß er sie noch als Pharao getragen haben muß.

Aber dieser Pharao war ja noch ein Kind, das wahrscheinlich noch weiterhin von seinen Schulmeistern unterrichtet wurde. Er hatte einige gute ältere Kameraden, darunter zwei »Kinder des *Kep*«, die auf Monumenten aus der Regierungs-zeit des Königs erwähnt sind wie Chay, der auf den Tempelwänden von Kawa, im Sudan, verewigt ist, und Hekanefer, den man von seinem Bildnis auf den Grabwänden des Huje, Vizekönigs von Nubien, wie von seinem eigenen Grabe in Toschke her kennt, das gegenüber seinem Fürstentum Aniba, dessen Prinz er war, in Nubien liegt.

Tut-ench-Aton schrieb die Daten seiner Aufgaben jetzt mit roter Tinte, und da er als Prinz der königlichen Linie einmal regieren sollte, waren seine Lehrer be-sonders wachsam und streng mit ihm. Bald schon konnte man ihm Aufgaben stellen, die den Schreiber Hori, einen eingebildeten Studenten, erschreckt hatten. Er konnte die Anzahl Leute berechnen, die zum Transport eines Obelisken von 55 m Länge benötigt werden, und die Abmessungen für die Rampe angeben, die

70 Das königliche Festmahl zu Ehren Tejes (Grab des Huje)
71 Echnaton führt die Königin Teje zu dem Tempel »Fächerschirm des Re«, den er ihr geweiht hat (Grab des Huje)

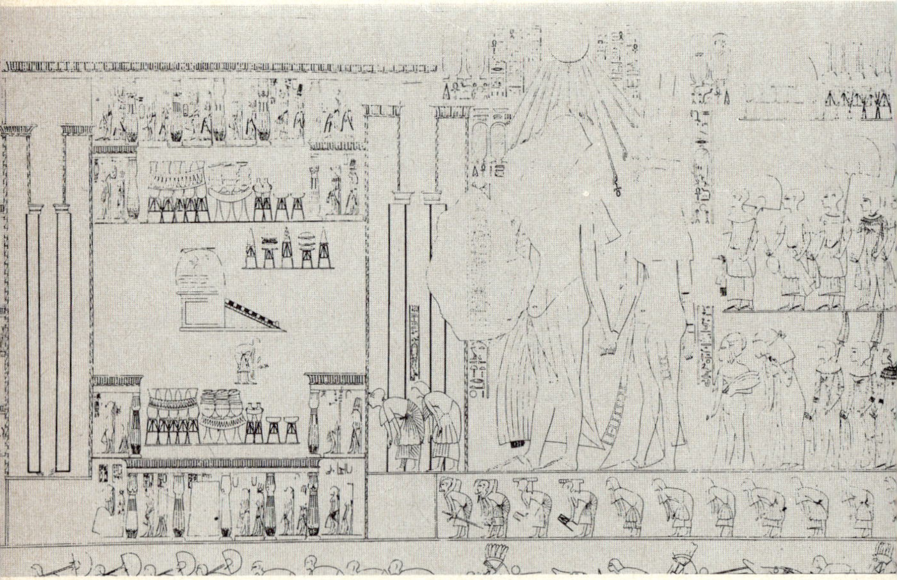

man zur Errichtung dieses Obelisken bauen muß. Man stellte ihm auch die Aufgabe, ein militärisches Unternehmen theoretisch zu organisieren, und er mußte genaue geographische Angaben über Syrien machen. Er beherrschte jetzt die Addition und Subtraktion ganzer Zahlen und Brüche, und an Stelle der Multiplikation gebrauchte er ebenso wie unsere Studenten im Mittelalter das Duplikationsverfahren. Natürlich wußte er die Fläche eines Dreiecks zu berechnen, welche Gestalt es auch haben mochte, aber, wohlgemerkt, man hatte noch nicht von ihm verlangt, den Inhalt einer abgestumpften Pyramide zu berechnen. Er war also ein guter Schüler, der vor der Vollendung des zweiten Unterrichts-Abschnittes stand, um damit zu einem »Schreiber, der sein Schreibgerät erhalten hat«, zu werden, was etwa dem Abitur entsprach.

Die Königinmutter Teje hatte Sorgen; denn in Amarna wie in Theben drohte eine Revolte. Dafür gab es mehrere Gründe. Seit dem Tode Amenophis' III. und dem Unglück, das der zweiten Tochter Echnatons widerfahren war, wurde man in der Stadt des Globus mit harten Wirklichkeiten konfrontiert. Zunächst sah der König im ganzen Lande seine Autorität als souveräner Erbe bestritten. Tut-ench-Aton hatte in Theben Anhänger, da er neben der Königin Teje Erbe des Königs von Theben blieb. Die Amun-Priester näherten sich ihm, und man munkelte sogar, daß sie versuchten, die Sympathie der schönen Nofretete zu gewinnen. Kaum hatte der König von Amarna den Bau eines kleinen Aton-Tempels in der Nähe des Heiligen Sees von Karnak vollendet, da entfesselte er eine unerbittliche Offensive gegen die meisten Götter Ägyptens, insbesondere gegen Amun und seine ihm beigeordneten Gottheiten, dessen bisher so einflußreiche Priesterschaft seinen Thron und sein Ideal bedrohten.

Vom Delta bis zum Sudan schickte Echnaton Arbeitergruppen aus, die die Götterbilder verunstalteten und ihre Namen entfernten. Er ging sogar noch weiter: jede Erwähnung des Wortes »Gott« in der Mehrzahl sollte entfernt werden. In den geheiligten Kartuschen mit den Namen seines Vaters ließ er nur noch dessen Krönungsnamen Neb-Maat-Re stehen, der nicht den Namen des verfemten Gottes enthielt, sondern den der Göttin Maat, Tochter des Re, die er weiterhin anerkannte und deren neue Auslegung als »Hauch göttlichen Lebens«, Zwilling des Gottes Schu, der alle Wesen belebt, er unterstrich. Er befahl sogar, in den Totentempeln der Edelleute von Theben die Abbilder der heiligen Gans Amuns verschwinden zu lassen (72). In Hierakonpolis vergriff er sich an der Geiergöttin Nechbet. In Nubien bemächtigte er sich der Bilder des Gottes Min. So war der Krieg offen erklärt, und der König konnte froh sein, in der Hauptstadt einen so aufmerksamen Polizeioffizier wie Mahu zu haben, der die Stadt vor den räuberischen Beduinen und vor der politischen Rebellion bewahrte. Aber sonst ließ man fast überall den König im Stich, und wenn auch das Heer nicht rebellierte, so blieb es doch in Asien ganz passiv und schien ihm jedenfalls nicht ganz so gewogen zu sein, wie man es gern wahrhaben mochte. Der Minister Tutu im Außenministerium von Achetaton ließ noch immer alle Briefe der Verbündeten in Asien unbeantwortet, denen man noch hätte helfen können und die überwältigt wurden, da sie ohne Hilfe von Pharao blieben. Der dramatischste Hilferuf kam von dem getreuen Fürsten Rib-Addi, König von Byblos, der seine geduldige Loyalität, die er dem Pharao schuldig zu sein glaubte, mit dem Tode bezahlte, als das Doppelspiel des Aziru offenbar wurde, der den Vormarsch des Hethiter-Königs auf Tunip (Aleppo) gleichzeitig fürchtete und erhoffte. Hier lag der Beginn des »großen syrischen Krieges«, der von dem Fürsten von Chatti (der Hethiter) begonnen wurde.

Im Jahre 15 seiner Regierung hörte Amenophis IV. auf, in Begleitung von Nofretete durch die Straßen seiner Stadt zu fahren, und er weihte auch für die besten seiner Diener keine Stelen mehr, die sie als Bürgen für ein ewiges Leben in ihren Hauskapellen aufstellen sollten. Seit mehr als elf Jahren bestätigte jedoch das Bild der Herrscher die Theorie, die der Reformator mit seiner ganzen Beharrlichkeit hatte durchsetzen wollen. Die Höflinge und die einfachsten Bewohner des Arbeiterdorfs der Stadt Achetaton hatten in den großen Straßen den strahlenden Wagen Atons vorbeikommen sehen, in dem der König und die Königin oft umschlungen standen. Jeder wußte daher, daß der Palast immer dafür garantierte, daß alles Leben von Bestand war, solange die Lebenskraft des von Aton beseelten göttlichen Paares fortdauerte.

Wenn in den Grabtempeln über dem König und der Königin, über dem Palast und dem Tempel in ein und derselben Bildszene immer wieder eine neue, mit Strahlen versehene Sonne erglänzt, so soll dies nicht eine unwirkliche Landschaft vorstellen, sondern dartun, daß der Schöpfer in den edelsten seiner Geschöpfe wohnt. Auf den Hausaltären erscheint diese Theorie in auffallender Weise: wie die Teile des Tempel-Pylons, über dem die Sonne auftaucht, stehen links der König, als männliches Prinzip, entsprechend dem Südturm, und rechts die Königin, als weibliches Prinzip, Symbol des Nordturms. Über ihnen ergießt der Globus, aber *nur auf sie*, seine Strahlen, die an ihren Enden Hände mit dem Lebenszeichen haben. Um sie herum stehen die kleinen Prinzessinnen, die ihr Dasein der Vereinigung des von göttlichem Hauch beseelten Paares verdanken (73). Diese beiden Prinzipien waren unverbrüchlich vereint, und das eine konnte nicht ohne das andere den ewigen Lauf des Lebens in Ägypten sichern.

Plötzlich aber war Nofretete von ihrem Platz verschwunden. Hatte Echnaton sie verlassen? Oder sollte es nicht gerade die Königin gewesen sein, die darauf

72 Die unter dem Sitz des Wesirs von Theben während der Amarna-Ketzerei herausgemeißelte Amun-Gans (thebanisches Grab des Ramose)

73 Das »Manifest« des Sonnenkults von Amarna. Das Herrscherpaar und die drei ältesten Prinzessinnen unter dem wohltätigen Einfluß des Sonnenglobus. Kalkstein *(Ägyptisches Museum, Berlin)*

verzichtet hatte, an der Seite ihres Gemahls einen Kampf zu unterstützen, der die Dynastie vernichtete? Sie folgte der Anhängerschaft Tut-ench-Atons, weil sie erkannt hatte, daß in ihm die einzige Hoffnung lag, Ägypten wieder zu dem Land ihrer Kindheit zu machen, zu dem ewigen Ägypten, nach dem sie eine unendliche Sehnsucht empfand. Vielleicht war gerade die Königinwitwe Teje in Malkata gestorben, und Nofretete entschied sich, unterstützt von dem »Gottesvater« Eje und der »Amme« Ti, den Thron dadurch zu retten, daß sie ihn dem letzten Sohn Amenophis' III., Tut-ench-Aton, übergab. Man war nun bis zum Jahr 15 der Regierung von Amarna gelangt. Zu dieser Zeit begann im südlichen Viertel von Achetaton, in Maru-Aton, eine seltsame Zeit: der Ketzerkönig lebte dort zusammen mit dem Prinzen Semenchkarê, der vielleicht ein Sohn von Amenophis III. und Sat-Amun oder einer anderen Nebenfrau war. Er hatte den jungen Mann mit seiner ältesten Tochter Meritaton vermählt und ihnen einen der beiden Namen der Königin Nofretete verliehen: Nefer-Neferu-Aton. Auch auf den Bildern erscheint Meritaton an Stelle seiner Gattin Nofretete. Mehr denn je mied Echnaton die magischen Praktiken, und die Steinplatten in seinem Hause zeigen auffallend farbige Blumenbüsche, aus denen Wildenten auffliegen, die kein Wurfholz erreicht, denn sie wurden nicht mehr als Abbilder von Dämonen betrachtet. Und in dieser glücklichen Natur springen unablässig junge Kälber herum (74).

Ganz im Norden der Stadt hatte sich Nofretete in ihrem Palast »Schloß des Aton« oder *Het Iten* niedergelassen. Dieses herrliche Bauwerk besaß sogar ein Vogelhaus, dessen Wände mit den schönsten »naturalistischen« Malereien geschmückt waren, die Ägypten auf seinen Ruinnen aufweisen kann: im Papyrusdickicht sieht man hier Turteltauben, deren Ruhe durch den Tauchflug des Eisvogels noch unterstrichen wird, der dem Wasser im Sturzflug zustrebt.

Nofretete schien sich an die äußerste Nordgrenze, in die Nähe der Polizeiwache, mit ihren drei jüngsten Töchtern zurückgezogen zu haben. Die älteste, Meritaton, war die Frau des Mitherrschers des Königs (75). Und der König, der nun seines weiblichen »Gegenpols« Nofretete, mit der bekannten Tiara, die an die Rote Krone des Nordens erinnert, beraubt war, entwickelte einen solchen Hang zum Mystizismus, daß er sich jetzt in zweideutiger Weise auf den Stelen zusammen mit seinem Mitherrscher und Halbbruder (oder Bruder) darstellen ließ, so daß man darin schon die Beweise für einen Skandal sah, da man die neuen Herrscher mit dem Paar Hadrian und Antinoos verglichen hat. Tatsächlich bedeutete diese Darstellung für Echnaton nichts weiter als die Fortführung seines Traumes und der Absicht, das Symbol für das von dem Globus verliehene Leben zu erhalten, das nur durch die beiden Prinzipien eines Paares Gestalt annehmen konnte und damit auch dem Globus seine Fortdauer sicherte (76).

Die dritte Tochter der Königin, Anchsen-pa-Aton, wurde jetzt dem König angetraut; sie muß etwa elf Jahre alt gewesen sein, und um das Jahr 16 der Regierung ihres Vaters schenkte sie einer Prinzessin das Leben: Anchsen-pa-Aton = Ta-Scheri, der man sogleich einen »Fächerschirm des Re« in Hermopolis, auf dem linken Flußufer, weihte. Auf diese Weise hatte Echnaton aus seiner dritten Tochter unter Umständen eine künftige Herrscherin von Ägypten gemacht.

Wurde ihm in diesem Augenblick vielleicht selbst klar, wie sehr die Verhärtung seiner Haltung im Laufe der vergangenen Jahre zur Ursache seines Scheiterns geworden war? Semenchkarê wurde bestimmt nicht in Theben, sondern in Ache-

74 Fragmente emaillierter Ziegel, die mit Amarna-Motiven verziert sind *(Louvre)*

taton gekrönt, wie es noch der Krönungssaal beweist, der für ihn im Süden des großen Palastes von Achetaton gebaut wurde.

Zur Krönung erhielt er den Namen Anch-Chepru-Re. Wurde er in die Provinzen geschickt, um die verlorene Herrschaft wiederzugewinnen? Darüber finden sich auch keine bindenden Anhaltspunkte. In Memphis weihte er jedoch dem Gott Aton einen Tempel.

Die recht seltenen Dokumente, in denen Semenchkarê erwähnt wird, unter-

75 Relief, das wahrscheinlich Semenchkarê und Meritaton darstellt *(Ägyptisches Museum, Berlin)*

76 Unvollendete Amarna-Stele, auf der offenbar das Mitherrscherpaar Echnaton-Semenchkarê dargestellt ist. Kalkstein *(Ägyptisches Museum, Berlin)*
77 Statuette, die wahrscheinlich Semenchkarê darstellt. Speckstein *(Louvre)*

streichen noch mehr das Geheimnis, das die Familie von Amarna, um welches Mitglied es sich auch handeln mag, umgibt. Dank einiger Weinkrüge mit seinem Namen entdeckte man wenigstens, daß Semenchkarê zu Beginn seiner dreijährigen Mitherrschaft in einem kleinen Pavillon des Nordpalastes wohnte. Zu dieser Zeit war der Bruch mit der Königin Nofretete noch nicht vollzogen; manche sind sogar der Ansicht, daß sie ihre Abneigung gegen den neuen Mitherrscher noch verborgen und ihn verleitet hätte, sich nach Theben zu begeben, wo seine Ermordung schon vorbereitet worden war. Aber hiermit begeben wir uns schon auf das Gebiet reiner Hypothesen.

Die beiden letzten Doppelherrscher von Amarna hatten, man vermutet es wenigstens, noch versucht, eine letzte Bindung an Theben aufrechtzuerhalten. War es ein verzweifelter Versuch einer Aussöhnung mit der Priesterschaft des dynastischen Gottes? Oder eine rituelle Stiftung, wegen der Herkunft von Semenchkarê, um seine Thronrechte gegenüber Tut-ench-Aton geltend zu machen? Diese Bindung sollte festere Gestalt gewinnen durch einen Tempel – vielleicht einen Totentempel – mit dem Namen Semenchkarês, der in einem Sgraffito in dem thebanischen Grab des Pere erwähnt wird, der aus dem 3. Jahr der Regierung von Semenchkarê stammt und auf in diesem Tempel zu Theben zelebrierte Gebete zu Amun anspielt.

Zweifellos gehört in diese Epoche auch eine Statuengruppe aus gelbem Speckstein, die im Auftrag des Königs angefertigt wurde und die ihn und die Königin Meritaton darstellte. Ein Bruchstück davon befindet sich im Louvre-Museum (77). Der König ist darauf mit der *Nemset* oder dem osirianischen Perückenschutz bekleidet, was es unwahrscheinlich macht, daß dieses Porträt für die Ketzerstadt bestimmt war.

Dieser Aufenthalt hatte jedoch Semenchkarê, den Mitregenten des Häretikers, wenn er nach Theben geschickt worden war, nicht veranlaßt, seine Verehrung für Aton aufzugeben, denn er trug auch weiterhin den Beinamen »Nefer-Neferu-*Aton*, geliebt von dem Einzigen des Re«, der einst, wie man weiß, der Königin Nofretete vorbehalten war.

Wo ist er gestorben? In Theben oder in Amarna? Es ist heute sehr schwer, darüber zu entscheiden. Das Scheingrab der Königin Teje (Nr. 55 im Tal der Könige) könnte jedoch als ein improvisiertes Grab angesehen werden, in das man den Leichnam des jungen Königs Semenchkarê gebracht hatte. Vielleicht hatte man sowieso in diesem Grab mit anderen Überresten aus königlichen Bestattungsstätten die Reste des Grabes von Semenchkarê untergebracht, das zugunsten der Grabesausstattung von Tut-ench-Amun geplündert worden war. Tatsächlich hat man unter den Gegenständen des berühmten Schatzes, auf den kleinen goldenen Sarkophagen, welche die Eingeweide des Kind-Königs enthielten, immer noch sichtbare Spuren des Namens Semenchkarê entdecken können. Wer könnte uns außerdem erklären, weshalb die als Verschnürung für die Mumie Tut-ench-Amuns dienenden Goldbänder ebenfalls teilweise von der Grabausstattung Semenchkarês stammten? Man kann noch verstehen, daß einige Teile des Bestattungsmobiliars unrechtmäßigerweise übernommen worden waren, aber man begreift nur schlecht, weshalb man für Tut-ench-Amun eine Ausstattung benutzte, welche die Mumie und die Eingeweide seines Vorgängers so nahe berührt hatten, und weshalb es für einen jungen König, dessen Grabschatz im übrigen so großartig war, unvermeidbar gewesen sein sollte, ein solches Sakrileg wie einen Grabraub zu begehen. Weshalb hatte der Gottesvater Eje, der für diese Bestattung verantwortlich war, so gehandelt?

Wenn man die Rätsel dieses Grabmals, das man zunächst für das der Königin Teje hielt, löst, brächte das vielleicht etwas mehr Klarheit in das Amarna-Problem. Aber zu den Schwierigkeiten, die sich mit der Deutung der Grabbeigaben auftürmen, käme noch die schwerwiegende Ungewißheit hinsichtlich des Hauptgegenstandes der Entdeckung: der Mumie.

Das Grab war 1907 durch einen Mäzen, Theodore Davis, der nicht mit der notwendigen wissenschaftlichen Strenge alle Einzelheiten der Entdeckung aufzeichnete, erschlossen worden. Zusammengefaßt ergibt sich folgender Tatbestand: bei der Entdeckung nahm man an, daß es sich hier um den Leichnam der Königin Teje handelte; diese Annahme wurde durch die Darstellung der Königin Teje neben ihrem Sohn auf einer aus dem Grabe stammenden Holztafel gestützt, in erster Linie aber auch durch die oberflächliche Prüfung der Mumie selbst, die ein typisch weibliches Becken aufwies. Man änderte die Ansicht, nachdem der Spezialist für königliche Mumien, Elliot Smith, die Knochenreste als die eines Mannes bezeichnete, der nicht älter als fünfundzwanzig Jahre gewesen sein konnte und der allem Anschein nach einen Wasserkopf hatte.

Im Jahre 1933 prüfte Professor Derry das Skelett erneut, das nach dem Schiedsspruch von Elliot Smith als das Echnatons identifiziert wurde. Er fand keine Spur von Wasserkopf, aber der flache Schädel, ähnlich dem Tut-ench-Amuns, mußte einem jungen Mann gehören, der kaum dreiundzwanzig Jahre alt war. Auf diese Weise unterstützte er die These einiger Archäologen, welche die Mumie als die von Semenchkarê, dem Bruder von Tut-ench-Amun, ansahen. Seit 1947 ist dieses Urteil in Frage gestellt, und man versucht mit neuen Argumenten in dieser Mumie den Leib Echnatons zu erkennen. Die Ansichten darüber bleiben indessen geteilt.

Etwas scheint jedenfalls hinsichtlich des Sarkophags festzustehen: es war der einer Dame, einer königlichen Prinzessin, nicht aber der einer Königin. Man glaubt, daß er für die Prinzessin Meritaton, die älteste Tochter Echnatons, bestimmt war, bevor sie Semenchkarê heiratete. So wurden auch die Kanopenvasen, die ursprünglich für die Prinzessin bestimmt waren, für den König benutzt, indem man auf der Vorderseite der Perücken die Pharaonenschlange hinzufügte. Auch der Sarg wurde der Person des neuen Eigentümers angeglichen, das heißt also einem König der Ketzerepoche. Aber wer von beiden, Semenchkarê oder Echnaton, befand sich in dem Sarg? Die Aufschriften und die im Grab vorhandenen Gegenstände waren so verschiedenartig, daß man nicht mit Sicherheit die Identität des letzten Bewohners dieses Grabes nachweisen kann. Das breite Becken der Mumie, das zur Vermutung geführt hatte, hier läge ein weiblicher Leichnam, wäre ein Argument mehr für die Annahme, es handle sich um Echnaton. Der Ketzerkönig ist auch auf den berühmten »osirianischen Statuen« – die zu Beginn seiner Regierung errichtet wurden – mit den charakteristischen Merkmalen einer mehr weiblichen als männlichen Gestalt dargestellt. Aber ist dies ausreichend?

Man könnte mit gleicher Berechtigung dann auch auf Semenchkarê schließen. Tatsächlich wies dieser königliche Leichnam noch eine weitere Anomalie auf, die Armstellung entsprach der einer weiblichen königlichen Mumie: der gebeugte linke Arm lag auf der Brust, während der rechte längs des Körpers ausgestreckt war.

Dabei fällt einem wieder ein, was die Ägyptologen zunächst bei den Kennzeichen und in der Haltung Semenchkarês so sehr befremdete. Ich schlage vor, hierin nur einen Ausdruck der Sorge Echnatons zu sehen, Semenchkarê den mystischen Platz zuzuweisen, den vorher Nofretete bei dem königlichen Paar eingenommen hatte. Es ist wohl nicht zu kühn daraus zu folgern, daß man selbst im Tode dem jungen Mitkönig die Haltung gab, die ihn für die Ewigkeit in der Rolle festlegte, welche Echnaton ihm in seinem mystischen Wahn symbolisch zugedacht hatte.

Das Ende Semenchkarês erfolgte kurz vor oder nach dem Hinscheiden Echnatons, ohne Zweifel frühestens um das Jahr 17 des letzten Herrschers. Einige Autoren beharren auf dem Jahr 18; man hat sogar das Jahr 21 vorgeschlagen, aber das kann ebensowenig als gesichert gelten wie das angebliche Sterbealter des Königs. Einige gaben ihm ein Alter von siebenundvierzig Jahren, andere dagegen – selbst die, welche in der Mumie des Grabes Nr. 55 die sterblichen Reste des Häretikers sehen – wollen sein Sterbealter, nach den neuen Untersuchungen der Ärzte, auf fünfundzwanzig bis sechsundzwanzig Jahre beschränkt sehen. Aber diese letzte Theorie zwingt zu der wenig glaubhaften Folgerung, daß er sein Reformwerk schon mit neun Jahren begonnen hatte.

Der junge Mitkönig war wohl vielleicht in der Nekropole der Stadt des Südens beigesetzt worden, aber nicht unbedingt in dem Grab, in dem ihn Davis gefunden hat. Dagegen konnte bis heute niemand entdecken, wo der Ketzer gestorben ist. Die Überreste des großen Sarkophags, den man in dem Grabe gefunden hatte, das er für sich in der königlichen Nekropole von Achetaton vorbereiten ließ, weisen an Stelle der vier Schutzgöttinnen Ägyptens an den vier Ecken das Bildnis der Königin auf, und auf den vier Seiten des Sarkophags herrscht in Hochrelief der seine Strahlen aussendende Globus. Wenn man dem Eid des Königs Glauben schenken will, konnte ihn nichts, auch nicht der Tod, von seiner Stadt entfernen, und nirgendwo sonst als in Amarna konnte ein Grab für ihn vorbereitet sein. Wenn er also an anderer Stelle beigesetzt sein sollte, so konnte dies höchstens in einem improvisierten Grab geschehen sein. Niemand kann heute, mangels Beweisen, etwas Sicheres sagen; aber man muß sich doch fragen, woher diese kleinen Grabfiguren oder *Uschebti(u)* Echnatons kommen, die seit einigen Jahren hin und wieder im Handel erscheinen.

So starben also innerhalb ein und desselben Jahres die beiden Pharaonen von Amarna. Die Königinmutter Teje, »die erste Dame des Reiches«, muß mit großem Pomp im Tal der Könige begraben worden sein, und ihr Leichnam wurde wahrscheinlich in der Kammer beigesetzt, die Amenophis III. für sie am Ende seines eigenen Grabes angelegt hatte: ein Grab, das vielleicht später beraubt wurde und dessen Reste in das Grab Nr. 55 in Theben geschafft wurden.

Aber noch lebte die berühmteste und unbekannteste aller Königinnen: Nofretete. Man kann nicht einmal den genauen Zeitpunkt ihres Todes angeben noch irgendeine auf ihr Leben bezugnehmende Tatsache, außer ihrer Trennung von dem König und ihren Umzug in das Nordviertel der Stadt. Man weiß, daß sie dort einen Palast besaß und daß sich in diesem Stadtteil zahlreiche Erwähnungen Tutench-Atons finden: es ist sicher, daß er in der Umgebung der Herrscherin mehrere Jahre verbrachte und daß er bei ihr die dritte Tochter der Königin, Anchsen-pa-Aton, seine Nichte und gleichzeitige Schwägerin, heiratete. Sie muß etwa drei Jahre älter als er gewesen sein. Ein Jahr zuvor hatte sie einem Mädchen das Leben geschenkt, das aus einer Heirat mit ihrem eigenen Vater stammte, dem sie mit elf Jahren angetraut worden war.

Neben Nofretete regierten sicherlich weiterhin als »Graue Eminenz« des Reiches der »Gottesvater« Eje, vermutlich Vater der Königin, und die »königliche Amme« Ti. Ihr Hauptaugenmerk lag auf der Sicherung der direkten Thronfolge. Sie glaubten, Ägypten damit einen Religionskrieg oder blutige Vergeltungsmaßnahmen gegen die Anhänger Atons nach dem Tod des Ketzers zu ersparen. Dessen verstiegener Mystizismus hatte nach dem Tode Amenophis' III. alle Götterbilder verfolgt und zerschlagen; ähnlich war er auch mit den Priestern verfahren, so daß man ihn schließlich nur noch den »Verruchten« nannte.

Der letzte Nachkomme Amenophis' III., Tut-ench-Aton, residierte vielleicht noch in der Stadt des Südens, und seine Legitimität war nicht anzuzweifeln. Bei einem so jugendlichen Herrscher war es für die Amun-Priester leicht, ihre ganze Macht wiederzuerlangen. Seit dem Tode des alten Herrschers betrachtete man ihn als den neuen Sohn der Sonne, obwohl es noch Echnaton in der Stadt des Globus gab. Dies fand seinen Ausdruck sogar darin, daß es einige ausländische Fürsten anscheinend vorgezogen haben, sich an seine Mutter Teje zu wenden, die mit ihm zusammenlebte, anstatt an den Ketzerkönig zu schreiben.

Tut-ench-Aton wurde so zum Einsatz im Spiel der Kräfte, und der »Gottesvater« Eje hatte dies wohl vorausgesehen.

Nach den Bestattungsfeierlichkeiten des letzten Herrschers der Häresie würde man sicherlich in Theben die Krönung des neuen Königs feiern, dieses Königs, der das Recht hatte, den Thron des Horus zu besteigen, nachdem er seinem Vater Osiris die letzten Pflichten erwiesen hatte, indem er ihm durch den Ritus der »Mund- und Augenöffnung« den Zugang zu ewigem Leben sicherte.

Der geschickte Wesir Eje hatte wahrscheinlich schon lange begriffen, wo die besten Zukunftsaussichten für Ägypten lagen: dementsprechend entwarf er seinen Plan. Die Amun-Priester konnten noch nicht ohne Unterstützung des Heeres als absolute Herren handeln. Das Heer aber wurde dringend zur Sicherung der Grenzen und als Bürgschaft für den Warenaustausch mit der ganzen östlichen Welt gebraucht. Eje vergaß dabei nicht, daß er in seiner Stellung als Leiter der Streitwagen – einer Truppe, in der sich der Hochadel jener Zeit befand – einen großen Einfluß auf das ganze Offizierskorps ausüben konnte. Es ist nicht zu bezweifeln, daß er sich die stillschweigende Zustimmung des Feldherrn Haremhab, des offiziellen Verteidigers der Stellungen in Asien, verschafft hatte und daß er auf diese Weise »manövrieren« konnte, um nicht nur den Thron und die Stellung des Prinzen zu festigen, sondern auch die Interessen der letzten und bedeutendsten Verbündeten der Amarna-Familie zu sichern.

Um dem neun Jahre alten Thronanwärter ein etwas männlicheres Ansehen zu verschaffen, was doch zu einem »Stier von Ägypten« gehörte, verheiratete man den Jungen mit einer königlichen Prinzessin, deren göttliche Abkunft erst kürzlich durch ein eheliches Band mit Pharao, ihrem Vater, bestätigt worden war: Anchsenpa-Aton wurde die Gemahlin Tut-ench-Atons.

Sodann bereitete sich Theben auf die Krönung seines neuen Königs vor.

6 In Theben: Neb-Chepru-Re / Tut-ench-Amun,
   der König, der »sein Leben (damit) verbrachte,
   Götterbilder zu machen«

1352–1343

Die Thronbesteigung des Kind-Königs sollte vor allem der offiziellen Wieder-
herstellung der Vorherrschaft Amuns dienen. Daher stand es außer Frage, den
Hof wieder nach Memphis zu verlegen, wie es einst üblich war. Schließlich war
auch Amenophis IV. vor dem Bruch mit der Religion und dem Auszug nach
Achetaton zu Zeiten seines Vaters in Karnak gekrönt worden, dem Heliopolis des
Südens, wo er die »Kronen genommen hatte«.

Nachdem der neunjährige Knabe wahrscheinlich das rituelle Fasten überstanden
und die vorbereitenden Reinigungen durchgemacht hatte, stand er vor dem Pylon
des großen Tempels von Karnak, der von seinem Vater Amenophis III. erbaut
worden war. Mit unbedecktem Haupt, den Körper entblößt, trug er lediglich den
Faltenschurz ohne jeglichen Schmuck, und auch seine Füße waren ungeschützt. Er
wurde von den höchsten Persönlichkeiten des Hofes begleitet, an ihrer Spitze
unter anderen der General-Schreiber des Heeres, Haremhab, und der »Gottesvater« Eje, Befehlshaber der Streitwagen. Während der vorhergehenden Tage
waren zahlreiche Arbeitergruppen in den Tempel geschickt worden, um nach den
Angaben der Architekten und Intendanten das zu große »Elend« der Heiligtümer zu beseitigen, die seit den fortgesetzten Verfolgungen nach dem Tode Amenophis' III. wüste Zerstörungen erlitten hatten. Natürlich konnte nicht alles wiederhergestellt werden, und viele Tempelportale aus kupferbeschlagenem Holz
mit goldenen Nägeln, die durch Feuer zerstört waren, hatten noch nicht wieder
ihr ursprüngliches Aussehen erlangt.

Ein Teil des Gefolges war vor dem ersten Pylon (heute der 3. Pylon) stehen-
geblieben (siehe Plan des Tempels von Karnak mit Angabe des Heiligtums, in dem
die Krönungsriten vollzogen wurden [78]). Nur die hohen Würdenträger begleiteten den jungen Tut-ench-Aton über den ersten Hof hinaus, in dem die Obelisken
seiner Ahnen Thutmosis' I. und III. standen. Priester waren zu seinem Empfang
erschienen; sie trugen Masken, die ihnen das Aussehen der Götter gaben, deren
Rolle sie spielten. Einer von ihnen, der den Horus des Horizonts darstellte, ver-
barg sein Antlitz hinter einer Falkenmaske: er ergriff die Hand des Königs und
führte ihn zu einem als Kapelle dienenden Anbau vor dem Tore des zweiten
Pylons (heute ist es der vierte Pylon), der von Thutmosis I. erbaut wurde. Der
Platz, auf dem er stand, gehörte seit der Zeit der Sesostriden zum Zugang des
sogenannten *Ipet-Sut*-Tempels.

Auf einem schönen Türsturz, auf dem sein Vorfahre Thutmosis I. unter dem
Doppelbaldachin des *Sed*festes erschien, konnte der Prinz die Inschrift lesen, die
besagte, daß die große Tür 20 Ellen mäße und aus weißem Kalkstein gefertigt war.

Von einem anderen Priester unterstützt, der den Gott Atum verkörperte und
der die andere Hand des Königs hielt, erlebte Tut-ench-Amun den ersten Teil der
Thronbesteigung, der ihn in einen Tempelraum führte, in dem sein Leib die erste

Verwandlung durchmachen sollte. Die Priester, seine Führer, übergaben ihn anderen für die »Reinigung«. Der künftige Pharao nahm in der Mitte des Beckens Platz, das von einer niedrigen Mauer umgeben war, auf die vier Offizianten stiegen. Sie standen an den vier Punkten des Horizonts, um an die Lage der vier Erdteile zu erinnern, wie sie die alte Liturgie von Heliopolis definierte. Ihre Masken versinnbildlichten Thot mit dem Ibis-Schnabel, Gott Seth mit der gebogenen Schnauze und den aufrecht stehenden viereckigen Ohren, Horus von Behedet mit dem Falkenschnabel und einen anderen, Dun-anui genannten Falken. Sie vollzogen die »Taufe des Pharao« und begossen seinen Leib mit Wasser, das aus hohen Kannen floß, von denen jeder eine trug. Das heilige Wasser, als Trägerin des göttlichen Lebens, das durch die Hieroglyphe in Form eines mit einem Griff versehenen Kreuzes und das Zepter mit dem Windhundkopf dargestellt wird, verwandelte das Wesen des königlichen Prinzen. Nun war er würdig, vor den Göttern zu erscheinen.

Sodann wurde er in den Teil des Heiligtums geführt, der für die Krönungsriten bestimmt war und wohl den Namen »Haus des Königs« trug. Es lag zwischen dem 2. und 3. Pylon (heute dem 4. und 5. Pylon) in einer Jubiläumshalle, in deren Mitte damals noch die beiden großen gold- bzw. elektronbeschlagenen Obelisken der Königin Hatschepsut standen. Zwei Reihen papyrusförmiger Säulen durchzogen diese Halle, deren Wände zum Teil durch die »osirianischen Kolosse« aus der Zeit Thutmosis' III. und IV. verdeckt wurden. Dort befanden sich zwei Pavillons, die an die beiden ersten Tempel Ägyptens erinnerten: das »Haus der Flamme« (oder *Per neser*), das archaische Heiligtum des Nordens, und das »Große Haus« (oder *Per ur*), der ursprüngliche Tempel des Südens. Diese beiden Kapellen waren für die Krönung wesentlich, da dem Prinzen dort die Kronen aufgesetzt wurden. In dem ersteren waren die Priester versammelt, welche die erhabensten Götter symbolisierten: Nechbet, Wadjet, Neith, Isis, Nephthys, Horus und Seth und jene, welche die Neunzahl vervollständigten. Deren Erregung erreichte den Höhepunkt, als sie den jungen König in den Tempel des Südens gehen sahen, wo ihn die Tochter des Amun, die »Zauberreiche«, die Schlangengöttin, erwartete, die in Gestalt einer ihr Halsschild aufblähenden Königskobra auf ihn zueilte, um ihn zu »umarmen«, so wie es der Ritus vorschrieb; sie ringelte sich schlangengleich um seinen Schädel und erhob ihr Haupt vor seiner Stirn. Der Prinz, der schon seit mehreren Jahren in die »Schlangensprache« eingeweiht war, wurde sogleich als der Erbe erkannt, der den Thron besteigen sollte, und die unsichtbare Hand des Gottes Amun hatte seine Tochter zu dem Antlitz des Herrschers geleitet.

Nun kam auf ihn der Priester Inmutef (»Pfeiler seiner Mutter«) zu, der an die Rolle erinnern sollte, die Horus bei seiner Mutter Isis gespielt hatte, und der das Fell einer Großkatze auf dem Körper sowie eine Perücke trug, deren geflochtene Haare nach den Seiten in Lockenform herabfielen. Mit seinen Helfern setzte er nacheinander auf das Haupt des Erwählten Amuns die zahlreichen Kronen, die ihn befähigten, alle Aufgaben und Rollen eines Pharao zu erfüllen. Die weiße Mitra und die rote Kappe, deren Vereinigung einen dritten Kopfputz bildete, bei dem die beiden ineinandergreifenden Formen »die beiden Mächtigen« genannt wurden oder *Pa Sechemti*, aus dem die Griechen den *Pschent* machten, die Krone *Atef* des Gottes Re, die Kopfbinde *Seschea*, die Krone aus blauem Leder oder *Cheperesch*, die Krone *Ibes*, das Diadem aus zwei hohen Federn, und die verschiedenen Perückenschützer aus Leinwand. Diese heiligen Gegenstände, zu allen Zeiten Abzeichen der Königswürde, wurden in dem Tempel aufbewahrt und mußten eines Tages auch wieder dorthin zurückkehren. Lediglich die Kopfbinde durfte

XVII Detail des Kanopenschreins. Hier sieht man Selket, eine der vier anmutigen Göttinnen, die den Verstorbenen beschützen und die Aufgabe haben, die Eingeweide Tut-ench-
Amuns zu bewachen. Die Eingeweide befanden sich in vier kleinen goldenen Sarkophagen,
die in Alabasterfächern steckten. An jeder Wand stand eine Göttin, wie Selket, die über
die Sicherheit des ihr Anvertrauten wachte.

XVIII Der Kanopenschrein aus Alabaster. Er hat einen massiven Deckel in Pultform, den Abschluß bildet ein Streifen mit einer Inschrift, die sich auf die Göttinnen bezieht, die auf jeder Seite des Schreins dargestellt sind: Isis, Nephthys, Selket und Neith. Man kann erkennen, daß der Deckel mittels Schnüren auf seinem Schlitten befestigt war, die mit goldenen Ringen zusammengeschlossen und mit dem Siegel der Nekropole versiegelt waren.

XIX Einer der vier Deckel der Alabasterfächer, die jeder für eine Kanopenvase bestimmt waren. Die vier Deckel zeigen den Kopf des königlichen Verstorbenen, der das an der Stirnseite mit dem Geierkopf und der Schlange verzierte Nemset-Kopftuch trägt. Augen und Brauen sind schwarz, die Lippen rot.

XX Einer der Sarkophage mit den Eingeweiden. Der Alabasterschrein enthielt in jedem seiner Fächer unter dem Deckel in Gestalt des königlichen Kopfes einen goldenen Miniatursarkophag, der mit Einlegearbeiten aus Karneol und Glasfluß verziert war. Im Innern befanden sich die Eingeweide des Königs, die wie die Mumie präpariert waren. Dieser Sarkophag stand unter dem Schutz der Göttinnen Isis und Imset.

nach seinem Tode den Schädel des Gottessohnes schmücken, als er gerufen wurde, um zu seinem Vater zurückzukehren. Zweifellos ist dies auch der Grund, weshalb man in dem Grabe des jungen Königs weder eine Krone noch einen königlichen Kopfschmuck gefunden hat. Eine Ausnahme bildete vielleicht die Amtskrone, die Krone nämlich, welche die Herrschaft dieses Gottessohnes über das irdische König-reich symbolisierte: der Helm aus blauem Leder oder die blaue Krone, *Cheperesch*. Vielleicht war dieser Kopfschmuck in der Hutschachtel des Königsgrabes auf-bewahrt gewesen, aus der sie die Grabräuber entwendet hatten. Mit diesem *Cheperesch* auf dem Haupte verließ der König die Tempel. An seinem Gürtel hing von nun an der Schwanz (einer Giraffe?) der ursprünglichen Stammeshäuptlinge, und er trug Sandalen, deren Sohlen die Bilder der neun feindlichen Völker Ägyp-tens trugen, die besiegt waren und über die der König von nun an herrschen würde.

Nun schickte er sich an, den »königlichen Aufstieg« zu vollziehen, d. h. die wichtigste Phase seiner Krönung durch den dynastischen Gott zu durchstehen, indem er den dritten (heute den fünften) Pylon durchschritt. Der König wandte sich vor Erreichen des Pylons, der von Thutmosis III. errichtet worden war (heute der sechste), nach rechts und wurde in eine Seitenkapelle, südlich des großen Vor-zimmers, das vor dem heutigen sechsten Pylon lag, geführt. Man geleitete ihn vor einen großen Naos, der aus einem Stück rosa Granit bestand, der auf einem Sand-steinsockel ruhte und der im Osten und Westen von »Osirispfeilern« umgeben war. In dem eindrucksvollen Halbdunkel dieses Naos, der von seinem illustren Vorfahren Thutmosis III. gestiftet worden war und der »*Menchepre*-der-die-Kronen-aufsetzt« genannt wird, befestigte Amun endgültig auf dem Kopf Neb-Chepru-Res den *Cheperesch*, mit dessen Hilfe er über das Reich der Sonne regieren würde. Der König, der mit dem Rücken zum Herrn von Theben niederkniete, spürte, wie sich die Hand des Gottes auf seinen Nacken legte (79).

Im Verlaufe einer langen magisch-religiösen Zeremonie wurde er mit seinem »großen Namen« beliehen, aus den fünf Teilen seiner Titulatur bestehend, welche die Schreiber des »Hauses des Lebens« zusammengestellt hatten. Die Zusätze der fünf Titel wechselten bei jedem König, aber die Grundelemente, auf die sie sich bezogen, waren unveränderlich. Zuerst kam der Horusaspekt, oder Hausname, der die Verkörperung des Gott-Königs auf Erden bezeichnete und den neuen Herrscher definierte, und dann seine Doppelnatur, verkörpert durch die beiden Schutzgöttinnen Ägyptens: den *Geier* und die *Kobra*, deren immer wiederholtes Abbild die Ewigkeit versinnbildlichte. Der dritte Name war der des *Gold-Horus*, Sinnbild des Prinzips alles Guten und des ewigen Lebens, welches das Böse und die Vernichtung bezwingt. Sodann folgte der Vorname, dem immer die Worte *König des Südens und des Nordens (nesut-bît)* voraufgingen, oder Krönungsvor-name. Als auf Erden verkörperter Gott, der über die Welt der Lebenden, im Zenit des Himmels, leuchten sollte, mußte sich Pharao vor Leben und Kraft strahlend erweisen; er war zuerst »Der des Südens« und dann »Der des Nordens«; dieser Vorrang hatte seinen Ursprung höchstwahrscheinlich nicht in politischen Kämp-fen, in denen die Stammeshäuptlinge Oberägyptens die Monarchie gegründet hat-ten, sondern die Namen des Pharao hatten kosmische und religiöse Bedeutung. Der Prinz Tut-ench-Aton wurde am Tage seiner Krönung König des Südens und des Nordens, Neb-Chepru-Re: der »Herr der Verwandlungen ist Re«. Der fünfte Name des Königs war sein Sonnenname, sein Geburtsname, dem bei der Titulatur die Bezeichnung *Sohn der Sonne* voraufging; die Königin Teje hatte ihn Tut-ench-Aton genannt.

Man bat Amun, der ihn als Sohn anerkannt hatte, ihm für alle Ewigkeit die

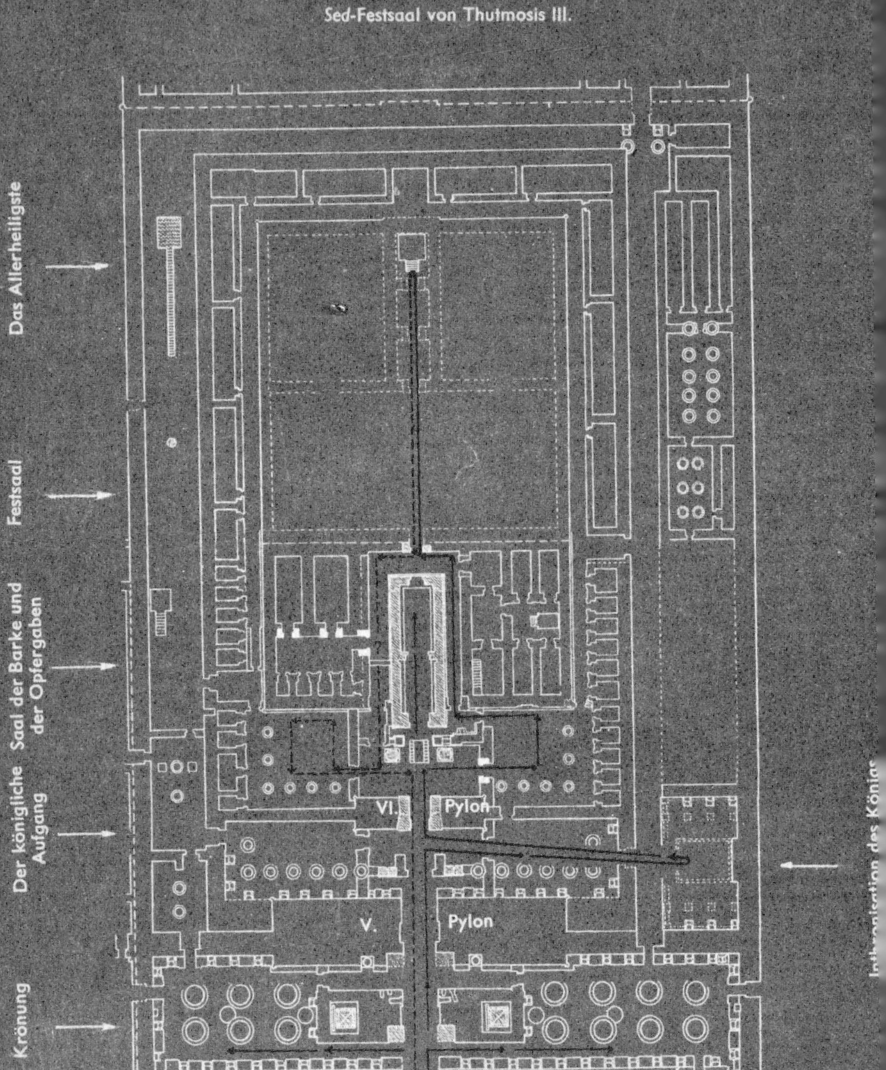

Sed-Festsaal von Thutmosis III.

Das Allerheiligste

Festsaal

Saal der Barke und
der Opfergaben

Der königliche
Aufgang

Krönung

Reinigung des
Königs

Intronisation des Königs

VI. Pylon

V. Pylon

IV. Pylon

Aufstellungsort des III. Pylons Amenophis III.

0 5 10 m

N

Jubelfeste Res und auf Erden, wie Horus, die Erfüllung seines Berufes als König zu verbürgen.

Der König verließ das Heiligtum als erster. Man erriet im Hintergrunde die ungeheure *Aura* des Amun, den »Verborgenen Wind«, der ihm jetzt als Atmosphäre diente. Auf seinem Haupt trug er nun den Helm *Cheperesch*, die bei fast allen Gelegenheiten getragene Krone, Zeichen der Königswürde. Amun hatte ihn damit geschmückt, und der König sollte nun in dem Heiligtum eine Statue mit diesem Abbild weihen (Bruchstücke hiervon befinden sich im Metropolitan Museum in New York [79]). Aber auch in seinem Grab, zwischen die vergoldeten Schreine, die an seine Krönung erinnern, werden zwei Gold- und Silberstöcke niedergelegt werden. Sie sollen mit den Metallen, die gleichzeitig das Fleisch und die Knochen, den Tag und die Nacht symbolisieren, das Bild eines jungen, neunjährigen Königs verewigen, geschmückt mit dem *Cheperesch*, mit dem ihn Amun gekrönt hatte, um ihm die Macht über »alles, was der Sonnen-Globus umschreibt«, zu übertragen. Der in seiner Würde bestätigte Prinz konnte nun in der Tiefe des Heiligtums zum erstenmal die Kulthandlungen vornehmen. Er erschien dann als König, und vor den Abgesandten aller Klassen Ägyptens begannen maskierte Priester mit dem öffentlichen Teil der Krönung. Man brachte von neuem dem Herrscher, der auf einem archaischen Sessel zwischen den Göttinnen des Südens und des Nordens saß, die Doppelkronen des Südens und des Nordens, und dieser *Pschent* wurde ihm aufs Haupt gesetzt. Vor ihm umwanden maskierte Priester, welche die Götter der vier Himmelsrichtungen oder den Nilgeist darstellten, einen symbolischen Pfeiler mit Lilie und Papyrus, den Pflanzen des Doppelten Reiches. Dies war die Zeremonie des *Sema-taui* (80). Dann ließ man ihn symbolisch einen archaischen Ritus vollziehen: den Lauf um die Mauer des Heiligtums von Memphis, das das gesamte Reich des Gottes darstellte.

Am Vorabend ihrer Krönung oder auch am Ende der Festlichkeiten gaben die künftigen Herrscher gewöhnlich ein Schauspiel ihrer jagdlichen Taten: Zähmung widerspenstiger Rösser, Kampf mit wilden Stieren und das Sichmessen mit dem Löwen, der keinen Widerstand leisten kann, weil die Herrscher selbst Löwen sind. Bei der Krönung Tut-ench-Atons mußte man auf ein derartiges Schauspiel verzichten, da man es von dem Kind-König unmöglich verlangen konnte; dagegen

78 Plan des Tempels von Karnak, »*Ipet-sut*«, während der 18. Dynastie (nach P. Barguet). (Die römischen Ziffern auf den Pylonen bezeichnen ihre moderne Numerierung.)
79 Kopf des Königs; er gehörte zu einer Gruppe, in der Gott Amun dem König Tut-ench-Amun im Augenblick der Krönung die Hand auflegt *(Metropolitan Museum of Art, New York)*

durfte man nicht die großen Waffentaten seines ruhmreichen Vorfahren Amenophis II. vergessen, der so stark und von den Göttern so befähigt worden war,
daß er mit seinen Pfeilen mehrere Schießscheiben aus Kupfer durchbohrte und
einen Löwen so zähmte, daß er nur noch ein Spielzeug war. Ein Votivschild aus
dem Grabe Tut-ench-Amuns erinnert noch an diese Tat, die man auf ihn übertragen wollte und die man ihn wahrscheinlich durch einige rituelle Gesten im Hof
des Tempels andeuten ließ.

In den Händen des Königs sah man jetzt die beiden traditionellen Zepter des
großen Osiris: den Krummstab, *heka*, der immer in Verbindung mit dem Königtum des Südens stand, und die Geißel, *nechech*, Attribut der Herrschaft des Nordens. In dem Grabe des jungen Königs sind zwei Zepter-Paare gefunden worden,
von denen das kleinere zu den Händen eines neun Jahre alten Knaben paßt und
die Namen des Gottes Aton trägt. Amun krönte den König in Theben, aber
der Globuskult war noch nicht aus dem Glauben des neuen Herrschers verbannt
worden. Während seiner ganzen Regierungszeit kann man diese Mischung der
Namen Aton und des thebanischen Gottes feststellen, die noch in gutem Einvernehmen sowohl auf dem Priestersitz des Königs als auch auf seiner Dalmatika
oder auf seinem Zepter für die Weihe der Opfergaben zu existieren schienen.

Mit dem *Cheperesch* auf dem Kopf, mit dem er sich gezeigt, also seine »Erscheinung« vollzogen hatte, und nachdem er wieder zu der Achse des Tempels zurückgekehrt und auch in das Heiligtum der Barke eingedrungen war, vor dem zwei
heraldische Pfeiler von Thutmosis III. wie Blumen standen, hatte Neb-Chepru-Re
den Opfersaal durchschritten und das Allerheiligste erreicht. Um endlich »das
Antlitz Gottes zu schauen«, mußte er den großen Festsaal durchschreiten, um zu
den »Türen des Himmels« und den »Türen des Horizontes von Amun« zu gelangen. Hier wurde er zum erstenmal in die geheimen Zeremonien des Kultes eingeführt.

Nach seiner Inthronisierung begab sich Tut-ench-Aton in einen Tempelhof, in
dem sorgsam der heilige Persea-Baum (ein Gegenstück jenes in Heliopolis) gepflegt wurde, auf dessen wundertätige Früchte der Gott Thot mit dem Ibiskopf
seinen Krönungsnamen einschrieb, um ihm unzählige Jubiläen zu sichern.

80 *(links)* »Sema-Taui« (Ver-
einigung der Beiden Länder). Die
Abbildung zeigt Ramses II.
(Tempel von Abu Simbel)

Nun mit allen Machtvollkommenheiten ausgestattet, schritt der König des Südens und des Nordens wieder aus dem Portal des großen Pylons Amenophis' III. heraus. Aber vor seiner Ankunft in seinem Palast von Malkata mußte er noch vor seinem Volke erscheinen, aufrecht in seinem Wagen stehend, der mit Gold und Elektron beschlagen war und auf dessen beiden Seitenwänden die göttlichen Namen schon verzeichnet waren, die er soeben erhalten hatte. Auch die Vereinigung der Pflanzen des Südens und des Nordens war darauf dargestellt. Auf diese Seitenwände, die noch mit asiatisch beeinflußten Ornamenten ausgeschmückt waren, hatten die königlichen Kunsthandwerker Bilder aller Vasallenvölker Ägyptens getrieben, kniend und gefesselt, wie um dem Kind-König die Versicherung des Schutzes gegen jedes Übel zu geben und zugleich den Frieden zu verleihen, dessen erster Verteidiger er war (VII). Über dem Zügelhalter vor der Deichsel war das Bildnis eines vergoldeten Falken angebracht, der auf seinem Haupt eine gewaltige Sonnenscheibe mit dem Krönungsnamen des Königs in Relief trug.

So fuhr er in südlicher Richtung durch die in dieser Gegend Thebens dichtbesiedelten Dörfer und gelangte in die große Hauptstadt des rechten Ufers, die Stadt der Städte *Nō*, die wahrscheinlich zu jener Zeit die bedeutendste Stadt des Altertums war. Der Zug endete im Tempel *Ipet-resyt*, dem heutigen Luxor. Auf diesem Weg sang das versammelte Volk, gesättigt mit Speise und Trank, die seit dem frühen Morgen verteilt worden waren, Loblieder auf den neuen Herrscher, von dem gesagt wurde, er verschaffe Theben seinen einstigen Reichtum wieder. Für die Krönungsfeierlichkeiten war eine Amnestie erlassen worden; die Religionskämpfe wurden für eine Weile ausgesetzt, und selbst Verurteilte, die im Gefängnis gesessen hatten, schienen größtenteils freigelassen worden zu sein: seit siebzehn Jahren hatte Theben nicht mehr ein solches Freudenfest erlebt.

Nach seinem Einzug in Malkata bereitete sich Tut-ench-Aton darauf vor, mit seiner jungen Gemahlin das Nordviertel der Stadt Achetaton zu besuchen, wo ihn Nofretete erwartete, die von dem »Gottesvater« Eje erfahren wollte, wie sich das offizielle Zusammentreffen mit den Amun-Priestern abgespielt hatte. In dieser Zeit hatten der Gottesvater Eje und der Feldherr Haremhab angeordnet, daß sofort in dem Herrschaftsbereich Amuns eine Gruppe aus schwarzem Granit aufgestellt wurde, um damit das Recht Tut-ench-Atons auf den Thron seiner Väter zu bekräftigen, ein Recht, das ihm von Gott Amun selbst soeben zugebilligt worden war. In den Werkstätten von Karnak fertigte man ein großes Ebenbild Amuns an (jetzt im Louvre), dessen Kopfbedeckung von zwei großen Federn mit den rituellen sieben Einteilungen überragt wurde. Der Gott hielt an den Schultern den König Tut-ench-Aton, der aufrecht vor ihm stand, angetan mit dem Fell eines katzenartigen Tieres, das beim Bestattungskult für den verstorbenen Herrscher getragen wurde, dessen Nachfolger er geworden war. So wurde noch einmal das verbriefte Recht des jungen Königs auf diese Herrschaft betont, die ihm Gott Amun selbst zu erlangen geholfen hatte. Der Schatz des Königs enthielt ein Kleidungsstück, auf das kleine Sternchen genäht waren, die die Flecken auf dem Fell einer Großkatze nachahmten; der Kopf eines Geparden aus vergoldetem Holz war an dem einen Stoffende befestigt. Vielleicht hatte er gerade dieses Gewand getragen, als er in seinem sehr jugendlichen Alter, als letzter Abkömmling des königlichen Geschlechts, bei der Bestattung seines Vorgängers die Rolle des Priesters *Setem* spielte. Dies Gewand gehörte zur Kleidung eines Offizianten; sein Großonkel Aanen (Statue in Turin [57]) hatte es bei der Beisetzung von Thuje und Juja getragen.

Tut-ench-Aton brach nach Achetaton in Begleitung des »Gottesvaters« Eje auf. Dieser war sein Mentor geworden und hatte sehr schnell schon das Amt eines Wesirs erhalten, was ihm das Recht verlieh, im Namen des Königs zu sprechen. Aber der Feldherr Haremhab hatte sich dafür entschieden, nun regelmäßiger in Theben zu residieren, da sein junger König sich auf dem Wege zur Amun-Orthodoxie befand. Es scheint sogar, daß er dort als »Offizier des Königs« (eine Art Vizeregent) an die Spitze des Landes gestellt worden ist. Er hatte seine Laufbahn beim Heer begonnen. Aber als listiger »Schreiber der Rekruten« und mit Geist und Überredungskunst ausgestattet, scheint er mehr durch Diplomatie als durch überlegene Waffenkunst weitergekommen zu sein. Eine Inschrift anläßlich seiner Krönung spielt auf die Ämter an, in die ihn der König selbst eingesetzt hat – wahrscheinlich schon der Vorgänger von Tut-ench-Aton –, und unterstreicht die Rolle, die er spielte, als die Uneinigkeit (oder der Wahnsinn?) herrschte. »*Er brauchte nur seinen Mund zu öffnen und dem König zu antworten, um ihn mit seinem Reden zu beschwichtigen!*« Sollte dies eine Andeutung sein auf die letzten Stunden Echnatons und auf den mystischen Wahnsinn, in den er verfallen zu sein schien? Es wird uns weiter berichtet, daß er während einer ganzen Anzahl von Jahren als Vizeregent der beiden Länder gewirkt und anscheinend eine Autorität ausgeübt hat, die manche Ägyptologen sogar als diktatorisch bezeichnen.

Kann man sich vorstellen, wie das Leben eines jungen, wahrscheinlich schwächlichen Knaben in so verantwortungsvoller Stellung war, der mit neun Jahren eine schier erdrückende Krone zu tragen hatte? Man brachte ihn in eine Gartenstadt, in der er zwischen Blumen seine junge Königin traf und von dem fast morbiden Scharm eines abgeschlossenen Hofstaates umgeben war, wo man sich davor hütete, den Namen des toten Herrschers auszusprechen, des Ketzers, dessen Handlungsweise jetzt öffentlich verdammt wurde. Was konnten diesem Kinde die Namen Aton und Amun bedeuten? Was sollte er, nach den Krönungsfeierlichkeiten und der Ehrerbietung, die ihm die thebanischen Priester in der strengen und großartigen Pracht der Tempelstadt Karnak bezeigt hatten, denken, als er die Sonnen-Tempel besuchte oder sich in die großen, fast verlassenen Aton-Tempel begab? Was noch vor einigen Jahren als verachtungswürdig galt, wurde ihm nun als eine Macht hingestellt, der er seine Verwandlung in einen lebenden Gott verdankte.

Obwohl er in den ersten Jahren seiner Regierung, wenigstens in Amarna, den Namen Tut-ench-*Aton* beibehalten haben muß, fing man schon an, ihn Tut-ench-*Amun* zu nennen, so wie dies auch im Augenblick seiner Throneinsetzung in dem großen Tempel des Amun fortbesteht war. In der Ketzerstadt, in der noch die Spur seines Aufenthalts fortbesteht, dank der Gegenstände, die sich in seinem Besitz befanden, und der Inschriften, die ihn erwähnen, kann festgestellt werden, daß er einem wahren Pantheon geopfert und ihm Gebete gewidmet hat: Isis, Atum, Gott Sched werden verehrt, ebenso Amun und Mut, denen er Blumen bringt (Stele im Berliner Museum). Man weiß also von dem Leben Tut-ench-Atons in Achetaton, aber einen Palast mit seinem Namen hat man nicht gefunden. Hatte er seine Residenz in dem Palast aufgeschlagen, der seiner Gemahlin Anchsen-pa-Aton gehörte? Oder lebte er nicht vielmehr in einem der großen, mit Palästen bebauten Besitztümer, die seinen königlichen Vorfahren gehörten, beginnend mit Thutmosis I., dessen Krönungsname Aa-Chepre-Ka-Re war. Man muß wohl diesem Fürstensitz, der in Amarna genannt wird, den Vorzug geben, wenn man von einer Residenz Tut-ench-Amuns spricht, und nicht einem in Mem-

81 Stele über die »Wiederherstellung der thebanischen Tempel«, die Haremhab sich unrechtmäßig aneignete und wiederverwendete *(Museum in Kairo)*

phis errichteten Gebäude, das den gleichen Namen trägt und während der Regierungszeit Ejes erwähnt wird. Sehr wahrscheinlich sicherte das dem jungen König in Theben großen Einfluß, bevor man ihn in Memphis residieren ließ, jener Stadt, der Haremhabs Vorliebe galt und in der er sich sogar sein Grab baute, als er noch Feldherr war.

Die feierliche Inschrift, die man auf einer hohen Quarzit-Stele (jetzt im Museum von Kairo) für die Nordostecke der großen Säulenhalle in Karnak eingeritzt hatte, erinnerte auch an den Namen des Königspalastes in Amarna, als man den jungen Herrscher die Entscheidung treffen ließ, die Tempel, den Kult und die Priesterschaft von ganz Ägypten zu »restaurieren« (81). Das Programm war gewaltig; ein wahrhaftes Herrscherprogramm, das Haremhab ausgearbeitet und dessen Text auf der Stele er verfaßt hatte, wo in der Rundung die zweimal wiederholten Bildnisse seines jungen Herrschers Tut-ench-Aton erscheinen, wie er Opfergaben und Weihwasser dem Götterpaar von Karnak, Amun und Mut, spendet. Dies war sein Programm, und er bezieht sich in der Inschrift, die von seiner Krönung berichtet, darauf. Als er später die Stele des jungen Königs für sich in Anspruch nahm und seine Namen an die Stelle der Kartuschen seines Vorgängers setzte, hat er im Grunde nur die Unterschrift des wahren Verfassers dieses Textes eingetragen.

Haremhab legte dem jungen König in den Mund, daß er unmittelbar nach der Krönung und der unter freudiger Zustimmung erfolgten Unterwerfung des Landes sich in seinem Palast auf dem Besitztum Thutmosis' I. (in Amarna) befunden und über das Werk froh sei, das er von Beginn seiner Krönung an unternommen habe. Tatsächlich unterdrückte er das Böse im ganzen Lande und ließ die Ruinen »wieder erblühen«, indem er sie erneut in »Denkmäler der Ewigkeit« verwandelte. Die von ihm übernommene Aufgabe war beträchtlich, da es keinen guterhaltenen Tempel »von Elephantine bis zu den Randbezirken des Deltas« gab. Die Naoi waren verwahrlost und die Bauwerke von Unkraut überwuchert. Man ging durch die Heiligtümer und durch die Räume wie auf gewöhnlichen

Wegen. Das Land befand sich in Verwirrung, da die Götter es verlassen hatten; es ging so weit, daß eine nach Djahi (Syrien) geschickte Armee, die die »Grenzen Ägyptens erweitern sollte«, nicht vorankam und niemand von einer Göttin oder einem Gott erhört wurde. Es war also dringend notwendig, diesen Stand der Dinge zu ändern.

So überlegte er und »bedachte in seinem Herzen«, was für seinen Vater Amun von Nutzen sein könne. Er entschloß sich, für ihn ein »erhabenes Bildwerk aus echtem Feingold« zu schaffen, eingelegt mit Lapislazuli und anderen kostbaren und seltenen Edelsteinen. Es war größer als alle früher gefertigten, da man es »auf dreizehn Traghölzern« (?) befördern mußte, während kein Bildwerk dieses Gottes zuvor elf Traghölzer überstiegen hatte. Er beschloß außerdem, für den Gott Ptah in Memphis eine Statue zu errichten, ebenfalls aus Gold; ein wenig kleiner als die Amuns, aber immerhin elf Traghölzer erfordernd. Sodann faßte er den Plan, von neuem die Heiligtümer aufzubauen, indem er Stiftungen für die Opfergaben gründete. Doch das war nicht alles: eine neue Priesterschaft mußte aufgebaut werden, deren Mitglieder aus dem Adel ausgewählt wurden, der, wie er versicherte, die Elite des Landes geblieben war:

»Er hat Priester eingesetzt und Propheten, Kinder der Vornehmen ihrer Stadt, jeder der Sohn eines bedeutenden Mannes, dessen Name bekannt ist; dann versah er den Tempel mit Schätzen und füllte die Häuser mit Sklaven, Männern und Frauen.«

Hiernach gedachte er der Barken des Gottes, die aus Zedernholz »erster Wahl« gebaut werden sollten, und er versprach, sie mit Gold zu beschlagen, damit sie den Fluß von neuem erhellten. Dazu waren noch Männer und Frauen nötig, Sängerinnen und Sänger, und er bestimmte, daß ihr Lohn aus der königlichen Privatschatulle bestritten werden sollte. Dieses Vorhaben wurde ausgeführt zur größten Freude der Götter und Göttinnen des Landes.

Der König sicherte sich ihre Gunst, seine Taten erweckten Jubel: es begann eine blühende Zeit. Sie belohnten die Wohltaten des Herrschers, und Amun liebte mehr als je *seinen Sohn Neb-Chepru-Re, den Herrn von Karnak, Tut-ench-Amun, ihn, der alle Götter befriedigt.*

Dieser weitgesteckte Plan zeigt den angestrengten Versuch Haremhabs, die Ordnung wiederherzustellen und die Festigkeit des Priestertums zu sichern, das in seine früheren Rechte wiedereingesetzt war. In gleichem Maße, wie das traditionelle Räderwerk wieder in Gang kam, sollte das Tagesgeschehen wieder seinen vorgeschriebenen Lauf nehmen. So jung der König zu jener Zeit auch war – wahrscheinlich stand er in seinem zwölften Lebensjahr –, war es nicht angebracht, daß er in der Stadt des Globus blieb, fern der Wirklichkeit des Landes und fern den dynastischen Heiligtümern. Es lag gewiß nicht im Plan, Aton zu verfolgen und ihn zu unterdrücken: man erwartete von dem König, daß er es verstehe, ihm wieder die zweite, ziemlich harmlose Rolle zuzuweisen, die er vor der Ketzerei gespielt hatte. Um dies auszuführen, mußte Tut-ench-Aton endgültig diese vorübergehende Hauptstadt verlassen. Obwohl auf einigen seiner Möbel (z. B. dem Thron aus seiner Jugend) sein Name mit Tut-ench-*Amun* angegeben ist, wurde doch die Hauptdarstellung auf der Rückenlehne beherrscht von dem Globus der Ketzerei, der seine in Händen endenden Strahlen aussendet. Der Name des Königs mußte auch seine endgültige Form bekommen, und vom Jahre IV seiner Regierung ab nannte man ihn nur noch Tut-ench-*Amun*, damit Theben in seinem König den von dem Gott des Reiches bestätigten Sohn wiedererkenne.

Am Ende des Jahres IV verließ er Achetaton, wo vermutlich Nofretete gestorben war, als König Tut-ench-*Amun*; verließ er wahrscheinlich für immer den Nordpalast der Ketzerstadt mit einer jungen Gattin, deren Name nunmehr Anchsen-*Amun* lautete. Auf die Schiffe hatte man einen Teil des Mobiliars verladen, das ihm in seinen Amarna-Palästen Freude gemacht hatte und in dessen Malereien sich die ganze Poesie dieser Stadt ausdrückte, aus der der Ketzer den verzauberten Garten des Globus machen wollte. In dem Grabschatz des Königs findet man vielleicht einige Stücke, die ihn auf seiner Rückfahrt nach Theben begleitet hatten: die Perückenschachtel (82), das Faltbett (84) und, nicht zu vergessen, seine Truhe mit dem Dreiecksdach (einem Vorläufer des Koffers), dem man an beiden Seiten horizontale Stöcke anlegen konnte, um ihn wie eine Sänfte handlich tragen zu können (83).

Der Palast, in den der Kind-König einzog, hat nicht mit Sicherheit festgestellt werden können; aber man nimmt an, daß er sich wahrscheinlich wieder in Malkata niedergelassen hat, das er seit frühester Kindheit kannte. Wie alle Herrscher Ägyptens hatte auch er in anderen Städten Residenzen, und man kann sich die Pracht der Paläste vorstellen, die für den jungen König renoviert wurden; mit großem Pomp wurde der jeweilige Aufenthalt vom »Gottesvater« Eje vorbereitet. Seit Regierungsbeginn war das Hauptziel dieser Reisen die Ausführung eines umfangreichen Programms zur Wiederherstellung der Tempel und der Lobpreisung der Götter als Bestätigung der segensreichen Tätigkeit der Krone. In Memphis bestattete man während der Regierung des Königs einen Apis-Stier; in Medinet Gurob scheint Tut-ench-Amun dem Tempel Thutmosis' III. seine Steine hinzugefügt zu haben; Abydos, Faijum, alle diese Plätze erhielten den Besuch des Pharao. Wenn er auch dem Gott der Ketzerei, Aton, treu geblieben war und seinen Tempel in Karnak selbst – nach den Weisungen des »Gottesvaters« Eje – weiterhin verschönte, so dachte er doch ebensosehr daran, die Tradition seiner Ahnen fortzusetzen, die vor allem den großen Sphinx von Gise verehrten. Fremde Götter waren zu jener Zeit in das Land eingedrungen, und die Asiaten verehrten Hurun, dessen Name sehr schnell mit »Horus im Horizont« in Verbindung gebracht wurde, Harmachis der Nekropole, der Sphinx, der die Könige auf den Thron zu erheben wußte: Überreste von Inschriften unterrichten uns, daß auf dem Plateau von Gise Tut-ench-Amun und seine Frau Anchsen-Amun dieser Gottheit geopfert hatten.

82 Die Schachtel für die Perücke oder den Kopfputz von Tut-ench-Amun

83 Tragbare Truhe

84 Das »Feldbett« des Königs:
a) in dem Zustand, in dem
es gefunden wurde
b) das aufgestellte »Feldbett«

Aber augenscheinlich brachte man den König dazu, sein Hauptaugenmerk auf Theben ruhen zu lassen. Die Ruinen von Karnak, die so viele Male geplündert, von den Revolutionen, den Kriegen, den Umgestaltungen und, nicht zu vergessen, von den Erdbeben in Mitleidenschaft gezogen wurden, haben noch nicht alle Überreste freigegeben, die bis zu jener Epoche zurückreichen. Jedoch können wir aus verstreuten Blöcken und Bauresten, selbst aus dem Innern der Pylone stammend, erraten, was man im Auftrag Tut-ench-Amuns gebaut hat und was sein Nachfolger Eje, der an dem gleichen Programm festhielt, hinzufügte, so daß man, weil die Kartuschen der beiden Könige teilweise dicht beieinanderlagen, zu der Annahme kam, hier habe zum drittenmal das Phänomen einer Mitherrschaft am Ende der Ketzerzeit stattgefunden.

Man baute für Tut-ench-Amun fieberhaft, und, wie schon erwähnt, es scheuten sich die, welche ihm die Hand führten, nicht, nach seinem Hinscheiden das Verdienst an diesen Arbeiten sich selbst zuzuschreiben: sehr oft verdecken die Namen Ejes und Haremhabs die Kartuschen des jungen Königs. In Luxor kann nichts darüber hinwegtäuschen, selbst wenn man unter dem Namenszug von Haremhab die Spuren seines Vorgängers nicht überall wiederentdeckt: die königlichen Gesichtszüge auf den beiden Innenmauern des berühmten Säulengangs mit Kapitellen von Amenophis III. erinnern sehr an die so charakteristischen Merkmale des Sohnes der Teje.

Das Werk Tut-ench-Amuns hat uns in diesem thebanischen Tempel die bedeutendsten und lebendigsten Zeugnisse hinterlassen. Vielleicht sieht man hierin auch die persönliche Absicht des jungen Königs, im Stein zu Ehren jenes Gottes, dessen Vorrang man ihn zu verkünden veranlaßte, die ganze Entfaltung des schönsten ägyptischen Festes, des Festes von Amun, zu verewigen. Alljährlich während des zweiten Monats der Überschwemmung, im Monat Paophi, kehrte die Periode der elf Tage wieder, während der die Hauptstadt wegen des schönen Opet-Festes in einem Freudentaumel lebte. *Jpet(Opet)-resyt* war der Name, den man dem Luxor-Tempel gegeben hatte, in dem man den Harem Gottes erblicken wollte; diese Deutung ist jedoch nicht ganz sicher. *Epet(Opet)-sut* wurde hingegen der Tempel von Karnak genannt. Sicher ist, daß Amun und seine Gattin Mut, begleitet vom Gott Chons, sich feierlich zu diesem Tempel begaben; und dieser »göttliche Ausgang« erlaubte dem Volke, die Dreiheit seiner großen Götter zu sehen. Mit der Wiedererrichtung des Königtums in Theben hatte auch das Opet-Fest seinen alten Glanz wiedererhalten. An den Nilufern und in der Umgebung der Tempel entfaltete es ein Schauspiel von solcher Größe und allgemeiner Freude, daß Tut-ench-Amun, davon beeindruckt, alle Phasen auf den Innenwänden des Säulenganges darstellen ließ, der östlich und westlich die Kolonnade seines Vaters begrenzte.

An der Westwand war in Nord-Süd-Richtung der ganze Zug von Karnak bis Luxor dargestellt. Auf der östlichen Mauer sieht man, wie die Prozession von Süden nach Norden wieder zu ihrem Ausgangspunkt zurückkehrt. Auf dem Nil ist eine ganze Flotte zu sehen, die die heiligen Barken der Götter von Theben begleitet und zu denen sich die des Königs gesellt. Vor der Abfahrt vom Tempel vollzieht Tut-ench-Amun selbst die erste Phase des Kults vor den Opfergaben und Blumen, die er mit Wasser besprengt und mit Weihrauch umhüllt. Dann verläßt die Prozession den Tempel beim Klang von Militärmusik und geleitet die Priester, die auf ihren Schultern kleine, heilige Barken tragen, auf welche die Götterschreine gestellt sind, die wiederum auf großen Flußschiffen Platz finden sollen. Der König schreitet zu Fuß bis zu seinem Schiff und gibt das Signal für die Abfahrt der gesamten Flotte, die in südlicher Richtung von Matrosen getreidelt wird, indem sie die Schiffe vom Ufer aus mit Stricken ziehen, angespornt von Musikanten und Sängerinnen und angeführt von Bannerträgern. An den Steilufern steht die Menge voller Bewunderung und zollt Beifall. Überall weht Festtagswind, und der junge König vergnügt sich so sehr an dem Gesang des Volkes, daß er Wert darauf legt – wie dies als Sitte in der Ketzerstadt eingeführt war –, auf die Tempelsteine neben der bildlichen Darstellung eines solch schönen Schauspiels die Worte zu schreiben:

> Eine Schenke ist vorbereitet,
> Ihr Zelt ist gegen Süden gespannt.
> Eine Schenke ist vorbereitet,
> Ihr Zelt ist gegen Norden gespannt.
> Trinkt, o Matrosen des Pharao,
> Geliebt von Amun, gelobt von den Göttern.

Bei der Überfahrt von Karnak nach Luxor mußte der König symbolisch ein Ruder in die Hand nehmen und damit andeuten, daß er für seinen Vater, den Gott, die Verantwortung für alle Aufgaben dieser Fahrt trägt. Bald legte die große Barke Amuns, genannt *Userhet-Amun*, in Luxor an. Das Schiff des Gottes mußte sodann in großer Prozession zum Tempel getragen werden. Nur mit Mühe bahnten sich die Priester ihren Weg durch die Unmenge von Tischen mit Opfergaben, die von Lebensmitteln überquollen, an den kleinen Kaufständen vorbei, welche die Händler beim Tempelvorplatz errichtet hatten. Während einer Pause hielt der König an, um sich an akrobatischen Tänzen zu ergötzen, die von Frauen im Rhythmus der Sistren, Kastagnetten und der ewigen Darabukkas ausgeführt wurden. Aber schon mußte er wieder diese seinem Alter zusagende Freude aufgeben, um weiter der Prozession der Barken zu folgen, die nun durch den Pylon in den Tempel eindrang und damit den Augen der Menge entschwand. Nun begann für das Volk das wahre Fest, und bis zur Morgendämmerung hörte man in den kleinen Straßen der Stadt des Südens Gesang und Musik.

Elf Tage darauf vollzog sich in umgekehrter Richtung die gleiche Schiffsparade. Tut-ench-Amun war nach Luxor zurückgekommen, um seinen Gott abzuholen,

85 Zug der Mastochsen beim großen Opet-Fest

dessen Schiff nicht mehr getreidelt zu werden brauchte. Die fetten Rinder in dem Gefolge, sehr geschätzte Geschenke der »Großen« von Nubien, deren gedrehte, unregelmäßig geformte Hörner als Phantasieschmuck an den Türen verwendet wurden, waren in der Nähe des Tempels geopfert worden (85). Die in dieser Überschwemmungszeit sehr starke Strömung brachte die Barken schnell nach Karnak. An der Spitze seiner Truppen, unter denen sich auch die fremden Hilfskorps befanden, begleitete sie der König. So endeten diese Festlichkeiten, die Jahrtausende später in Europa ein entferntes Gegenstück im Karneval fanden. In unseren Tagen werden sie fortgesetzt zwischen Karnak und Luxor, mit der alljährlichen Prozession der Barke des Ortsheiligen Abu el Haggag.

Nicht alle Festlichkeiten, zu denen man den jungen König von Theben einlud, waren so heiter wie diese, aber er beugte sich folgsam den Zeremonien und Riten seiner erhabenen Stellung. Am linken Ufer Thebens hatte er seit der Krönung den Platz für seinen Grabtempel wählen können, und am Tage, als die Priester mit der Meßschnur das Baugelände absteckten, kam er, um feierlich in den rituellen Graben ein Gründungsdepot zu legen. Danach suchte er das Personal für seinen Tempel aus; es befanden sich einige darunter, die schon in dem Grabtempel seines Vaters dienten, so Userhet, »Rechnungsführer aller guten Dinge des Hauses von Neb-Maat-Re«, der zum »Ersten Propheten im Hause des Neb-Chepru-Re« ernannt wurde.

Es gibt wenige Könige von Ägypten, die so jung auf den Thron gekommen sind und sich innerhalb weniger Jahre durch so viele Gründungen ausgezeichnet haben. In der Gegend von Theben sieht man überall Amun-Statuen mit dem Antlitz Tut-ench-Amuns. Der Herrscher selbst ist im Kreise der Götter dargestellt, am ergreifendsten in der Triade von Karnak, die jetzt im Museum von Kairo steht: der Jüngling zeigt sich der Nachwelt mit der Atef-Krone auf dem Kopf, umschlungen von den Armen des Gottes Amun und der Göttin Mut, die er selbst um die Hüften faßt und die er beide sanft nach vorn zu drängen scheint (86).

Die Rückkehr zu dem Amun-Dogma ist in diesen Darstellungen vollkommen, und wenn auch die Ästhetik dieser Epoche die Physiognomien der Götter und des Königs für immer mit überzarter Anmut zeichnet, so sind doch die Themen selbst wieder von orthodoxer Strenge. Auf diesen offiziellen Statuen ist niemals die Gattin zu sehen; nur der König wird in Gesellschaft der Götter gezeigt. Doch hat er in Karnak eine Statue Amuns und ein Relief von Imenet als Türeinfassung schaffen lassen, in der man eine sehr zarte Anspielung auf das junge Paar erblicken kann.

Die nahen Beziehungen der Familie von Amarna zu Nubien scheinen sich während der Regierungszeit Tut-ench-Amuns nicht gelockert zu haben. Ganz im Gegenteil, in der Gegend des dritten Katarakts war der von Amenophis III. in Kawa, dem antiken *Gematon*, gegründete Tempel von der Thronbesteigung des Herrschers an ein Gegenstand immer neuer Fürsorge. Die Verehrung, die man dort Gott Amun und der Sonne Atum von Heliopolis entgegenbrachte, wurde wieder gepflegt. Der König selbst, dessen beide Namen (mit der Erwähnung von Amun und Aton) noch fortbestehen, ist dargestellt, wie er Amun-Re Blumen opfert, nachdem er sich gerühmt hatte, die Denkmäler seines Vaters wieder in guten Zustand versetzt zu haben. Bis in das ferne Nubien hatte er also seinen Plan der Wiedererrichtung aller Heiligtümer des Reiches getragen. Er errichtete in dieser Gegend einen kleinen, später von Ramses II. usurpierten Tempel, dessen Hof vier Säulen aufwies. Der Ort *Gematon* (oder *Gempaaton*) hatte seinen eigenen Gouverneur, »Tempelschreiber im Hause des Re«, »Pascha von *Gematon*«: Pa-Nacht. Eine andere, sehr bedeutende Gründung Tut-ench-Amuns in Nubien

86 Die »Triade«, bestehend aus Amun, Mut und Tut-ench-Amun; letzterer spielt dabei die Rolle des Gottessohnes (*Museum in Kairo*)

87 Zug der fürstlichen Nubierkinder. Grab des Huje, Vizekönig von Nubien

war Faras, am rechten Flußufer südlich von Abu Simbel. Sie muß in enger Beziehung zu dem Tempel von Kawa gestanden haben, und ihre Würdenträger besuchten sich zu zahlreichen Gelegenheiten, von denen eine besonders pittoresk war: wenn die fetten Ochsen für das Opet-Fest in die Metropole geschickt wurden. Da entsannen sich die »Kinder des *Kep*«, daß sie in dem Palast aufgewachsen waren, und beschlossen, selbst die Tribute auszuwählen und sie dem Vizekönig zu überbringen. So vergaß auch Chai, ein Zeitgenosse Tut-ench-Amuns und Generalintendant der Domänen des Südens, nicht, sich bei dieser Gelegenheit auf einer Tempelwand in Kawa darstellen zu lassen. Zweifellos war dies derselbe, der in Faras als erster Prophet des vergöttlichten Königs Neb-Chepru-Re (Tut-ench-Amun) erschien.

In dieser Gegend schuf der König ein Heiligtum zur Verehrung Amun-Res, Atums und Re-Harachtes. Aber es ist bedeutsam, daß dieser Tempel hauptsächlich dem König, als dem Herrn dieser Stadt, geweiht war. Und es ist interessant festzustellen, daß diese Ortschaft sich im Altertum *Sehotep Neteru* nannte, »Er, der die Götter beschwichtigt – oder zufriedenstellt«, und daß sich diese Wendung in dem Protokoll des jungen Königs als Zusatz seiner fünf Namen wiederfindet. Verwunderlich wäre es nicht, wenn sich eines Tages die nubische Herkunft der Vorväter von Teje in der Gegend von Faras feststellen ließe. Jedenfalls erscheint dort noch zu seinen Lebzeiten das Bild des vergöttlichten Tut-ench-Amun, womit eine von Amenophis III., seinem Vater, eingeführte Sitte wiederaufgenommen wurde, als dieser befahl, ihn wie einen Gott im Tempel von Soleb, noch weiter im Süden, darstellen zu lassen.

Faras war der Mittelpunkt des Regierungsgebietes des Vizekönigs von Nubien, und unter Tut-ench-Amuns Zeitgenossen muß Huje genannt werden, in dessen Grab die Malereien seine Ämter in allen südlichen Besitztümern Ägyptens besonders hervorheben. Die Schwester (vielleicht die Gattin) dieses hohen Würdenträgers, die Dame Taëmuadjsi, scheint damals die einflußreichste Frau des gesellschaftlichen und öffentlichen Lebens im ägyptischen Nubien gewesen zu sein;

man ersieht es aus ihren Titeln, daß sie nicht nur eine Art Stellvertreterin ihres Bruders im Tempel von Faras war, sondern vor allem die »Vorsteherin des Harems« von Tut-ench-Amun. Das bedeutet wahrscheinlich, daß sie für den jungen Herrscher die schönsten Mädchen Nubiens aussuchte, die das Leben im Palast von Theben heiter und schön machen sollten. Auf den prachtvollen Gemälden im Grabe von Huje, dem Vizekönig von Nubien und Bruder dieser Dame, kann man diese hübschen Prinzessinnen sehen, die sie ihrem Bruder zur Weiterleitung in die Hauptstadt übergeben hatte (87).

Während der 18. Dynastie erstreckte sich die südliche Provinz Nubiens bis in die Gegend von Napata, im heutigen Sudan, und umfaßte zwei verschiedene Gebiete. Das erste begann bei der Stadt Hierakonpolis, südlich von Theben, und endete in der Gegend des zweiten Kataraktes: das Land von *Wawat* oder Nieder-Nubien. Das zweite entsprach Ober-Nubien oder dem Lande von *Kusch*, bis nach Karoy. Dem Vizekönig, dessen Stellung in dieser Zeit sehr bedeutend war, als Nubien zu einem mit Ägypten verbundenen Land und einem Zufahrtsweg für die afrikanischen Produkte zum Mittelmeer geworden war, standen zwei Untergouverneure oder Stellvertreter zur Seite, von denen jeder für eine der beiden Provinzen verantwortlich war. Dank eines Sgraffito in dem kleinen Felsentempel von Ellesije gegenüber der heutigen Hauptstadt des ägyptischen Nubien, Aniba, ist der Name des einen der beiden Statthalter Nubiens unter Tut-ench-Amun bekannt. Er hieß Amun-emipet. Nach der Inthronisierung des Vizekönigs von Nubien wurde er bei seiner Ankunft in seiner Hauptstadt *Sehotep Neteru* (Faras) von den Hauptwürdenträgern empfangen, an ihrer Spitze die beiden Stellvertreter, die ihm als Opfergabe Speisen und Säcke mit Goldstaub überreichten. Mit ihnen waren der Bürgermeister von *Chaem-Maat* (Soleb), der die Bewachung des großen Tempels von Amenophis III. unter sich hatte, der Bürgermeister der Residenzstadt des Vizekönigs, sein Namensvetter Huje, der erste Prophet des Tempels von Tut-ench-Amun an diesem Ort, der begleitet war vom zweiten Propheten Mermose, die Tempelpriester und natürlich der Kommandant der befestigten Garnison der Stadt, Penno.

Der Neuernannte, Huje, Sohn eines hohen Würdenträgers unter Amenophis III. und treuer Freund des jungen Herrschers, obwohl er sehr viel älter war als dieser, entstammte einer sehr alten Fürstenfamilie des Landes. Vielleicht hatte er schon zu Beginn seiner Laufbahn in Nubien dem Vizekönig von Amenophis III., Merimes, als »Schreiber der Briefe« zur Seite gestanden. Seine Landeskenntnis war bedeutend. Die diplomatischen Aufgaben, mit denen er schon gleich zu Beginn seiner Tätigkeit als »Botschafter des Herrschers in allen fremden Ländern« betraut worden war, hatten ihm große Achtung, aber auch große Menschenkenntnis eingebracht. Als er nach Nubien geschickt wurde, war er schon bei Hofe mit umfassenden Vollmachten ausgestattet gewesen, da er außer seiner Eigenschaft als Gottesvater auch zu den »Fächerträgern zur Rechten des Königs« zählte und gleichzeitig »Intendant der Viehwirtschaft Amuns im Lande Kusch« und »Intendant der Goldländer des Herrn der Beiden Länder« war. Hinzu kam noch der Glorienschein, den er sich wahrscheinlich im Laufe der Kämpfe der Offiziere des Pharao in den aufständischen Besitzungen Asiens am Ende der Ketzer-Regierung erworben hatte: er trug auch den Titel »Tapferer Seiner Majestät in der Reiterei«.

Deshalb hatte Seine Majestät befohlen, daß der Vizekönig mit der größten Feierlichkeit in sein Amt eingeführt wurde. Der König hatte in seinem Palast, auf dem rituellen Thron seiner Väter unter einem Baldachin sitzend, die Zeremonie geleitet. Er trug ein prunkvolles Gewand, eine große Robe aus plissiertem

Leinen. Auf seinem Kopf saß der Helm *Cheperesch*, und in der einen Hand hielt er zugleich Krummstab und Geißel des Königtums, in der andern das Lebenszeichen. Diese offizielle Bekleidung wurde noch ergänzt durch einen langen Tierschwanz; an den Füßen trug er Sandalen. Er saß auf einer Estrade, unter der sich im großen Thronsaal eine einfache Szene abspielte. Huje wurde hereingeführt; er trug ein plissiertes Gewand und das Flabellum, das Abzeichen eines seiner Ämter. Sein Gefolge begleitete ihn mit gebeugtem Rücken. Im Namen des Königs empfing ihn der Schatzmeister mit den Worten: »Man hat dir (das Gebiet) von *Nechen* (Hierakonpolis) bis *Nesut Tawi* (Napata) übertragen.« Darauf antwortete Huje: »Möge Amun von *Nesut Tawi* bewirken, daß alles geschehe, was du befohlen hast, o Herrscher, mein Meister!« Worauf die Hofleute sogleich fortfuhren: »Du bist der Sohn von Amun, o Neb-Chepru-Re, möge er bewirken, daß die Häupter aller fremden Länder zu dir kommen, um dir die schönsten Erzeugnisse ihrer Gebiete zu bringen.«

Nach dieser Einführung und den Willkommensworten übergab man Huje das Abzeichen seiner Würde, das in einem goldenen Amtsring bestand. Trotz der teilweise zerstörten Inschrift, die diese Szene erläutert, glaubt man dem Text die Erwähnung des Wesirs entnehmen zu können; der »Gottesvater« Eje hatte wohl selber dem Vizekönig das Investitur-Siegel übergeben (88).

Darauf verließ Huje mit seinen beiden Söhnen, von denen der eine, Paser, der »Chef der Pferde« war, den Palast. Er trug in jeder Hand einen großen Blumenstrauß und wurde sogleich von den Verwaltungsbeamten, den *Rudus*, die ihm in Nubien zur Verfügung standen, begrüßt. Seine Diener, seine Angestellten und seine Bootsfahrer lobten ihn mit lauter Stimme und schwangen Blüten- und Blätterzweige. Sie begleiteten ihn bis zum Amun-Tempel, wo der Vizekönig ein Dankgebet verrichtete. Nach Verlassen des Heiligtums mußte Huje sich nach Nubien einschiffen, um seinen neuen Herrschaftsbereich zu verwalten. Sein prachtvolles Schiff, dem des Königs sehr ähnlich, stand bereit. Die große Mittelkabine, die in warmen Tönen ausgemalt war, hatte vorn eine Abteilung, die für die Pferde bestimmt war, wo man die schon an Bord gebrachten Rösser erkennen kann (89). Im Bug und Heck befanden sich noch zwei weitere Kabinen, die mit den Bildern der vier Horusfalken von Nubien ausgeschmückt waren. Der Schiffsrumpf trug eine Darstellung des Pharao: einen Sphinx, der einen Neger zu Boden schlägt. Die ganze Familie Hujes hatte ihn zum Kai begleitet: seine beiden Söhne,

88 Die Einsetzung Hujes

89 Das Flußschiff Hujes

seine Mutter, die Dame Unher, und die Frauen seines Hauswesens, angeführt von einer Sängerin Amuns.

Die Abfahrt des Vizekönigs wurde mit Tänzen gefeiert, und das Schiff lichtete den Anker, sobald die letzten Geschenke und die Nahrungsmittel für die Reise an Bord gebracht waren.

Sowie Huje in Nubien eingerichtet war, beschäftigte er sich mit dem Einziehen der Steuern. Der Hof, der durch die Unternehmungen des Ketzerkönigs verarmt war, hatte die Bestallung dieses hohen Würdenträgers besonders gefördert. Die Geschicklichkeit und das Prestige Hujes waren groß, und man erwartete von seinem Auftrag schnelle Erfolge. Allerorts war er zu sehen. Er schenkte den Bauern und Arbeitern wieder Vertrauen; er kümmerte sich um die Bergwerkseinrichtungen und ließ die Aufzucht des Viehs überwachen. Er schickte Sendboten in die südlichsten Landesteile und ließ Elefanten, Giraffen und Panther jagen. Er ließ Ebenholz- und Mahagonibäume fällen, sie auf Schiffe verladen und zwischen den Katarakten den Fluß hinunterfahren. Alle Erzeugnisse des Südens und Nubiens wurden intensiv genutzt; die Sicherheit, die dank der Autorität nubischer Edelleute, die am Hofe des Pharao erzogen waren, im Lande herrschte und auf die sich Huje stützte, gestattete den Kunsthandwerkern, wie Möbeltischlern, und den Goldschmieden Nubiens, mit den vorhandenen Rohstoffen wahre Wunderwerke zu schaffen. Wenn ein kleiner Aufstand in einem entlegenen Dorf ausbrach, wurde Huje davon sogleich unterrichtet, und die »Verirrten« kamen ins Gefängnis und dann in die Sklaverei.

Er hatte einen Stab erprobter Mitarbeiter: den Schreiber Cha und den »Schreiber-Rechnungsführer des Goldes«, Harnofer. Außerdem setzte er sein besonderes Vertrauen in den »Chef der Stallung«, Hati. Sehr schnell sah man im Palast des Vizekönigs die Steuereinnahmen in Gold eintreffen, die von Männern, manchmal aber auch von Frauen herbeigetragen wurden und teils aus Ringen, teils aus Säcken mit Goldstaub bestanden. Vor dem Vizekönig, der das Befehlshaber-Zepter in der Hand hielt, wurden die Einkünfte gezählt, auf einer Waage, die das Bildnis des Gottes Thot trug, gewogen und von den Schreibern registriert.

Bald schon konnte Huje seinem jugendlichen König ankündigen, daß er mit allen Tributzahlungen des Südens in Theben eintreffen werde. Eine wahrhafte

Flotte begleitete ihn den Nil hinab und bot mit ihren überladenen Schiffen und Barken ein äußerst malerisches Bild. Vom Ufer aus sah man das Vieh in den Käfigen, mit Stricken zusammengeschnürte Ballen exotischer Erzeugnisse; man ahnte die Mengen Goldes, die in den Unterkunftsräumen aufgestapelt lagen und von Soldaten bewacht wurden; man wußte auch, daß auf der Brücke einer besonders prächtigen Barke, im Schutze von Zelten, sich auch Prinzen und Prinzessinnen von *Wawat* und *Kusch* befanden. Sogar Rebellen, deren Kriegseifer sich im Schatten von Gefängnismauern abgekühlt hatte, zogen mit Frauen und Kindern nach Theben, um bei vornehmen Thebanern in Dienst zu treten; sie hockten auf den Dächern der Kabinen.

Tut-ench-Amun erwartete mit Ungeduld die Ankunft dieser Herrlichkeiten, auf die er sich schon seit Wochen gefreut hatte und die plötzlich seinem Leben neuen Inhalt verliehen.

In einer Robe, ähnlich der, die er bei seiner Krönung getragen hatte, saß er wieder unter dem Baldachin mit den lotosförmigen Säulchen, von dem, wie es derzeit Brauch war, ein Fries mit Weintraubenmotiven herabhing. Oben auf dessen Gesims erhoben sich reihenweise die heiligen Schlangen mit der Sonnenscheibe auf ihren Häuptern. Der Sockel des Thrones war bedeckt von einem Fries mit Vögeln, die Menschenhände hatten, und Bildern von unterworfenen Vasallen, die ergeben den Herrn des Landes anbeteten. Der Baldachin war im großen Hof des Palastes aufgeschlagen, denn man erwartete einen gewaltigen Vorbeimarsch und eine beträchtliche Masse von Gegenständen und Erzeugnissen. Huje hielt seine beiden Insignien in der Hand, das Flabellum zusammen mit dem Krummstab – eines der Embleme der Königswürde des Südens, das vor allem ein Sinnbild seines Amtes als Vizekönig war. Er stellte dem Pharao die Großen des Landes Kusch vor, die persönlich ihre Tribute überreichten. Sie kamen aber erst in zweiter Linie, da die Vasallen von *Wawat* den Vorrang hatten. Ihnen voraus schritt der Fürst von Miam, Hekanefer, ein »Kind des *Kep*«, und Tut-ench-Amun wohlbekannt aus der Zeit, als beide von den gleichen Lehrern Unterricht in der Literatur, den Wissenschaften und der Waffenkunde erhielten. Beim Anblick seines Königs warf er sich zu Boden, zusammen mit zwei anderen Fürsten, die, gleich ihm, die offizielle Tracht von Häuptlingen aus *Wawat* trugen: auf dem Rücken ein Großkatzenfell, zwei Straußenfedern in einer kurzen Perücke befestigt und von einem weißen Stirnband gehalten (90). Sie übergaben dem Pharao wunderbar ausgeführte Möbel für seinen Palast: Faltstühle aus kostbarem Holz mit Fellkissen (91), Sessel, Betten, Schilde, die mit Großkatzenfellen bezogen waren, Bogen und Pfeile. Die Fürsten ließen zu Füßen des Pharao Ringe und Beutelchen mit Goldstaub niederlegen, Schalen voller Karneole, Jaspis, Elefantenzähne, Wurfhölzer aus Ebenholz und sogar einen mit Gold beschlagenen Wagen. Auch wurde dem Pharao ein vergoldeter Schrein gebracht sowie das Meisterstück einer der besten nubischen Werkstätten: eine Art Sockel mit einer darüberliegenden langen Platte, auf der man in Goldarbeit eine ganze Landschaft von *Wawat* dargestellt hatte, die sich um eine pyramidenförmige, von Trophäen umgebene Hütte gruppierte. Darauf war ein Wald von Dattelpalmen mit sehr hohen Wipfeln zu erkennen; zwei Giraffen erhoben ihre Häupter bis zu den Datteltrauben; Nubier belebten die Landschaft. An der Platte hingen Großkatzenfelle herab und rechteckige Tafeln, die mit Goldscheiben geschmückt waren. Es war das Meisterwerk der Meisterwerke, ein Beispiel der Kunstfertigkeit, auf die die nubischen Goldschmiede so stolz waren (92). Zwei weitere, ähnliche Stücke, jedoch kleiner, gehörten ebenfalls zu der Tributleistung.

Hinter den Häuptlingen von *Wawat* schritten eine Prinzessin und junge nubische Prinzen auf den König zu; sie hatten feingeschnittene Gesichter und waren auf ägyptische Art gekleidet, trugen aber nubischen Schmuck: Ohrringe mit Anhängern und Wildkatzenschwänze, die an den Armen befestigt waren. Ihnen folgten Sklaven, die Gold und Großkatzenfelle herbeitrugen und einen von Ochsen gezogenen Wagen begleiteten, auf dem eine wunderschöne Prinzessin saß. Ein Schirm schützte sie vor der Sonnenglut; eine junge Sklavin war ihr Kutscher. Diese Schönheit war wirklich würdig, in den Harem des Königs aufgenommen zu werden; die Dame Taëmuadjsi hatte sie ausgesucht. Die Prinzessin hatte in ihrem Geleit Sklaven, deren Hände noch gefesselt waren, dazu ihre hängebusigen Frauen und deren Kinder, die Kleinsten in einem Ledersack auf dem Rücken der Mutter. Auch die Fürsten von *Kusch* brachten Goldklumpen und Mengen von rotem Jaspis; sie hoben ihre Hände dem Pharao entgegen zum Zeichen der Ehrfurcht und knieten vor ihm nieder. In zwei Reihen stellten sie ihr Gefolge vor, das mit Goldringen, Katzenfellen und Giraffenschwänzen beladen war, vielleicht zur Ausschmückung des königlichen Schurzes bestimmt. Auch eine Giraffe war vorhanden und die außergewöhnlich fetten Rinder des Landes *Kusch* mit ihren unregelmäßigen Hörnern, die man bei den Maskeraden der großen Feste benutzte. Schon bei dem Opet-Fest wurde erwähnt, daß man auf die Hörnerspitzen Nachbildungen von Händen setzte; zwischen den Hörnern wurde ein künstlicher Kopf befestigt: wenn die Tiere die Stirn beugten, so verneigte sich damit ganz Nubien vor dem König. Als der Vorbeimarsch zu Ende war, wandte sich der Vizekönig wieder seinem Herrscher zu und neigte das Flabellum vor dessen Antlitz. Mit dieser Huldigung übergab er ihm die Geschenke.

Tut-ench-Amun verhielt sich während der ganzen Zeremonie sehr würdevoll, kein einziges Mal hatte seine Aufmerksamkeit nachgelassen. Das Schauspiel begeisterte ihn, und er konnte es kaum erwarten, von seiner Estrade herabsteigen zu können, alle diese Wunder zu berühren und sich mit den nubischen Fürsten zu unterhalten, denen er sich nahe fühlte. Ebensowenig wie bei allen anderen offiziellen Gelegenheiten war der König in Begleitung seiner Gattin dargestellt. Das archaische Protokoll war wieder in seine Rechte getreten. Amenophis III.

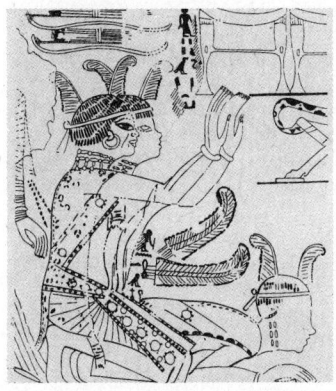 

90 Prinz Hekanefer von Aniba in Nubien huldigt mit zweien seiner Mitbürger dem Vizekönig
91 Klappstuhl des Königs Tut-ench-Amun; wahrscheinlich eine nubische Arbeit

92 Arbeiten nubischer Goldschmiede-
kunst, die dem Vizekönig Huje
dargeboten wurden

hatte sie sich einst von diesen Regeln frei gemacht und war immer mit Teje an
seiner Seite erschienen.

Der Vizekönig hatte gut gearbeitet, und der königliche Schatz war beträchtlich bereichert worden. Nun konnten wieder Statuen von Ptah und Amun in
Gold gegossen werden! Die letzte Phase der sich im Hofe abwickelnden Zeremonie hatte begonnen, und Tut-ench-Amun belohnte seinen hohen Beamten
verschwenderisch mit Goldgehängen, welche den Hals und die Brust des Vizekönigs völlig bedeckten, als er den Palast verließ und sich zu seinem Haus begab,
wo ihn Männer und Frauen seiner Umgebung erwarteten und mit Zweigen und
Zimbeln begrüßten.

Solche Ablenkungen am Hof von Theben waren für den jungen König, den
die beiden Offiziere des Reiches, Eje und Haremhab, in seiner schweren Aufgabe
unterwiesen, selten. Eje stand ihm, da er wohl sein Großonkel war, sicherlich
näher. Im Palast war er der Mächtigste, und nichts konnte ohne seine Zustimmung
erfolgen. Dies war auch offiziell so anerkannt, daß er sogar bei rituellen Szenen
der Krone die Kühnheit hatte, einen Ausnahmeplatz, was eigentlich allen Regeln
widersprach, einzunehmen. Ein Bruchstück aus Gold, das in der ersten Geheimkammer Tut-ench-Amuns gefunden wurde, lieferte dafür den Beweis: er nimmt
die Stelle des Gottes Amun oder des Gottes Re vor seinem jungen Herrn Tut-ench-
Amun ein, der, ein Krummschwert (oder syrische Kriegssichel) in der Hand, die
traditionelle Geste der Vernichtung der Feinde Ägyptens ausführt. Ausnahms-
weise begleitet die Königin Anchsen-Amun ihren Gatten; sie ist bei dieser religiösen Zeremonie hinter ihm dargestellt. Aber die Kühnheit des »Gottesvaters«
Eje, auf diese Weise den dem höchsten Gott gebührenden Platz einzunehmen, ist
ohnegleichen (93).

Der junge König war schon seit einiger Zeit in die Kultzeremonien eingeweiht
worden, für die er offiziell der Oberste Priester war. Er wußte, bei welchen

Gelegenheiten er auf dem großen, rechteckigen Thron sitzen mußte, der dem Sessel der ersten Könige nachgebildet war. Er begriff die schützende Bedeutung dieser mit zusammengebundenen Gliedmaßen dargestellten wilden Tiere auf dem Sitz seines Schemels, und er wußte auch, daß er, während er auf dem Priestersitz thronte, der halb einem Faltstuhl, halb einem Stuhl ohne Armlehnen glich, als Hoherpriester vom Flabellum und den Wedeln aus Straußenfedern eingerahmt sein mußte. Er kannte die magische Rolle des Zepters in Form einer Streitkeule, verziert mit Opfertieren, mit dessen Hilfe er durch einfache Berührung die Opfergaben der sichtbaren Welt in die unsichtbare Welt der Götter überführte. Und wenn in seine Hand der große gekrümmte Stock mit dem Abbild eines Asiaten und eines Negers, die als Sklaven gebunden waren, gelegt wurde, wußte er, daß er an den Grenzen seines Landes ein unsichtbares, jedoch schützendes Netz errichtete, das ihn vor dem Ansturm der Nachbarn bewahrte, indem er deren Leiber in den Staub zog (X, XI).

Von allen Erscheinungsformen Gottes, die man ihn unaufhörlich lehrte, hatte man die der Sonne gewiß nicht ausgelassen. Darum liebte er besonders einen Ring, den man ihm mit ins Grab gab und dessen Fassung vielleicht zu den kompliziertesten gehört, die man überhaupt kennt: auf einem Oval, das von einem Geier und von Horus, die ihre Flügel ausbreiten, begrenzt wird, kniet der König, von zwei Pavianen flankiert, über denen die Mondscheibe schwebt, und verehrt so in guter Gesellschaft den falkenköpfigen Sonnengott Horus, der auf seinem Throne sitzt.

Bei der Thronbesteigung Tut-ench-Amuns war die Auslegung des Dogmas wiederum Wandlungen unterworfen, da man entschlossen war, nicht mehr der Spur des Häretikers zu folgen. Jedoch waren die letzten Repräsentanten des Dramas von Amarna mit der Reform in so nahe Berührung geraten, daß die tiefgehenden Eindrücke eine völlige Umkehr nicht gestatteten. Dies war besonders spürbar in der Ausübung des Kultes, der seinen Abschluß in der Opferung an den Gott seiner geliebten Tochter Maat, Göttin des Gleichgewichts, des Gesetzes und des Lebenshauches, fand.

Der Ketzer hatte dieses Symbol etwas umschrieben ausgedrückt: im Augenblick, da der Globus aufleuchtete, wurde ihm die höchste Gabe des täglichen religiösen Opfers dargebracht. Anstatt dem Weltschöpfer die kleine Statuette der kauernden Maat mit der Straußenfeder im Haar entgegenzuhalten, boten der König und die Königin nicht mehr die göttliche Tochter dar, sondern die Emanation des Gottes selbst in Gestalt der in den beiden Kartuschen enthaltenen Namen. Auf jeder Seite jedoch stellten Prinzessinnen, die drei Federn auf dem Haupt trugen, eine Erinnerung an die Göttin Maat dar. Wenn die Königin an diesem Kult teilnahm, wurde sie kauernd dargestellt, an jeder Seite der Kartuschen, die sie in die Höhe hält. Nun manifestierte sich der Gott über dem Altar und belebte alles mit einem mächtigen Hauch, den man an den Bändern hinter dem könig-

93 Bruchstück einer Goldfolie, auf dem Tut-ench-Amun beim Vollziehen einer rituellen Handlung zu sehen ist; er befindet sich in Begleitung seiner Gattin und des »Gottesvaters« Eje *(Museum in Kairo)*

lichen Hauptschmuck dadurch erkennt, daß sie, wie von starkem Wind hochge-
hoben, waagerecht flattern. Wie sollte man dieses Opfer vollziehen, wenn man
zu der orthodoxen Glaubenslehre zurückkehrte? In dem Schatz Tut-ench-Amuns
zwischen den vergoldeten Schreinen, unter den Stücken, die zu der königlichen
Einrichtung gehörten, ist eine Dose gefunden worden, die von den Ausgräbern
den Namen »Salbdose« erhalten hat. Sie ist ziseliert und hat die Gestalt einer
Doppelkartusche. Ihre Form und ihr Dekor sind sehr beziehungsreich, und man
könnte annehmen, daß es sich um einen Gegenstand handelt, der Tut-ench-Amun
zur Feier des Kultopfers diente. Eher als auf ein glänzendes Verlassen der religiösen Reform scheint dieser Behälter hinzudeuten auf eine Angleichung der
Riten, zu der man gelangen mußte. Zunächst ist es nicht mehr die Göttin Maat
des klassischen Ritus, sondern es ist noch die doppelte Kartusche, die für den
ketzerischen Kult benutzt wurde. Jedoch ist eine Erinnerung an Maat noch
vorhanden, denn zwei hohe Straußenfedern flankieren die Scheibe über den
beiden heiligen Ringen. Im Innern jeder der Kartuschen ist der Krönungsname
des Königs durch Hieroglyphen wiedergegeben, klassisch für die Sonne *(Re)*,
interpretiert für den Korb *(Neb)*, aber statt des Skarabäus *(Cheper)* findet man
Porträts des jungen kauernden Königs. Auf der einen Seite sieht man ein Kind
mit der Jugendlocke; auf der anderen Seite ist es in derselben Haltung mit dem
Helm der Königswürde, *Cheperesch*, bedeckt. Der Name des Königs ist auf dem
liturgischen Gegenstand an die Stelle des Götternamens getreten: der Sohn des
Gottes wird jetzt als höchste Opfergabe dargeboten. Es ist nicht das erste Mal,
daß man in dem Königsschatz Elemente wiedergefunden hat, die an die Struktur
der christlichen Liturgie erinnern und an den symbolischen Prunk, mit dem man
den höchsten Kirchenfürsten umgibt. Aber zum ersten Male in Ägypten bringt
der Gottessohn-König dem Gott die Opfergabe seines eigenen Namens dar. Nach
Tut-ench-Amun war fernerhin der Weg frei, und Ramses II. hat ein wenig später
diese Neuerung übernommen.

Als der Hof sich in der großen Hauptstadt niederließ, entwickelte sich auch die
Kunst in Theben weiter. Als sie auf den Gipfel ihrer Anmut gelangt war, rüttelte
ein expressionistischer Sturmwind sie auf und bewahrte sie vor Verflachung und
Dekadenz. Wenn die Künstler der alten Schule zunächst auch entsetzt waren und
sich wehrten, gaben sie doch Schritt für Schritt den Forderungen des neuen Sehens
nach, und allein durch das Hinzukommen der allgemeinen Tendenzen haben sie
ihren Stil neu belebt und eine Technik geschaffen, die von neuem die Formen in
ihrer Realität wiederzugeben vermochte. Die Anmut, das Hübsche blieb bestehen;
der Geschmack am Detail und am Anekdotischen, der dazu neigte, die früheren
Abbildungen in einen »Genrestil« umzuformen, hatte alle Lebensbereiche erobert,
selbst die offiziellen Darstellungen.

Erinnerungen an Amarna waren spürbar in der Anordnung der Werke, der
Haltung der Personen, der Wiedergabe von Geschehnissen und Bewegungen, die
man nie zuvor dargestellt hatte. Der junge Herrscher gab den königlichen Werkstätten nicht, wie sein älterer Bruder, einen revolutionären Impuls. Doch entstand in seinen ersten Regierungsjahren ein neuer Stil, der »Tut-ench-Amun-
Stil«, der seinen Stempel sowohl den berühmten Reliefs des Opet-Festes im
Tempel von Luxor als auch den wirklich entzückenden Darstellungen in Malerei
und Elfenbein, in Einlegearbeiten mit Glasfluß auf dem goldbeschlagenen Holz
eines Kastens seines Schatzes (V) oder auf der Rückenlehne seines Thronsessels
aufdrückte (IX). Das anmutige Antlitz des letzten Sohnes der Teje mit der
feinen, leicht gebogenen Semitennase und der Stirn mit den weiten, aufspringen-

den Bogen der Augenbrauen, welche die Lider beschatten, wurde wundervoll als Porträt behandelt. Es war weiterhin Mode, Perücken zu tragen, und das feine plissierte Leinen für die Schurze und die Tuniken wurde jetzt mit vielfarbigen Bändern und Gürteln in lebhaften Tönungen aufgeheitert, die zu den großen Halskragen paßten, die fast den halben Oberkörper bedeckten. Der Palast barg teilweise recht überladene Gegenstände, wie Vasen und Lampen aus Alabaster. Aber diese sollten wohl dazu beitragen, das sonderbare Leben des Kinder-Königspaares zu verschönen. Man weiß von keiner lebenden Nachkommenschaft aus dieser Ehe. Und ebensowenig kennt man den Geschmack des jungen Paares. Wie üppig und verschiedenartig auch die Stücke des Bestattungsschatzes waren, nichts, aber auch gar nichts deutet auf eine ausgesprochene Neigung und Besonderheit des jungen Königs hin. Alles stand ihm zur Verfügung, was ein Mensch, der über alle Mittel eines Landes verfügt, nur wünschen und haben kann. Der Grabschatz zeigt uns den Stand der Entwicklung eines Volkes, seine Sitten und Riten, aber er verrät uns nichts über die Lebensgeschichte Tut-ench-Amuns (94, 95, 96).

Man muß sich davor hüten, bei dem Anblick der Waffen, der Kriegs- und Jagdszenen, mit denen man ihn nach seinem Hinscheiden umgab, allzu eilige Rückschlüsse zu ziehen. Galoppierten tatsächlich feurige Rosse vor dem königlichen Wagen bei seiner Verfolgung von Straußen in der Wüste (XX)? Hat er tatsächlich mit seinen Pfeilen Hyänen und Steinböcke erlegt? Aber er war nicht stark genug, sich dem Königslöwen zu stellen. So diente auch zweifellos das für ihn aus beweglichen Goldteilen gefertigte Leibchen, ein Vorfahre des Panzerhemdes, nur für friedliche Vorbeimärsche; bei denen man ihm, wenn er in Theben auf seinem Streitwagen hinter fremdländischen Gefangenen erschien, eine kriegerische Rolle zubilligte, die er in Wirklichkeit gar nicht spielen konnte. Es liegt überhaupt kein historischer Beweis dafür vor, daß Tut-ench-Amun an einem Kriege teilgenommen hat. Nicht auf dem Schlachtfeld erlebte er das Schmettern der Trompeten seiner Armeen, sondern wahrscheinlich nur bei den großen Festen am Flußufer, fern von der asiatischen Welt, wo indessen von einem Augenblick zum anderen eine drohende Gefahr auftauchen konnte.

Das schwache Heer mußte durch geschickte Diplomatie ersetzt werden; auf diesem Gebiet überließ der »Gottesvater« Eje den Gesandten des Pharao, besonders aber dem Heeresschreiber Haremhab, den Vortritt. Seit Beginn der Regierung vermochten sie es, weiterhin die Abgaben aus dem Libanon und aus Palästina nach Ägypten fließen zu lassen. So führte Huje, als »Gesandter Seiner Majestät in den fremden Ländern«, die Großen von Retenu im Palaste ein, die übrigens ohne große Unterwürfigkeit, eher wie gute Geschäftsleute an der Spitze einer beeindruckenden Menge verschiedenartigster Waren dem König diese »Geschenke« überreichten, damit er im Tauschhandel annehmbare »Gegengeschenke« machte. Die Korrespondenz, die zu dieser Zeit zwischen den orientalischen Häuptlingen und den Königen von Ägypten ausgetauscht wurde, läßt keinen Zweifel darüber aufkommen, wie man eine solche Szene auslegen muß; zunächst hatte man nämlich den Abschluß eines kriegerischen Unternehmens des jungen Königs und später eine Episode aus der Krönungszeremonie darin gesehen.

Haremhab ließ bei Regierungsbeginn alle Tributzahlungen Palästinas eintreiben; vielleicht hat er davon auch ein wenig zuviel Aufhebens gemacht: auf den Wänden seines ersten Grabes, das er in Memphis anlegen ließ, zeigt ein beeindruckender Vorbeimarsch aller asiatischen Völkerschaften mit ihren Pferden diese berühmten Tributleistungen an den Pharao (Museum von Leiden). Das Heer des

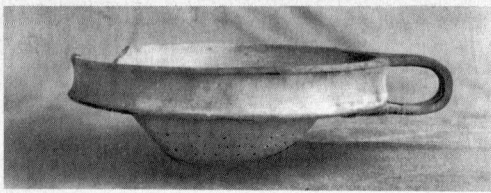

94 *(oben)* Das Sieb für die Getränke Tut-ench-Amuns
95 Nofretete gießt das dem König Echnaton angebotene Getränk durch ein Sieb
96 Weinkrüge von Tut-ench-Amun. Links: syrische Töpferarbeit, rechts: ägyptische Töpferarbeit

Königs war bei seinem Regierungsantritt recht unbedeutend und erlebte in Vor-
derasien nur Rückschläge. Derjenige, der den Text der »Stele der Wiederaufrich-
tung der Tempel« verfaßte, die im Namen Tut-ench-Amuns, das heißt von
Haremhab selber aufgestellt wurde, macht daraus kein Geheimnis:

»Wenn man ein (Heer) nach Djahi (Name für Syrien) schickte, um die Grenzen Ägyptens
zu erweitern, hätte man damit überhaupt keinen Erfolg.«

Hierin lag eine deutliche Kritik der Friedenspolitik Echnatons, gegen die sich
Haremhab offen aussprach. Nicht alle begangenen Fehler waren jedoch dem
Ketzerkönig zuzuschreiben; denn auch sein Vater, Amenophis III., hatte alle
Klagen und Gesuche seiner verbündeten Vasallen um Unterstützung ohne Ant-
wort gelassen. Die Korrespondenz von Amarna liefert hierfür erstaunliche Zeugnisse. König Akizzi beklagte sich. Die Einwohner von Tunip (Aleppo) erinnerten
daran, daß sie seit zwanzig Jahren um Hilfe gefleht, sie aber nicht bekommen
hatten. Amenophis III. wollte keine militärische Aktion unternehmen. Man
erinnere sich auch an die Hilferufe von Rib-Addi, König von Byblos, der mit
Ägypten verbündet war und schließlich unter den Schlägen des Aziru von Amurru,
Verbündeter der Beduinen und der Hapiru *Sagaz* (das heißt Halsabschneider),
umkam. Während dieser ganzen Zeit fand im brennenden Vorderen Orient der
gnadenlose Kampf der Mitannier gegen die Hatti (aus denen die Bibel die

»Hethiter« machte) statt. Ägypten beschränkte sich darauf, seine Bündnisse mehr oder minder fest zu erhalten, ohne allerdings seine Verbündeten gegen Angriffe von außen zu schützen, und unterhielt sogar mit den Gegenspielern offensichtlich freundschaftliche Beziehungen. Hatte nicht Tuschratta von Mitanni seine Schwester und seine Töchter mit dem Herrscher Beider Länder verheiratet? Und Schuppululiama, der das Reich Mitanni bedrohte, schien indessen die Souveränität Ägyptens zu schonen. Er konnte Mitanni nur nach und nach angreifen, da wegen einer ihm selbst in Anatolien drohenden Opposition Vorsicht geboten schien. Aber er verstand es, sich Verbündete zu schaffen, die, wie so oft in dem unsicheren Orient, doppeltes Spiel trieben.

Anscheinend hat Haremhab während der Regierung Tut-ench-Amuns wirklich größere Schlachten in diesem unruhigen Asien nicht geschlagen; zwar hat er in Palästina einigen Erfolg errungen, aber vor allem war er bemüht, die Grenzen des eigenen Landes zu schützen. In seinem Grabe in Memphis findet man eine Darstellung palästinensischer Flüchtlinge, die von den Beduinen Transjordaniens vertrieben waren und ausgehungert mit ihren Herden an den Grenzen Ägyptens eintrafen, wo sie den Feldherrn anflehten, beim König Asylrecht für sie zu erwirken:

Die Barbaren haben ihren Platz eingenommen, ihre Wohnstätte ist zerstört worden, ihre Stadt verwüstet, und an ihre Ernte wurde Feuer gelegt. Ihr Land war so ausgehungert, daß sie in den Bergen wie Ziegen lebten. Jetzt kommen sie und flehen den Mächtigen an, daß er seinen siegreichen Degen sende, um sie zu schützen, und sie sagen: »Wir, diese wenigen Asiaten, die nicht wissen, wovon sie leben sollen, sind gekommen, um Zuflucht im Lande des Pharao zu erbitten, so wie wir es schon zu Zeiten der Väter seines Vaters, seit Anbeginn, getan haben.«

Während der neun Regierungsjahre Tut-ench-Amuns kann man tatsächlich, wenn man auch eine Schwächung der asiatischen Schutzgebiete des Reiches annimmt, keine Andeutung auf wirkliche Kriege finden. Für die Angelegenheiten des Landes, insbesondere die wesentlichen Interessen der Nation, war Haremhab zuständig. Die Anhäufung von Titeln, die er von dem König erhalten haben soll, ist bezeichnend: »Gesandter des Königs in allen Ländern«, was »Vizeregent« bedeutet; »Erwählter des Königs«; »Präsident der Beiden Länder«, um die Verwaltung zu leiten; »Zwei Augen des Königs von Ober- und Unterägypten«; »Der größte Günstling des Herrn der Beiden Länder«; »Der wahre, vielgeliebte Schreiber des Königs«; »Chef-Intendant«; »Der Vertraute der besonders Vertrauten des Königs«. Wenn man das Alter des Königs bedenkt, versteht man auch die Macht Haremhabs, nicht nur über den Pharao, sondern auch über den »Gottesvater« Eje. Trotz der sehr orientalischen Überschwenglichkeit in den Titelbezeichnungen kann man sich bei ihnen doch den geschickten Einfluß Haremhabs auf die königliche Familie vorstellen; er vermochte heftigste Streitigkeiten im Palast zu schlichten, wie es zu Zeiten Echnatons geschehen war, aber auch als Diktator aufzutreten: »Der Größte der Großen, der Mächtigste der Mächtigen, der Große Herr des Volkes« waren die Eigenschaften, die seine Titel ausdrückten. Mehr als die militärische Strategie machten die Schriftkundigkeit und seine Rechtsliebe aus ihm einen erfahrenen Gesetzgeber, der anscheinend seine ganze Kraft auf die Bekämpfung der Korruption verwandte. Als er schließlich auf den Thron gestiegen war, erließ er ein Edikt gegen die pflichtvergessenen Beamten, bei dessen Lektüre man sich vorzustellen vermag, in welchen Zustand das Land am Ende der Amarna-Zeit geraten war. Schon in den Texten im Namen seines jungen Königs oder auch in den Inschriften auf seinen Feldherrnstatuen (New York), die unter den Schutz Amuns gestellt waren, sieht man den Keim der Gegenreform, die er dem Lande aufzwingen wollte, um »die schlechten Taten überall in den Beiden Ländern zu unterdrücken, damit die Wahrheit im Lande wiedererrichtet und die Falschheit ein Abscheu werde, wie in den ältesten Zeiten« *(Stele zur Wiedererrichtung der Tempel).*

Der Geist des jungen Königs reifte, und mit dem Jahre 6 seiner Regierung begann sein fünfzehntes Lebensjahr. Der Palast von Malkata am linken Ufer lag nicht weit vom Tal der Könige, und auf diesem Ufer entdeckten die Inspektoren der Nekropole das Werk von Grabräubern. Seine Majestät mußte davon in Kenntnis gesetzt werden, daß die Gräber seiner Vorfahren teilweise geschändet worden waren. Es handelte sich um die Leichen einiger erst kürzlich beigesetzter Personen, die am Drama von Amarna beteiligt waren. Aber es fehlen Einzelheiten, um genau verstehen zu können, was vorgefallen war. Hatte der neue König, als er Amarna verließ, den Wunsch seines Bruders, auch im Tode in seiner Nekropole von Achetaton zu verbleiben, geachtet? Oder hatte er, als er die Stadt aufgab, seine Toten und ihren Schatz nach Theben übergeführt? Wiederum steht man vor dem Geheimnis des berühmten Grabes Nr. 55 im Tal der Könige. Es kann lediglich festgestellt werden, daß eines Tages in dieses flüchtig eingerichtete Grab eine Menge verschiedenartiger Gegenstände gelegt worden war, die der Familie von Amarna gehört hatten: der Bestattungsschrein der Königin Teje, Kanopen-Vasen und Sarkophag der Prinzessin Meritaton, der Leichnam eines vor Tutench-Amun verstorbenen Pharao: Semenchkarês oder Echnatons?

Kurz danach befahl wahrscheinlich der König, die nach dem Raub verbliebenen Reste wieder in Ordnung zu bringen. Aber auch hierbei tritt ein Problem auf. Unter dem Schutt fand man Bruchstücke von Siegelabdrücken mit dem Namen Tut-ench-Amuns. Und in einem Krug gefundene leinene Mumienbinden trugen die Worte: *Der lebende Gott, Herr der Beiden Länder, Neb-Chepru-Re, geliebt von Min; gewebt im Jahre VI.* Wenn Tut-ench-Amun auch angeordnet hatte, daß man die Profanierungen wieder rückgängig mache, so bleibt ein Widerspruch bestehen: die Namen des Gottes Aton sind zwar nicht überall herausgehämmert worden, wo sie hingeschrieben waren, doch ist auf dem Fragment des Goldschreins seiner Mutter das Bildnis Echnatons ausgelöscht worden: der Ketzerkönig wurde also verfolgt. Aber diese Tatsache fügt sich schwer ein in das, was wir über die Toleranz von Tut-ench-Amun und Eje dem Ketzerkönig gegenüber wissen. Gegenstände mit dem Namen Echnatons und selbst Semenchkarês befinden sich im Grabschatz von Tut-ench-Amun. Man hätte sie nicht in das Grab gelegt, ohne die Namen zu entfernen, wenn man mit der Verfolgung dieser Könige noch zu Lebzeiten Tut-ench-Amuns begonnen hätte. Das Rätsel bleibt also noch ungelöst.

Wenn in diesem Grabe der Leichnam Semenchkarês wieder beigesetzt worden war, so muß es im Palast irgend jemand gegeben haben, der einige Teile des Bestattungsmobiliars dieses Königs an sich genommen hat, um sie bald darauf auf den Leichnam Tut-ench-Amuns zu legen und um ihn herum zu verteilen.

Zwischen seinem fünfzehnten und achtzehnten Lebensjahr begann Tut-ench-Amun, für Dinge der Glaubenslehre und der Politik Verständnis zu zeigen. Von frühester Jugend an wußte er, daß sehr viele Reibungen und Rivalitäten zwischen seinem Vater, seinem Bruder und den Königen Vorderasiens mittels der fast magischen Wirkung kleiner Tontäfelchen geregelt wurden, die Zeichen in Nagelform trugen und von ebenso flinken wie mutigen Boten überbracht wurden

97 Verleihung der goldenen Halsketten an General Haremhab. Fragment aus seinem Grab in Memphis *(Rijksmuseum, Leiden)*

Seine Mutter, Teje, die schriftkundigste der Königinnen, die eine literarische und wissenschaftliche Bibliothek besaß, hatte ihn schon in sehr jugendlichem Alter mit diesem internationalen Austauschmittel bekannt gemacht. Seitdem er sich mit diesen Dingen beschäftigen konnte, verfolgte er den Schriftwechsel mit den Verbündeten des Königreiches und studierte die Taktik, um Einflüsse gegeneinander auszuspielen, Gegner zu spalten oder eine Festigung von Bündnissen zu erreichen. Er hatte bemerkt, daß Burraburiasch, König von Karduniasch (Babylonien) den Aufstand der Assyrer befürchtete, die noch seine Vasallen waren. Daher unternahm Tut-ench-Amun nichts, um die Assyrer in ihrem Ägypten bezeigten Entgegenkommen zu entmutigen; er empfing sogar eine Handelsabordnung, um den Austausch zwischen beiden Ländern zu fördern. Gleichzeitig zögerte er, dem König Burraburiasch die von ihm erbetenen Geschenke zukommen zu lassen. Seine List gelang, und die Reaktion des Königs von Karduniasch war so, wie sie Tut-ench-Amun = Neb-Chepru-Re (der Nipchururia oder Nipchuriria in den babylonischen Briefen) erwartet hatte: der unruhig gewordene Burraburiasch schrieb ihm den einzigen unangefochtenen Brief, der uns bis heute von der gesamten Regierungskorrespondenz erhalten ist (Nr. 9 bei Knudtzon):

An Nipchuriria, König von Ägypten.
So spricht Burraburiasch, König von Karduniasch, dein Bruder.

Für mich geht alles gut. Großes Heil für dich, dein Haus, deine Frauen, deine Kinder, dein Land, deine Edelleute, deine Pferde (und) deine Wagen.

Als meine Väter und deine Väter miteinander Freundschaftsbande geschlossen hatten, haben sie wertvolle Geschenke ausgetauscht und nie einander verweigert, was sie an Schönem wünschten.

Nun hat mir mein Bruder als Geschenk nur zwei Minen Gold geschickt. Wenn (du) jetzt über große Mengen Goldes verfügst, dann schicke mir so viel wie deine Väter, aber wenn (du) wenig (hast), schicke mir (wenigstens) die Hälfte. Weshalb hast du mir nur zwei Minen Gold bringen lassen?

Nun sind die Arbeiten an dem Tempel, die ich (zu machen) habe, umfangreich, so habe ich sie mit Begeisterung übernommen: also schicke mir viel Gold.

Und du, was du aus (den Erzeugnissen) meines Landes wünschest, schreibe mir, man wird es dir bringen.

Zu Zeiten Kurigalzus, meines Vaters, haben die Kananäer alle (zusammen) ihm geschrieben: »Wir (begeben uns) an die Grenze des Landes, um sie zu überschreiten; deshalb wollen wir mit dir in Verbindung treten.«

Hier, was mein Vater ihnen geantwortet hat: »Laßt fahren, mit mir ein Bündnis zu machen! Wenn Ihr gegen den König von Ägypten, meinen Bruder, miteinander vereint, feindliche Handlungen unternehmt, muß ich Euch dann nicht züchtigen, da er mit mir verbündet ist?!«

Es ist wegen deines Vaters, daß er (mein Vater) sie nicht erhört hat.

Jetzt (bezüglich) der Assyrer, meiner Vasallen, ich habe dir nichts geschrieben, wie sie es behaupten. Weshalb sind sie in dein Land gekommen? Wenn du mich liebst, lasse sie überhaupt nichts kaufen; lasse sie nach hier zurückkehren mit leeren Händen!

Als Geschenk (der Freundschaft) lasse ich dir drei Minen schöner Lapislazuli-Steine und fünf Pferde-Gespanne für fünf Wagen aus Holz bringen.

(Nach der Übersetzung Kanawaty)

Der junge Herrscher von Theben begann, seinen Beruf als König zu begreifen.

1343 vor Christi

Etwa mit achtzehn Jahren starb Tut-ench-Amun. Jedenfalls läßt die Mumie des Königs diese Feststellung zu. Die Untersuchung der Leiche ergab ein Alter von achtzehn bis zwanzig Jahren bei Eintritt des Todes. So konnte auch das Alter Tut-ench-Amuns bei seiner Krönung auf ungefähr das neunte Lebensjahr angesetzt werden, da nach dem Jahre 9 seiner Regierung (das häufig auf Weinkrügen in seinem Grabe erwähnt ist) kein jüngeres Datum zu finden ist, das sich auf den jugendlichen Herrscher selbst bezieht.

Es ist nicht möglich zu sagen, ob der König an den Folgen einer Krankheit, eines Unfalls oder gar eines Mordes gestorben ist. Die Untersuchung seines Leichnams hat hierüber nichts zutage gefördert; aber wenn man bedenkt, in welch jugendlichem Alter seine beiden Vorgänger und Brüder Amenophis IV.-Echnaton und Semenchkarê verschieden sind (letzterer war bei seinem Tod noch nicht fünfundzwanzig Jahre), so kann man sich vorstellen, daß die große körperliche Zartheit der letzten Erben von Thutmosis IV. ihren frühzeitigen Tod bewirkt hat.

Immerhin kann man versuchen, die Jahreszeit seines Todes zu erkunden; und zwar dank der Früchte und Blumen, die bei der Bestattung niedergelegt wurden, vor allem die Mandragoren und die Kornblumen, die in Ägypten im März und April zur Reife kommen. Man hat den König also um diese Jahreszeit beigesetzt, und sein Tod mußte siebzig Tage vorher eingetreten sein, nämlich zu Beginn der langen, für die Mumifizierung notwendigen Zeit. Der letzte Sohn Amenophis' III. hatte also ungefähr im Januar 1343 seinen Geist aufgegeben. Es steht fest, daß am Hofe, im Kreise der Getreuen des Palastes von Malkata, Schmerz und Zukunftssorgen die nahen Freunde des Königs überwältigt haben. Die junge Witwe weigerte sich, in ihrer Umgebung den auszuwählen, der das Zepter Ägyptens nach ihm tragen sollte. In der Interimszeit unterstützte der Gottesvater Eje Anchsen-Amun in der Ausübung der königlichen Machtbefugnisse, Eje, der seit der Zeit der Häresie fast immer die Herrscher geführt und beraten hatte.

Und dann mußte der König beigesetzt werden; es mußte dieser Sohn Gottes, das »göttliche Fleisch«, sich wieder mit dem »Globus« vereinen, aus dem er hervorgegangen war. Eje kannte die Riten, und mehr noch als die Amun-Priester hatte er den Wunsch, die Vorbereitungen für die »Reise in die Ewigkeit« Tut-ench-Amuns zu überwachen. Aber wenn »der Gottesvater« auch die Vorkehrungen für die Krönung des jungen Prinzen zu treffen gewußt hatte und ihn im Sinne seiner Vorväter regieren ließ, war es nicht leicht, ihm unwiderruflich die »Ewigkeit« zu sichern. Eje erinnerte sich noch der Dramen bei dem Tode der Nofretete, beim Tode Echnatons, dem Häretiker, und schließlich bei dem Tod von Semenchkarê.

Tut-ench-Amun, dessen Name unter den Gründern der Tempel von Kawa, Faras in Nubien, als Urheber von Heiligtümern in Karnak und Luxor genannt wurde, hatte bald nach seiner Thronbesteigung daran gedacht, im Westen von

Theben seinen Grabtempel bauen zu lassen. Bei dieser Gelegenheit ließ er sich gleichzeitig einen persönlichen, an den Tempel grenzenden Palast errichten, eine Sitte, von der auch die Ruinen der Grabmonumente Ejes, Haremhabs, Ramses' II. und Ramses' III. in derselben Gegend Zeugnis ablegen.

Obwohl man über ihr Vorhandensein keine sicheren Anhaltspunkte gefunden hat, scheint es, als ob einer der anonymen Tempel, dessen Überreste noch hinter der Bestattungsdomäne von Amenophis III. liegen, Tut-ench-Amun zuzusprechen ist. Höchstwahrscheinlich kommen zwei prachtvolle Statuen, die noch Spuren mehrfarbiger Bemalung tragen und aus rotem Quarzit vom Gebel el-Ahmar bei Memphis bestehen, aus diesem versunkenen Heiligtum. Die Gesichtszüge gleichen denen des jungen Königs, doch wurden die Statuen nacheinander von Eje und von Haremhab beansprucht, in dessen Grabtempel sie schließlich die Amerikaner gefunden haben. Jetzt steht eine von ihnen im Museum von Kairo, die andere im Metropolitan Museum in New York.

Aber hatte er selbst schon an sein Grab gedacht? Denkt man daran, vielleicht schon mit achtzehn Jahren sterben zu müssen? Für jeden Ägypter jedoch bedeutete der Tod die gewünschte Verwandlung, der Durchgang, der zu dem wahren, dem ewigen Leben führt; er ist kein Ende, sondern der unvermeidliche Übergang, der fast ersehnt wird; bei dem man darüber wachen muß, daß er sich unter den besten Bedingungen vollzieht, um die Unsterblichkeit zu erlangen. Die Einrichtung eines Grabes war die dazu notwendige Voraussetzung.

Vielleicht hatte der junge König oder seine Umgebung in dem Tal eine Stelle ausgesucht, an der man eine lange Syringe vorbereiten wollte, deren Grundriß an das Grab Echnatons in Tell el-Amarna erinnerte: in gerader Richtung in den Berg vorstoßend in einer Folge von Gängen und Räumen, um der Sonne Zutritt zu verschaffen und die Grabkammer zu erleuchten. König Haremhab ließ sich jedenfalls in diesem Grabe beisetzen.

Oder hatte man mit der Ausschachtung des Grabes begonnen, das bei Eintritt seines Todes noch bei weitem nicht fertiggestellt war und das König Eje später übernahm? Dieses wurde, zweifellos auf Betreiben Haremhabs, zerstört: die Gesichter des alten Herrschers und seiner Gattin Teje wurden völlig demoliert. Ob es sich nun um das eine oder andere dieser Grabgewölbe handelt, die für den jungen König gedacht waren, bleibt eine offene Frage. Bei seinem Tode wurde die Arbeit unterbrochen, um alle Kräfte einem weit bescheideneren Grab zuzuwenden, dessen Plan in der Einteilung der Kammern an die Hauptelemente der königlichen Gräber der Thutmosiden erinnert und dessen Durchstich schon weit fortgeschritten war. Es handelte sich wahrscheinlich um das Grab, das für den »Gottesvater« Eje vorgesehen war, der auf diese Weise aus dem Recht Nutzen zog, das einigen »königlichen Verwandten« zugebilligt wurde. Ohne Zweifel mußte es noch fertiggestellt werden, und die siebzig Tage für die Mumifizierung reichten hierfür aus. Eje hatte dem Intendanten der Finanzen, Maja, dem Leiter der Arbeiten in der Nekropole, die Überwachung der Fertigstellung befohlen. Maja, der, wie es scheint, zu dem jungen Herrscher hielt, begann sogleich mit der Arbeit. Und da er der »Diener Seiner Majestät, der sucht, was für seinen Herrn nützlich ist«, war, hatte er bei einem der besten Kunsthandwerker der Hauptstadt sein Bestattungsgeschenk bestellt, das für alle Ewigkeit sein Verdienst und seine Anhänglichkeit an die Person des Königs bezeugen sollte.

Es war in Miniaturausführung ein Bildnis des Königs, auf seinem Totenbett ruhend, das mit Löwenhäuptern geschmückt ist (XVI). Die Arbeit war sorgfältig ausgeführt. Farben hoben das Herrscherantlitz hervor, wie auch die beiden Vögel zu beiden Seiten des Toten. Jeder dieser Vögel breitete einen Flügel über die gekreuzten Arme des Verstorbenen, wie um von ihm Besitz zu ergreifen, aber mit einem Ausdruck von fürsorglicher Zuneigung. Der rechte Vogel trug ein menschliches Antlitz wie alle Seelendarstellungen ägyptischer Verstorbener. Der linke Vogel war ein Falke. Maja ließ um das Totenbett herum Inschriften mit seinen Namen und Titeln anbringen.

Es gab in dem Grab nur wenige persönliche Zeugnisse für den dahingeschiedenen Herrscher. Der Oberschatzmeister war indessen nicht der einzige Schenkende, und fünf kleine Grabstatuetten, *Uschebti(u)* genannt, Bildnisse des Verstorbenen als König, mit den gebräuchlichen Kopfbedeckungen, befanden sich unter den Geschenken eines anderen Freundes des Herrschers; sie kamen von dem »Königlichen Schreiber, Fächerträger zur Rechten des Königs«, Nacht-Min.

Von diesen beiden Persönlichkeiten, deren Namen mit dem so kurzen Leben Tut-ench-Amuns verknüpft bleiben, weiß man wenig, aber einige Kunstwerke im Museum zu Leiden, im Museum von Berlin und im Louvre lassen erkennen, welche Stellungen sie am Ende der Epoche von Amarna eingenommen haben. Nacht-Min steht dann im Dienst des Königs Eje, und man kann nach dreitausend Jahren noch am Erfolg Majas teilnehmen, der einer der einflußreichsten Männer und ein mächtiger Finanzminister unter Haremhab geworden ist.

Sie sind die einzigen Ägypter, die nicht zur engeren königlichen Familie gehörten und deren Namen auf den fast zweitausend Fundobjekten im Grabschatz Tut-ench-Amuns stehen. Beide haben uns jedoch ein wichtiges und genaues Zeugnis inmitten der Anhäufung der Gegenstände, die noch bei weitem nicht alle richtig ausgedeutet worden sind, hinterlassen.

Das Geschenk Majas war die Summe all der dramatischen Ereignisse nach dem Tode, die der Verstorbene dank der Bestattungsriten siegreich überstand. Der Leichnam in schlafähnlichem Zustand bedeutet, daß der Tote durch die Riten der Mumifizierung von endgültiger Zerstörung bewahrt bleibt. Seine irdische Hülle wird begleitet von zwei Prinzipien, die ihn mit der Ewigkeit verbinden: Gestern und Morgen. Der Vogel mit dem menschlichen Antlitz ist Osiris, der erste auf Erden verkörperte Gott, der gestorben ist, damit das göttliche Geschlecht sich fortsetze; und der Falke, die ruhmreiche und kraftvolle Form des jungen Horus des Horizontes, stellt das neue Leben dar: es sind die beiden Symbole der »zwei Seelen« des Toten, der des Abends und der des Morgens, beide als Ausdruck für die Folge von Tag und Nacht, welche die Ägypter mit vielen verschiedenen Symbolen, durch eine Vielheit von Gleichnissen zu erklären suchten. Maja hatte sich allein durch dieses Meisterwerk, diese bildhafte Form einer Philosophie der Ewigkeit, das Recht erworben, in die Nachwelt einzugehen.

Ganz anders war der Beitrag des Feldherrn Nacht-Min. Zweifellos ist denkbar, daß irgendeine Verwandtschaft ihn mit dem »Gottesvater« Eje oder vielleicht sogar mit König Tut-ench-Amun verband. Tatsächlich kann man auch auf einer seinem Herrscher geschenkten Statuette lesen: *Der Diener, der den Namen seines Herrn leben läßt.* Der Akt, den Namen wiederaufleben zu lassen, ist dem ältesten Sohn des Verstorbenen bei den Bestattungsriten vorbehalten, und wenn kein männlicher Erbe vorhanden ist, der Tochter. Man kann wohl vermuten, da Tut-ench-Amun ohne Nachkommenschaft verstorben war, daß der, welcher die Bestattungsriten zu erfüllen hatte, der nächste Verwandte oder, bei Nichtvorhandensein eines Verwandten, der treueste Freund sein mußte. Die Inschriften lassen uns jedenfalls die Bande der Zuneigung erkennen, die zwischen Nacht-Min und dem König bestanden. Und dennoch sieht man am Bestattungstage einen anderen

XXI Dieser Salbentopf aus Alabaster hat eine ungewöhnliche Form. Auf dem Deckel liegt eine Katze – oder ein Löwe –, die ihre lange Zunge aus rotgefärbtem Elfenbein zeigt. Dieser Topf, der vor der Tür des zweiten vergoldeten Schreines gefunden wurde, enthielt noch eine wohlriechende Pomade, die zu 50 Prozent aus mit einer Harzart vermischtem tierischem Fett bestand.

XXII Der Rahmen dieses zierlichen Holzkastens ist aus Elfenbeinstäben gearbeitet, die mit eingelegten und mit schwarzer Farbe übermalten Hieroglyphenzeichen verziert sind; diese Zeichen bilden die Namen Tut-ench-Amuns und Anchsen-Amuns. Die gesamte übrige Verzierung ist durchbrochen und setzt sich aus Gruppen des jeweils von zwei Was-Zeichen flankierten Lebenszeichens Anch zusammen.

XXIII Unter den Gegenständen der Begräbnisausstattung befanden sich drei Senet-Spiele. Man hat noch nicht herausfinden können, nach welcher Spielregel die Steine auf den Feldern gerückt wurden; man weiß, daß jedenfalls bestimmte Einzelheiten an das Gänsespiel erinnern. Das Ganze ist aus Ebenholz, Gold, Elfenbein und Silber gearbeitet.

XXIV Der Kopf der heiligen Kuh, die eine der Verkörperungen der Göttin Hathor, der Schutzgöttin des Westens, darstellt. Sie steht auf einem schwarzlackierten Holzsockel. Der gleiche Lack bedeckt die Hörner, die aus mit Blattbronze überzogenem, stuckiertem Holz bestehen. Die Augen sind aus kristallhellem Kalk und aus Obsidian; die Augenumrandung und die Brauen bestehen aus schwarzem Glas. Der übrige Teil des Kopfes ist aus Holz, mit Stuck verkleidet und vergoldet.

XXV Tut-ench-Amun auf einem Papyrusfloß. Das leichte Papyrusfahrzeug ist aus grün-
bemaltem Holz und dort, wo Details des Papyrus erkennbar sein sollen, vergoldet. Die
Statuette zeigt den König als Horus, wie er Seth, der ein Feind seines Vaters war und in
ein Nilpferd verwandelt wurde, harpuniert. Wie alle Statuen dieser Reihe wurde auch
diese in einem schwarzlackierten Kasten gefunden; die Figur war in ein Leinentuch gehüllt,
nur das Gesicht war frei.

XXVI Drei große Betten, die in der Vorkammer gefunden wurden, hatten die Form von Tierkörpern. Der hier gezeigte Kopfteil des Totenbettes stellt einen Gepardenkopf aus stuckiertem und vergoldetem Holz dar. – Diese Betten waren Bestattungsbetten und hatten sehr niedrige Liegeflächen. Augen und Nase des Tierkopfes aus Kristall und blauem Glasfluß.

XXVII Die ungeheuerlichste unter den Tiergestalten der Götter ist bestimmt das Nilpferd mit Löwentatzen, das die Göttin Thoëris darstellt. Das dritte Totenbett hatte Pfosten in Gestalt dieser sehr volkstümlichen Göttin, die Schutzpatronin bei Geburten war und Lebende wie Tote beschützte. Bemerkenswert sind die Zähne und die Zunge der Göttin, die aus Elfenbein gearbeitet sind (die Zunge ist rot gefärbt).

XXVIII Detail des vergoldeten Naos. Die Königin Anchsen-Amun trägt ein Stirnband, das von einem Modius, einem Bügel, überragt wird, der aus einem von Kreisen abgeschlossenen Uraeusfries besteht; auf der Stirn trägt sie nicht – wie der König – eine, sondern zwei Schlangen. Die Königin reicht dem König einen Pfeil, mit der anderen Hand weist sie auf die Papyrusstauden, als wollte sie das Ziel – die Wildenten – bezeichnen.

Feldherrn die letzten magischen Gesten vor der Mumie ausführen: Eje, »Gottesvater«, Chef der Reiterei, mußte aus Staatsräson diesen Platz einnehmen.

Bei der Bekanntgabe des Hinscheidens von Tut-ench-Amun herrschte in ganz Ägypten tiefe Trauer. Die Nachricht verbreitete sich schnell an beiden Nilufern, und man sagte, daß »Horus sich mit dem Globus vereinigt« habe. Im Palast, in den Ministerien, bei den großen Herren, hörte jede Tätigkeit auf; alles hockte klagend nieder, das Haupt auf die Knie gesenkt.

Die Königin, die königlichen Prinzessinnen hatten gellende Verzweiflungsschreie ausgestoßen, und nachdem der Leichnam des Königs in den »Goldenen Saal« unter das Reinigungszelt getragen worden war, wo die Priester und Offizianten die Mumifizierungsarbeit begannen, erlebte das ganze Land eine Zeit stiller Trauer, die man nach den Riten einhalten mußte. Enthaltsamkeit war vorgeschrieben, jede Lustbarkeit verpönt, und die Männer aus der nächsten Umgebung des Verschiedenen durften sich bis zum Tage der Beisetzung nicht rasieren.

Die Werkstätten am linken Ufer von Theben, wo die Handwerker für die Nekropole wohnten, wurden gedrängt, sich zu beeilen. Alles mußte für die Bestattung bereit sein. Gewiß findet man unter der Vielzahl der Gegenstände, die in dem Grabe aufgestellt werden sollten, einige Möbelstücke aus dem Palast wieder. Auch die Erinnerungsstücke an die königliche Familie, wie auch die Schmuckgegenstände und das Mobiliar aus der frühesten Jugend des Prinzen gehören hierzu: so forderten es die Bestattungsriten. Weiterhin kamen aber auch die Ausstattung für die verschiedenen Phasen der unterweltlichen Verwandlung dazu, Dinge, von denen bis jetzt nicht bekannt ist, daß sie vorher dem König gedient hatten. Die Kunsthandwerker mußten also während der Zeit der Mumifizierung fleißig arbeiten.

Das Studium des Schatzes hatte jedoch den Ausgräbern, wie auch gewissen Ägyptologen, die sich seit der Entdeckung mit dem Problem Tut-ench-Amun beschäftigt haben, die Möglichkeit gegeben, einige Gegenstände aus dem Grab Semenchkarês festzustellen, so wahrscheinlich die kleinen goldenen Sarkophage, die die Eingeweide des Königs und einige beschriebene Bänder enthielten, die auf der Mumie lagen und auf denen der Name Semenchkarês fast ausgekratzt war. Mehrere Spezialisten sind der Meinung, daß das Grab Semenchkarês einige Jahre vorher, teilweise sogar von Eje, zugunsten von Tut-ench-Amun beraubt wurde.

Der Pharao hatte, als er sich in Theben niederließ, nicht mit der Zeit von Amarna gebrochen. Mehr als je lebte man in einem Übergang, während dem die Götter Aton und Amun nebeneinander ungestört fortbestehen konnten. Offiziell war zwar Amun wieder zum obersten Herrn geworden. Aber inoffiziell behielt Aton seine Rolle. Man kann dies an der Mumie des Königs feststellen, die nicht, wie es bei den meisten Herrschern Ägyptens geschehen war, durch Grabräuber geschändet wurde.

Man hatte am Hofe von Malkata die Krüge mit Wein aus den Rebgärten Atons aufgestellt, und aus diesen Gewächsen wurde die besten für das Grab ausgewählt. Die Leinenwebereien Amarnas standen in hohem Ansehen; sie hatten für den Palastschatz große, mit Fransen versehene Schärpen geliefert, die mit den Jahren 8 und 10 der Regierung Echnatons gezeichnet sind. Die Schärpen wurden benutzt, um die Statuetten der Gottheiten einzuwickeln, die dann in die Schreine aus geschwärztem Holz gestellt wurden. Eine Art Hemd, mit langen Fransen und datiert mit dem Jahre 7, wurde dazu benutzt, die prachtvolle Statue des Anubis, der auf seinem vergoldeten Naos sitzt, am Eingang der Schatzkammer zu verhüllen (98, 99).

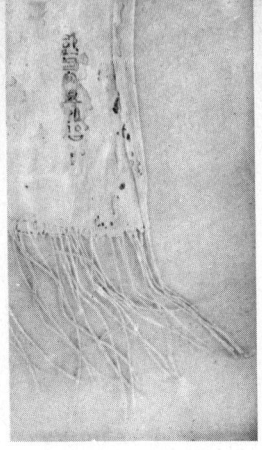

98 Tut-ench-Amun im Verlauf
seiner Verwandlungen in Gestalt
des Gottes Anubis
99 Aufschrift auf der Leinenschärpe, die um den Hals von
Anubis gebunden war

Aber alle Sorgsamkeit in der Vorbereitung für das ewige Leben nach den klassischen Riten, die seit den »Zeiten der Götter« bestanden und zu denen man zurückgekehrt war, nachdem der Häretiker sie fallengelassen hatte, vermochte nicht, sich voll auszuwirken, wenn nicht der Leichnam, die irdische Hülle des Verstorbenen, in ein unverwesbares Götterbild verwandelt wurde. In der unsichtbaren Welt wird dann alles, was die Persönlichkeit des Herrschers ausmachte, zu dieser geläuterten und unvergänglichen körperlichen Hülle zurückkehren, die dann im Besitze der notwendigen Elemente ist, um an den harmonischen Bewegungen des Weltalls teilzunehmen.

Die Mumifizierung mußte also durch ihre Handhabung, ihre Amulette und ihre Riten den Leichnam des Königs in einen Gott verwandeln, der für die Erde tot ist (Osiris), aber wiederauferstanden oder für ewige Zeiten mit neuer Kraft begabt *(Unen-Nefer)* war. Der Ort für die Mumifizierung hieß »Haus der Kraft« (oder »Lebenskraft«), *Per-Nefer,* und einbalsamieren *senefer,* das heißt die Kraft oder die Lebenskraft wiedergeben. Am Ende aller Zeremonien konnte der Verschiedene wiedererwachen, wie die Sonne beim Morgendämmern der Erde, aus einem blauen Lotos erblühend (dem Nenuphar oder *nefer*), der die Wasser des uranfänglichen Chaos beherrscht. So war der letzte Satz des Rituals bei der Einbalsamierung ein Geleitschein für die Ewigkeit: »Du lebst wieder, lebst wieder für alle Zeiten, nun bist du von neuem jung für ewig.«

Siebzig Tage lang wurde der Leichnam von Sachverständigen und Priestern behandelt: die Priester vollbrachten wieder die Arbeit, wie sie zuerst die Gefolgschaft von Osiris mit dem zerstückelten Leichnam des ersten Königs von Ägypten ausgeführt hatte, der durch den Bösen überwältigt worden war. Der Priesterleser nahm an dieser Arbeit mit dem Aufsagen von Gebetsformeln teil, und das Werk konnte nicht ohne den »Bewahrer des Geheimnisses der Einbalsamierungswerkstatt« ausgeführt werden. »Der Einbalsamierer von Anubis« (der schwarze Gott, Farbe der Wiedergeburt, mit dem Haupt eines jungen Hundes) und die »Kanzler des Gottes« nahmen an den Operationen teil, die u. a. die Handhabung von Gegenständen von großem Wert notwendig machten. Aber die meisten der Offizianten, die sich um den Leichnam bemühten, hießen »Ut«.

Nachdem ein Großteil des Hirns durch die Nasenlöcher entfernt worden war, wurde der im Schädel verbliebene Rest mit Hilfe von aromatischen Produkten aufgelöst. Dann entfernten sie die Eingeweide durch eine seitliche Öffnung mit dem »Stein aus Äthiopien«, wie uns Herodot berichtet. Die Bauchhöhle wurde sodann mit zerstoßener Myrrhe und Kassia sowie verschiedenen anderen Duftstoffen gefüllt, nachdem sie mit Palmwein ausgewaschen und auch mit Duftstoffen getränkt worden war. Aber man hütete sich vor dem Gebrauch von Weihrauch. So verblieb in dem Leichnam nichts, nicht der geringste verwesbare oder fetthaltige Stoff.

Nach der Entfernung aus dem Körper wurden die Organe präpariert, um in dickleibige Vasen getan zu werden, deren Deckel die Form eines menschlichen Kopfes hatte (XIX). Diese Vasen hatten die Form des späteren Idols von Osiris im Hafen von Abukir. Es waren Urnen, welche die Griechen als Abbilder des Kanopus, Steuermanns des Menelaus, verehrten, der bei dieser Stadt seinen Tod gefunden haben soll (daher kommt auch der Name). Unter den Deckeln fanden die Ausgräber diese Vasen (vier an der Zahl); ihre Form war in der Masse des üppigen Alabastergefäßes mit den vier Abteilungen vorgesehen und dann ausgehöhlt worden (100). Sie enthielten, in Leinwand eingeschlagen, kleine Sarkophage aus Gold-Cloisonné mit dem Abbild eines toten Herrschers; und in diese hatte man die einbalsamierten Eingeweide gelegt (XX). Magische Inschriften waren auf die Innenwände graviert.

Der Leichnam, aus dem auf diese Weise alle verderblichen Stoffe entnommen waren, wurde völlig rasiert und während eines Zeitraums von siebzig Tagen in trockenes Natron gelegt, um aus ihm die letzte Feuchtigkeit zu entfernen. Nach dieser Operation wurde er gewaschen. Dann ließ man ihn auf einem hochbeinigen Lager in Tiergestalt austrocknen, um den Offizianten eine Bearbeitung zu gestatten, ohne daß sie sich zu bücken brauchten. Vielleicht nahm man für diese Zwecke die drei vergoldeten Betten in der Vorkammer; aber es war auf ihnen keine Spur einer Benutzung zu entdecken (XXVI, XXVII).

Sodann kam die Arbeit des Einwickelns, die letzte Arbeit der Mumifizierung. Man mußte zu diesem Zweck Hunderte von Metern aus sehr feinem Leinen zur Verfügung haben, damit der Leichnam des Königs in diese Schutzhülle völlig eingebunden werden konnte. Man begann damit, jeden Finger und jede Zehe, dann jedes Glied und endlich den ganzen Körper einzuwickeln. Bei dieser Prozedur wurden Gebete und magische Formeln gesprochen, während man Salböle über den Leichnam goß. Die Mumie Tut-ench-Amuns wurde damit so überreichlich versehen, daß die Gewebe fast völlig verbrannt und auch die Gebeine davon angegriffen wurden. Einzig das Gesicht blieb davon unberührt, da es mit einer Goldmaske bedeckt war, und die Hände und Füße, die in zweigliedrigen »Fingerlingen« steckten. Die breiten Binden für die äußere Umhüllung wurden ebenfalls imprägniert.

Die Mumie wurde von oben bis unten mit Schätzen bedeckt, und die Ironie des Schicksals wollte es, daß sie zwar nicht von den Dieben beschädigt wurde,

100 Kanopenschrein aus Alabaster; wenn der obere Deckel abgenommen ist, sieht man das obere Ende der kleinen Goldsarkophage, die in Salben und Harze gebettet sind

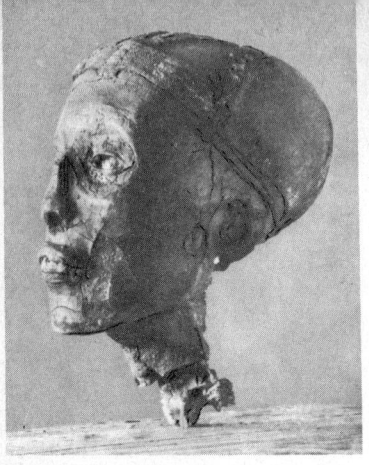

101 Der mumifizierte Kopf
Tut-ench-Amuns

102 Die *Uraeus*-Schlange aus Perlen
auf dem Kopf des Königs

aber teilweise von den Salbschichten, die doch dazu dienen sollten, ihr die Lebenskraft wiederzugeben. Dagegen waren die hundertdreiundvierzig kostbaren Gegenstände, die sich zwischen diesen Leinenstreifen befanden, in sehr gutem Zustand: Fingerschützer aus Gold, Sandalen, goldene Ringe, Halsbänder, Armbänder, Diademe, Dolche, Anhänger, Amulette, auf denen Silhouetten aus Blattgold ausgeschnitten waren. Das unzerstörbare Metall übertrug seine Macht auf das geschützte Wesen; alles diente dazu, aus dem mumifizierten Fürsten einen Gott zu machen. Eine Einzelheit mag übersehen worden sein; wenn sie auch noch nicht geklärt ist, ist sie doch von großer Wichtigkeit: die zwei einfachen Gurte aus Gold, die auf der Brust des Toten lagen und mit einem Knoten geschmückt waren. Überall auf den Flachreliefs und den Statuen aller Epochen tragen die Könige von Ägypten die kleinen Leibchen, die nur mit einem Gurt gleicher Art ausgestattet waren. Aber die Leibchen von Gottheiten wurden immer von *zwei* Gurten gehalten. Tut-ench-Amun, der auf seiner Mumie diese zwei Gurte trug, wurde also seit der Behandlung durch die Einbalsamierer, die sein vergängliches Abbild zu einem Leib der Ewigkeit gewandelt hatten, schon als Gott betrachtet.

Zur Präparierung der Leiche hatten die Einbalsamierer den Schädel des Königs in einer Weise rasiert, als wäre er ein Hoherpriester (101). Vielleicht wird man eines Tages einmal entdecken, weshalb die Mumifizierung seines Hauptes nicht in der gleichen Weise vorgenommen worden war wie bei den meisten Herrschern, die in dem Versteck von Deir-el-Bahari gefunden wurden. Diese großen Könige Ägyptens haben einen noch fast lebenden Haarschmuck. Dagegen wurde auf das Haupt Tut-ench-Amuns ein Käppchen aus sehr feinem Leinen an Stelle der Haare gelegt. Dieses war mit gewirkten Bändern aus Gold- und Fayenceperlen geschmückt, die als Stirnband dienten; aus ihm traten vier heilige Kobras mit langem gewelltem Körper hervor und bedeckten den ganzen oberen Schädel des Königs (102).

Obwohl offiziell Tut-ench-Amun dem Gotte Amun Kult und Ehre erwiesen hatte, obwohl Osiris – von dessen Mythos während der Aton-Ketzerei nicht mehr gesprochen werden durfte – wieder zum Herrn der Bestattungszeremonie und des Totenreiches geworden war, konnte sich doch der tiefe Glaube des jungen Dahin-

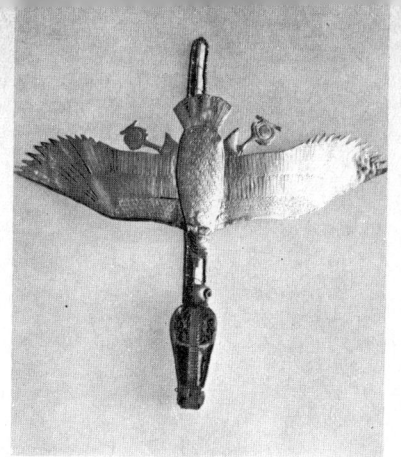

103 Wappentiere des Königreichs, das
den Schädel der Mumie schmückte

104 Der Kopf der Mumie
vor dem Auflegen der Totenmaske

geschiedenen nicht ganz der Religion seiner Kindheit entfremden. Es steht wohl
fest, daß der »Gottesvater« Eje befohlen hatte, dem Pharao alle Osirisriten zuteil
werden zu lassen, und so bereitete man mit großem Gepränge die Bestattung vor,
wie sie die großen, der Religion ihrer Vorväter treuen Könige erhalten hatten.
Aber man konnte den letzten Abkömmling der Ketzerperiode nicht von der Erde
Abschied nehmen lassen, ohne daß er gerade an der Stelle, wo die Kronen des
Königtums getragen wurden, das Zeichen des verehrten Aton trug: die vier heiligen Kobras – oder *Uraeen* – waren an mehreren Stellen mit Kartuschen versehen, die die Namen des Sonnen-Globus, Aton, enthielten, so wie sie in den
letzten Jahren des Königs von Amarna geschrieben wurden: *Re-des-Horizontes,-
der-sich-im-Horizont-erfreut-in-seinem-Namen-Re-der-Vater,-der-sich-in-Aton-
offenbart*. Wenn der König wiedergeboren werden würde, erschiene er wie jener,
der den Lebenshauch austeilt. Um das Käppchen gut festzuhalten, war eine Goldbinde (mit Verbreiterungen zum Schutze der Schläfen) um den ganzen Kopf gelegt
worden und bedeckte die Stirn; darüber hatte man ein Leinenhäubchen gestülpt,
das nach hinten in einer Art Schwanz endete. Das Bildnis eines Geiers mit ausgebreiteten Flügeln, aus Blattgold ausgeschnitten, schmückte den Vorderteil des
Schädels. Dieser königliche Geier – oder Göttin von Oberägypten – war mit der
Schlange Unterägyptens, dem heiligen Uraeus, vereint, der sich vor der Stirn
erhob (103). Alle diese Einzelteile wurden wiederum durch eine zweite Goldbinde
gehalten, die sich zwischen Schläfen und Augen verbreiterte. Nach weiteren zahlreichen Umhüllungen mit feinen Leinenbinden hatte man um die Stirn das
Königsdiadem gelegt. Es bestand aus einem einfachen Goldreif, geschmückt mit
Karneolscheiben, die in der Mitte von einem Goldknopf gehalten und die von
einem Glasflußband, das Lapislazulisteine und Türkise nachahmte, umgeben
wurden. Vier ähnliche Bänder hingen nach hinten, die beiden, welche sich über
die Ohren legten, trafen mit den gewellten Kobrakörpern zusammen, deren
Köpfe sich zum Gesicht des Königs hin erhoben. Jeder Kopfschmuck des Pharao
mußte in jedem Falle an der Strin die königliche Uraeus-Schlange als Zeichen der
höchsten Macht tragen. Neben der Schlange war – auf Bestattungsdarstellungen –
immer das Haupt des Nechbets, des Geiers des Südens, zu finden. Diese beiden für

das Diadem des Verstorbenen notwendigen Elemente durften nicht von dem Leichnam des Königs entfernt werden, aber vielleicht hätten sie unter den Binden, mit denen der Schädel umwickelt war, zuviel Platz eingenommen. Die Priester legten sie neben die Schenkel der Mumie und wendeten äußerste Sorgfalt darauf, die hierfür notwendige Richtung genau einzuhalten (105). Tatsächlich war die geographische Anordnung aller Stücke, die den gewöhnlichen Sterblichen wie auch die Könige umgaben, von großer Wichtigkeit, und nichts wurde dem Zufall überlassen, wenn es sich um die Vorbereitung zu der Ewigkeitsfahrt des Königs handelte. Die Mumie mußte im Grabe mit dem Kopf nach Westen und den Füßen nach Osten niedergelegt werden. Beim Aufrichten würde sie in die aufgehende Sonne blicken. Es war also logisch, gegen sein linkes Bein die Uraeus-Schlange zu legen, das Symbol des Nordens. Dagegen kam der Geierkopf an den rechten Schenkel, dem Süden zugewandt. Die Umgürtung mit den Binden wurde dann fortgesetzt, und als der Kopf endgültig umwickelt war, brachte man, sozusagen als letzten Schmuck, einen doppelten Ring aus Fasern und Kordel, vielleicht ein Vorläufer der doppelten Stirnbänder der Beduinen, drüber an (104). Heutzutage könnte man versucht sein, darin eine Vorsichtsmaßnahme der Priester zu erblicken, damit die Grabmaske, die am Ende all dieser Vorbereitungen aufgelegt wird, nicht unmittelbar auf das Antlitz der Mumie drückt.

Alle Sorgfalt, die man dem Gesicht angedeihen ließ, entsprach in jeder Einzelheit den Verfahren, die gleichzeitig an dem Leib ausgeführt wurden. Die verschiedenen Lagen der Binden schlossen in ihrem Netzwerk bestimmte Schmuckstücke und Amulette in sich ein. Der Hals des Königs, diese besondere Stelle, von der die Sicherheit des Hauptes, des Sitzes der Wiederbelebung, abhing, wurde besonders geschützt. Die Vorbeugung und Erhaltung der Wirksamkeit dieses Körperteils wurde durch zwei Arten von Halsbändern und zwanzig Amulette ge-

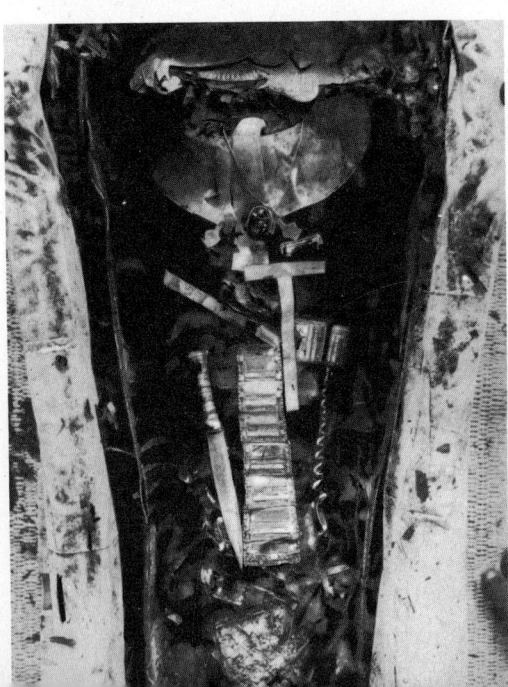

105 Anordnung verschiedener Gegenstände auf dem Körper und im Sarg der Mumie (man beachte die lange Schlange neben dem linken Bein)

sichert, die in sechs Reihen angelegt waren. Direkt um den Hals hatte man ein Halsband angebracht, das aus vier Reihen runder Perlen bestand, und nach einigen Bindenlagen fügte man Darstellungen von Geiern und Kobras hinzu (eine von ihnen, die geflügelt war, hatte ein Menschenhaupt), in Blattgold geschnitten und sicherlich für die Mumifizierung besonders angefertigt. Sie bildeten ein magisches Netzwerk, das dazu bestimmt war, die beiden Teile der Welt zu vereinen, die der König in seinem ewigen Reich wiederfinden würde. Auch diese heiligen Bilder wurden wieder von Leinenbinden umhüllt. Die Offizianten hatten über vier aufeinanderfolgende Lagen, die von Binden getrennt waren, sehr schöne Amulette aus Gold und Edelsteinen angebracht, die mittels Goldfäden vom Halse herabhingen.

Winzige Papyrusfragmente, die noch die Namen von Gottheiten, zum Beispiel Isis und Osiris, trugen, scheinen zu beweisen, daß man auch eine Art Formular mit Gebeten, die folgenden Symbolen entsprachen, dazugelegt hatte: es waren der Schlangenkopf aus Karneol, die Abbilder der Papyrussäule aus Feldspat, dazu bestimmt, Manneskraft und ewige Jugend wiederzugeben, der Karneolknoten, der den Schutz der Götter Isis und Horus gewährte, wie auch das Willkommen im Reich des Osiris; Bilder des sitzenden Gottes Thot, des Ibis, des Horusfalken und des jungen Anubis-Hundes gehörten dazu. Das *Totenbuch* besagt in seinem Ritual, daß das Amulett des Djed-Pferdes, Sinnbild des Osiris, in Gold am Halse des Toten angebracht sein mußte, um ihm den Eintritt durch die Pforten der anderen Welt zu erleichtern und ihm zu gestatten, sich wiederaufzurichten, um als vollkommene Seele im Jenseits zu leben. Zwei dieser Amulette in Pfeilerform hingen am Halse des Königs, das eine aus massivem Gold, das andere mit blauem Glasfluß eingelegt. Die letzte Lage dieser Gegenstände bestand aus einer Art breitem Kragen aus Gold, dem sogenannten »Horuskragen«, den heiligen Falken mit ausgebreiteten Flügeln zeigend. Im Rücken der Mumie befand sich das Gegengewicht des Halsbandes, das als Verschluß diente.

Eine andere Gruppe von fünfunddreißig Gegenständen wurde in dreizehn Lagen zwischen Hals und Unterleib eingeschoben. Nach einigen Bindenhüllen befand sich fast auf der Haut der Mumie ein richtiger Halskragen aus mehreren Reihen von Perlen aus Gold und blauem Glas, die wie gelbe Sparren und blaue Wellen zusammengefügt waren. Anhänger aus Gold, an deren Enden sich goldene Falkenköpfe befanden, vervollständigten den Dekor.

Die beiden folgenden Lagen bestanden aus Schmuckstücken, die der König während seiner Regierungszeit getragen haben muß; Spuren beweisen die Benutzung. Fast alles waren Halsketten und Brustanhänger. Das schönste Stück hatte als Anhänger ein in Gold-Cloisonné mit Karneol, Lapislazuli und Glasfluß gefertigtes Abbild der Göttin des Südens, Nechbet, des Geiers. Die Rückseite zeigte um den Hals des Vogels einen kleinen Anhänger ganz in Gold mit der Kartusche des Krönungsnamens des Königs. Das lange Halsband, an dem es aufgehängt war, besaß einen Verschluß aus zwei Miniaturfalken. Aber neben diesem Stück, das in der Menge der Schätze von bestechend eleganter Schlichtheit ist, müssen noch viele andere Schmuckstücke, die mit Symbolen und Farben überladen sind, erwähnt werden.

Zunächst die drei Anhänger, die unmittelbar über den Binden lagen, die den blau-goldenen Halskragen verdeckten. Der in der Mitte zeigte ein wunderbares heiliges Auge *(udjat)*, auf der einen Seite (links auf der Mumie) von der Wadjetschlange flankiert, die im Norden Ägyptens regiert; auf der anderen Seite (rechts auf der Mumie) befand sich der Geier von Oberägypten. Neben der Schlange hing ein anderer Anhänger: ein geflügelter Skarabäus, auf einem Korb sitzend und mit seinen Füßen eine von einer Mondsichel eingefaßte Scheibe haltend: diese ornamentale Vereinigung der drei Hieroglyphen, die den Namen Tut-ench-Amuns bilden, beschwor die Person des Königs auf der linken Seite der Mumie herauf, das heißt also im Norden, dem Reiche der Nacht, wo der Mond herrscht. Symmetrisch hierzu lag auf der anderen Seite ein anderes Juwel, geschmückt mit dem Sonnenfalken, der auf dem Haupte die Scheibe trägt.

Nach einer weiteren Bindenhülle und etwas tiefer als der prachtvolle Geieranhänger lag auf der Brust ein sehr schwerer Anhänger, der dreimal den Namen des Königs in Hieroglyphen zeigte: es waren also auch drei Skarabäen dabei. Blütengehänge rundeten dieses Schmuckstück ab, das an Perlenschnüren hing und mit einer Schließe versehen war; sie trug ebenfalls den Königsnamen, getragen von einem Genius und flankiert von Götterbildern und Amuletten.

Nachdem diese fünf Brustanhänger untergebracht waren, umhüllten die Priester die Mumie wiederum mit Binden, schmückten die Brust nicht mehr mit Anhängern, sondern mit prächtigen Halsketten aus Gold-Cloisonné, die aus Hunderten von Stücken aus diesem kostbaren Metall gestaltet und mit vielfarbigem Glasfluß geschmückt waren. Das waren die berühmten Halsketten, von denen Bestattungstexte schon zu Zeiten der Pyramiden sprachen und die auf der Brust und um den Hals der Mumie hängen mußten. Auf den unteren Teil des Brustkorbs hatte man ein mit Geier und Schlange geschmücktes Band gelegt, das mit zwei gewaltigen Flügeln versehen war, die, dem orientalischen Einfluß entsprechend, gebogen waren. Darauf wurde ein Papyrusblatt gelegt, das den Schmuck von einem großen »Brust-Kollier« trennte; es hatte die gleiche Form, trug aber als einzigen Mitteldekor eine Schlange aus Goldblatt. Weitere Binden umhüllten den Leib, um diesen Schmuck von einer neuen Lage zu trennen.

Die Offizianten entnahmen nun ihren Behältnissen drei Armbänder. Zwei, einfache Goldreifen, trugen je eine Perle, eine aus Lapislazuli, die andere aus Karneol. Das dritte aber war von rituellem wie von geschichtlichem Interesse, da seine Verzierung aus einem heiligen Auge aus Eisen bestand. Dieses in Ägypten fremde und zu jener Zeit noch fast unbekannte Metall trat bei der Königsmumie dreimal in Erscheinung. Nun war der Moment gekommen, wo die Priester in der ungefähren Höhe der Gurte die magischen Goldknoten anzubringen hatten, die nur die Götter trugen. Und auf die Brust legten sie, ebenfalls durch ein Papyrusblatt getrennt, zwei weitere große Halsgehänge aus Gold-Cloisonné: eines war das »Halsband der Nechbet«, des Geiers, aus zweihundertsechsundfünfzig goldenen Einzelteilen, das andere der »Horuskragen«.

Dann wurde über dieses Juwel ein fast gleicher, breiter Halsschmuck gelegt, der aber nur aus einem Goldblatt bestand. Vier ähnliche Schmuckstücke, aus einem Blatt desselben Metalls geschnitten, in die ebenfalls Einzelheiten der Tierkörper eingraviert waren, sollten die Brust schützen: das eine war eine Nachbildung des Perlenhalskragens mit den zwei Falkenköpfen am Ende, das zweite trug ein Abbild der geflügelten Uraeus-Schlange, das dritte eines der beiden Göttinnen Geier und Schlange, und das vierte stellte den Geier dar. Unter diese Goldplatten hatte man einen Skarabäus aus schwarzem Harz geschoben, der an einem Goldfaden hing und mit einer Einlage aus farbigem Glas, dem Bilde des Phönix der Wiedergeburt, des *benu*, geschmückt war.

Die Särge des Königs in Menschengestalt mußten die Haltung wiedergeben, die die Mumie aufwies; die Oberarme lagen am Körper an, während die Unterarme (der linke über dem rechten) gegen den oberen Teil des Unterleibs gebogen waren. Die Offizianten hatten zunächst die Finger, dann die Hände, die Unterarme, die Oberarme umwickelt. Dann waren diese Glieder wieder über dem Unterleib festgelegt worden. Zuvor hatte man mit Binden den Brustkorb und den Unterleib umgeben, und in Höhe des rechten und linken Handgelenkes hatten die Priester zwischen den Binden Ringe (einmal fünf, das andere Mal acht Stück) gelegt, die aus Gold, Lapislazuli, Chalzedon, Türkis und schwarzem Harz bestanden. Sie trugen das Siegel des Königs; einige hatten als Fassung einen Skarabäus. Die Armbänder der Mumie gehörten zwei verschiedenen Kategorien an: ein Goldreif war über den Oberarm gestreift worden. Der auf der rechten Seite trug einen grünen, absichtlich unbearbeiteten Stein; sechs Amulette in Form des heiligen Auges hingen an diesem Reifen. Der Reif über dem linken Ellenbogen trug drei Perlen und war geschmückt mit einem sehr schönen Amulett aus Karneol mit dem Bild einer Schwalbe, deren Flügel die Sonnenscheibe trugen und von der in dem Totenbuch gesprochen wird, wenn die Verwandlungen des Sonnengottes erwähnt werden.

Die Priester hatten die Unterarme mit einer Menge reicher und schwerer Armbänder geschmückt, die rechts sieben, links sechs prachtvolle Schmuckstücke (106) aus Gold, Karneol, Elektron, Halbedelsteinen und Glasfluß aufwiesen. Bei der Verzierung, die überwiegend aus dem heiligen Auge *udjat* und Skarabäen bestand, waren geometrische Motive und Granulierungstechnik verwendet worden.

Jeder Finger trug einen gesonderten goldenen Fingerling, auf dem sorgfältig der Nagel und die Falte des ersten Gliedes eingezeichnet waren (107). Ein Priester hatte je einen goldenen Siegelring über den Ring- und den Mittelfinger der linken Hand gezogen.

Nachdem die ersten kleinen Binden um die Zehen gewickelt waren, hatten die Offizianten die goldenen Hüllen übergestülpt, die Goldsandalen an die Füße des Herrschers gestreift, und dann hatte der Priesterleser Beschwörungsformeln gesprochen, die es dem Herrscher ermöglichen sollten, seine Feinde mit den Füßen zu zertreten. An den Stellen, wo die Muskeln gewesen waren, hatten die Einbalsamierer Päckchen aus Leinenstoff aufgelegt, die dem vom Natron ausgetrockneten Körper wieder menschliche Gestalt geben sollten. Zwischen den Beinen hatte man den umwickelten Geschlechtsteil, in der Stellung des Befruchtungsaktes, wieder angebracht. Dann hatte man auf und zwischen die Oberschenkel im Verlaufe von drei Umwicklungen sieben Armbänder eingefügt, ebenso auf die Knie und die Schienbeine vier Halsbänder aus Gold-Cloisonné mit Gegengewichten gelegt. In der Höhlung der linken Schamleiste lag ein großes Armband gerade über der Stelle, an der die große Uraeus-Schlange des Diadems am linken Bein endete.

Der erste Gegenstand, der über die ersten Binden um die Taille gelegt worden war, war ein Gürtel aus Gold- und Fayenceperlen, ein wenig darüber ein Brustanhänger aus starker blauer Fayence in Gestalt des Auges *udjat*, der von einem Halsband aus glänzenden Perlen des gleichen Materials gehalten wurde. Um diese rituellen, altertümlichen Gegenstände voneinander zu trennen, hatte man die Binden mehrere Male um das Becken geführt, dann aber war wieder ein Gürtel, diesmal aus gehämmertem Gold, eingewickelt worden. Auf den Beinen der Mumie befestigten die Offizianten einen schmalen Schurz aus zwanzig Reihen Fayence- und Glasperlen sowie aus kleinen Goldteilen. Unter der Mumie war der »rituelle Schwanz«, wie ihn alle Pharaonen seit Narmer in der 1. Dynastie trugen, am Gürtel befestigt und in ein Perlengeflecht gehüllt worden. Unter den Gürtel hatte man einen Dolch geschoben, dessen Griff – geschmückt mit Goldgranulierungen,

106 Armbänder an der Mumie des Königs

die sich mit Cloisonnés aus Halbedelsteinen und Glas abwechselten – sich auf der rechten Seite des Unterleibs befand, die Klinge dem linken Oberschenkel zu gerichtet. Die Klinge wie die Scheide bestanden aus Gold. Der Cloisonné-Schmuck der Scheide zeigte auf der einen Seite Federn; auf der anderen konnte man eine außergewöhnliche Jagdszene bewundern, auf der über die ganze Länge die gezähmten Tiere (zwei Hunde, zwei Löwen und ein Gepard) wilde und bösartige Tiere, Stiere und Steinböcke, angreifen. Mit diesem Zeremonialdolch, dessen Klinge kraft des magisches Netzwerks auf der Scheide unwiderstehlich war, sollte der Tote siegreich gegenüber allen Dämonen bleiben, die er auf seinem Wege anträfe. Dann verschwanden auch diese Stücke unter den Binden. An die linke Seite des Unterleibs hatte man, unter Verlesung von Gebetsformeln und Vergießen von Salböl, ein Fayencehalsband aus dunkelblauen kleinen Perlen gelegt, das dem »Halsband aus Lapislazuli« entsprechen sollte, dessen Darstellung schon auf die Sarkophage des Mittleren Reiches gemalt worden war. Es lag neben einem Armband aus Gold und Glasfluß, von dem noch andere Exemplare längs der Beine verteilt waren. Nun wurde um die Taille ein weiterer Goldgürtel gelegt. An den rechten Oberschenkel legte man einen der besonderen Schätze des Königs: seinen Dolch, dessen Griff in einem Knopf aus Bergkristall endete und dessen Klinge aus dem wunderbaren Metall Eisen gefertigt war. (Im Augenblick der Entdeckung glänzte diese Klinge noch wie Stahl.) Die Scheide bestand aus Gold und trug einen eleganten Palmettenschmuck. Man versäumte auch nicht, unter den weiteren Binden auf der linken Seite der Mumie eine ovale Goldplatte zu legen, die symbolisch den Einschnitt schützen sollte, der vor dem Einbalsamieren für die Entfernung der Eingeweide des Toten gemacht worden war. Zwei aus Blattgold geschnittene Zeichen mußten dazu noch zwischen die Binden gesteckt werden: eines in Form eines T, das auf die linke Seite des Unterleibs und den oberen Teil des linken Oberschenkels zu liegen kam; das andere, darüber, war ein Symbol in Form eines Y, das an die Hieroglyphe der Stoffe erinnerte und allen Binden Unzerstörbarkeit sichern sollte. Weitere Binden wurden darübergelegt, um die letzte Einlage von Gegenständen zu verbergen.

Endlich begann man, die Mumie in ein breites Leinentuch einzuwickeln, das durch vier Quer- und drei Längsbinden gehalten wurde. An den oberen Teil der Mumie legte man dann ein Stoffstück in Kegelform, wie der hohe Kopfschmuck von Osiris; dieses Stück sollte den Hohlraum zwischen der Schädeldecke und dem oberen Teil der Goldmaske mit dem Porträt des jungen Herrschers ausfüllen, welche die Priester langsam und mit größter Sorgfalt, Gebete psalmodierend, auf die Mumie senkten (XXIX). Und unter den Nacken hatte einer von ihnen, das entsprechende Kapitel aus dem *Totenbuch* rezitierend, ein kleines Amulett in Gestalt einer Kopfstütze geschoben, das recht grob aus Eisen gearbeitet war. Dies war der dritte Gegenstand aus diesem seltenen Metall, den man Tut-ench-Amun mitgab. Dank dieses Symbols und der von dem wunderbaren Metall vermittelten Wärme sollte sich das Haupt des Toten wiederaufrichten wie die Sonne am Horizont.

Der Künstler, dem man die Ausführung der Maske aus getriebenem Gold anvertraute, hatte mit großem Talent die zarten und etwas schmerzlichen Züge des letzten Sohnes von Amenophis III. wiedergegeben. Das Profil erinnert derart an das der Königin Teje, daß mehrere der königlichen Familie von Amarna ergebene Priester, die bei der Einbalsamierung zugegen waren, beim Aufsetzen der Maske an das schöne Porträt der Königin denken mußten, das früher einmal in Ebenholz geschnitzt und in einer ihrer Gründungen im Faijum aufgestellt worden war. Die beiden kleinen Falten neben den Lippen machten dieses Antlitz mit den Augen und Augenbrauen aus blauem Glasfluß und dem rituellen Osirisbart so lebensvoll. Der Goldschmied hatte die dem König eigenen kleinen Ohren wiedergegeben, die schon seit frühester Kindheit für die Ohrringe durchlöchert waren; aber er hielt es nicht für angebracht, an der linken Wange die Spuren von einem Unfall anzudeuten, die auf dem Leichnam selbst eine sehr sichtbare und tiefe Narbe in der Höhe des Kiefers hinterlassen hatten. Die prachtvolle Bestattungshaube (oder *nemset*), eingelegt mit blauem Glasfluß, wurde vorn von den beiden Tieren, Symbolen ägyptischen Königtums, beherrscht. Die Maske endete in einem sehr breiten Halsband aus verschiedenen Reihen von Lapislazuli, Quarz, Feldspat, das auf den Schultern mit zwei Falkenköpfen verziert war. Um den Hals hatte ein Priester drei Reihen scheibenförmiger Perlen aus gelbem und rotbemaltem Gold und blauer Fayence gelegt. Ein anderes aus Gold-Cloisonné bestehendes Halsband trug als Anhänger einen großen Skarabäus aus schwarzem Harz mit dem rituellen Phönixtext. Zwei goldene, über der Brust gekreuzte Hände, die Geißel und Krummstab des Osiris hielten, waren auf der Leinwand festgenäht. Ein Brustanhänger aus cloisonniertem Gold zeigte das Bild eines Seelenvogels mit Menschenhaupt und ausgebreiteten Flügeln. Schwere Goldbänder, die untereinander durch Perlfäden verbunden waren, hielten das äußere Leichentuch der Mumie zusammen. Zwei lange Bänder reichten bis zu den Füßen. Vier Querbänder, wie die vorigen, waren mit religiösen Inschriften bedeckt, die sich auf

107 Fingerlinge und Ringe der königlichen Hand

die Wiedergeburt des Toten und auf die ihn beschützenden Götter bezogen: *O Osiris, König Neb-Chepru-Re, deine Seele lebt, und deine Venen sind fest. Du atmest die Luft und du trittst (an das Tageslicht) wie ein Gott* ... Auf den Goldbändern (mit Texten aus dem *Kapitel des Herzens* des *Totenbuches*) war noch teilweise der Name Semenchkarês, aus dessen Grab sie entnommen worden waren, doch störte das anscheinend die Priester nicht. Der Bruder des Königs war vergessen, und für Tut-ench-Amun mußte man in vorgeschriebener Zeit alles mit allen notwendigen Einzelheiten vorbereiten, damit er in die Welt der Ewigkeit eingehen konnte.

Es blieb nur noch ein Tag bis zu den Bestattungsfeierlichkeiten. Die nunmehr geschmückte und in den Königspalast gebrachte Mumie lag ausgestreckt auf dem großen vergoldeten Bett mit den Tierleibern. Die fein ausgeführte Maske des Königs drückte vollständigsten Frieden aus und zeigte die ewige Jugend, die er im Diesseits verlassen hatte, um sie noch strahlender im Kreise der Götter wiederzufinden: die Goldschmiede des Hofes hatten dem Antlitz auf den anderen Särgen müden und tragischen Ausdruck verliehen. Diese verschiedenartigen Porträts sterblicher Hüllen entsprachen, ineinandergeschachtelt, den Etappen, die der König zu durchschreiten hatte. Der dritte Sarg aus massivem Gold, der die Mumie berührte, gab die Gesichtszüge wieder, die den Tod und menschliches Leiden schon überwunden hatten. Die Goldmaske zeigte den Herrscher, wie er das Leben wiederfindet als »erneuertes Wesen«, den Phönix, den *benu*, so wie es die Inschriften auf der Rückseite des Bruststückes der Maske verkünden. Der wundersame Phönix, der nach der ägyptischen Legende bei Morgengrauen leuchtend aus den Wassern aufsteigt, war strahlend und erneuerte sich selbst wie die Sonne. Die Goldmaske ließ den wiederauferstandenen, wieder »zu göttlichem Fleisch gewordenen« König erscheinen. »*Heil dir*«, hat man auf die Rückseite des Bruststücks geschrieben, »*lebend ist dein Antlitz ... dein rechtes Auge ist die Barke des Tages* (mandjet), *dein linkes Auge die Barke der Nacht* (mesketet).« Diese symbolischen Barken trugen die Sonne auf ihren täglichen und nächtlichen Wanderschaften, und die Wiederholung der Tage und Nächte, die auf diese Weise für Tut-ench-Amun gesichert war, der jetzt selbst an der Natur dieser Gestirne teilnahm, schenkte ihm die Ewigkeit.

An einem Aprilmorgen des Jahres 1343 schien die Morgenröte über beiden Ufern Thebens, wo fieberhafte Spannung herrschte. An der Ostseite des Flusses, im Norden der Stadt, im Bereich des Gottes Amun, hielten die Priester ihre letzte geheime Beratung ab. Sollten sie zu den Bestattungsfeierlichkeiten des jungen Bruders des Ketzers gehen, dessen Leichnam, geschmückt für seine letzte Reise, noch, wie gewisse Berichterstatter melden, das Zeichen Atons trug, des vom Verräter von Amarna verehrten Gottes? Obwohl der Verstorbene offiziell dem Kult des Globus abgeschworen hatte, gab es nicht auf seinem goldenen Thron das Bild der Sonne, die ihre in Hände endenden Strahlen aussendet, um dem jungen königlichen Paare das Leben darzubieten? Er hatte jedoch seinen Namen geändert, und nur Amun war in seinem Protokoll aufgeführt. Seine Grabausstattung war streng nach den Osirisriten seiner Vorväter angefertigt worden. Indes, wenn es noch eine Möglichkeit gäbe, die Machtübernahme durch den »Gottesvater« Eje nicht zu bestätigen, durfte man sich nicht mit den Bestattungsriten einverstanden erklären, die der alte Mann vollzog, indem er die Rolle des Erben spielte. Der Feldherr Haremhab verhielt sich zwar unentschlossen, doch versperrte er dem Wesir des Nordens den Weg nach Theben nicht, der vom »Gottesvater«, dem Wesir des Südens, zu der Bestattung als Beistand gerufen worden war. Aber er war sich noch nicht sicher, ob er den Fluß überqueren sollte, um sich dem Leichenzug anzuschließen und sich so zum Komplizen der letzten Mitglieder der Amarna-Familie zu machen. Er wollte jedenfalls seine Mißbilligung den Palastintrigen gegenüber dokumentieren, denen er gerade energisch ein Ende bereitet hatte. Am linken Ufer, südlich des großen Grabtempels des illustren Vaters des Königs, Amenophis III., erhob sich der Hof von Malkata aus der langen, stillen Trauerzeit.

Die Männer der Familie und des Hofstaats hatten sich ihre gewachsenen Bärte wieder rasiert, und die Vorbereitungen zu einem Leichenfest gestatteten es, die vielen Tage des Fastens und der Enthaltung zu beenden. Die Haremsfrauen waren darauf vorbereitet, ihre einfachen Trauertuniken aus geblautem, weißem Leinen zu zerreißen und mit dem Straßenstaub zu beschmutzen. Und früh vor Sonnenaufgang hatten die Dienerinnen in den Gärten des Palastes und des Grabtempels alle Blumen und Blätter gepflückt (und würden dies auch während der Bestattungszeit weiter tun), die zu der eiligen Herstellung von Blumengebinden, von kleinen Kränzen und Halsketten notwendig waren, die man auf den Toten und die Särge legte wie auch an die Teilnehmer des Totenbanketts zum Zeitpunkt der letzten Trennung verteilte.

Zu Füßen der Mumie sprach die junge Witwe Anchsen-Amun rituelle Formeln, welche die Wiedergeburt fördern sollten, und nahm so den Platz der Göttin Isis am Leichnam des Osiris ein. Am Kopf des Bettes spielte eine andere Prinzessin die Rolle der Nephthys, der Götterschwester von Osiris, die Isis geholfen hatte, den Märtyrergott einzuhüllen. Dann waren die Priester eingetreten und hatten, trotz der verzweifelten und rituellen Klagen der Frauen, die sich dem Fortschaffen des Leichnams widersetzten, die Mumie vor die Säulenhalle getragen und auf einen Katafalk in Form einer Barke mit einem gewaltigen Baldachin gelegt und alles auf einen Schlitten gestellt. Ochsen mit rotem Fell, der Farbe Unterägyptens, der Wiege der althergebrachten Riten, zogen die kostbare Hülle zu dem Totentempel. Dahinter setzte sich der prächtigste Leichenzug, den es seit dem Hinscheiden Amenophis' III./Neb-Maat-Re gegeben hatte, in Bewegung. Die »neun Freunde des Königs«, eine symbolische Gruppe, die den persönlichen Rat der archaischen Könige aus dem Norden Ägyptens verkörperte, an ihrer Spitze der Edle »Mund des Gottes« oder »Beigeordneter des Gottes«, das heißt der hohe Würdenträger, der mit der Auswahl aller Ochsen für das Königsopfer beauftragt war, mit seinem rituellen Mantel und einem Knopfstab, gehörten dazu. Zu dieser Zeremonie trugen alle Edelleute, die mit einer solchen kanonischen Rolle beauftragt waren, weiße Sandalen (108). Das Gefolge der Männer umfaßte natürlich auch alle Priester, die an den Riten der Mumifizierung teilgenommen und sie geleitet hatten; ebenso zahlreiche andere Würdenträger. Die Gruppe der Frauen folgte dicht gedrängt. Die Königin, »Gattin des Gottes«, trug Trauerkleidung sowie die weiße Haarbinde wie alle Personen des Gefolges. Zwischen der Männer- und der Frauengruppe trugen Höflinge die wesentlichen Stücke der Grabausstattung, die in der »Bleibe für die Ewigkeit« aufgestellt werden sollten. Throne, Betten, Kisten, gefüllt mit Juwelen und Geschmeiden, Vasen und Töpfe mit Salben, Weinkrüge, Schachteln mit Opfergaben, vergoldete Wagen, Waffen, Spiele, rituelle Statuen und Grabfigürchen, Lampen und Barken. Die vier Kanopen mit den Eingeweiden in ihren verschiedenen Schreinen wurden in der Mitte von einem Gefolge gezogen, jenem ähnlich, das den Leichnam begleitete. Und die Priester gossen dauernd vor die beiden Schlitten Milch, welche die Wiedergeburt förderte und die Aufnahme in die Götterwelt sicherte. Gesänge und Gejammer der klagenden Männer und Weiber wurden verstärkt durch die des Volkes an beiden Ufern, das gekommen war, um die Beerdigung des Fürsten mitzuerleben. Bald erreichte die Prozession den Kanal, der vom Nil zu dem Totentempel führte. Hier warteten die Barken. Nun vollzog sich der weitere Leichenzug auf dem Wasser. Die rituellen Klageweiber, die auf den Kabinendächern kauerten, nahmen ihr Wehgeschrei wieder auf, und die Priester, die von dem Oberzeremonienmeister geleitet wurden, lenkten die Boote auf einer Route, die durch die Riten der alten königlichen Liturgie vorgeschrieben war. Damit der verstorbene Herrscher wiedergeboren werden kann, mußte die Pilgerreise zu den heiligen Städten des Deltas symbolisch wiederholt werden, wohin sich seit der frühesten Zeit die Könige Ägyptens begeben hatten. Unter diesen Städten war Buto mit ihrer Nekropole. Die Hauptziele der Schiffsreise entsprachen den verehrungswürdigen Städten des Deltas, die fast genau nach den vier Himmelsrichtungen angelegt waren. Saïs, im Westen, erinnerte an die Nekropole, wo man die sterbliche Hülle in der Erde bestattet. Buto, weiter nördlich, und sein berühmter Kanal war wesentliche Etappe für die Verwandlungen in den Urwassern des Abyssus als Erinnerung an die Wässer, in denen sich das künftige Kind entwickelt. Im Osten: Mendes, der Name dieser Stadt konnte mit den beiden Pfeilern des Osiris geschrieben werden, den Pfeilern *djed*, die dem Begriff Luft entsprachen. Die Götter Schu und Tefnut waren hier, wie die ältesten Texte besagen, vereint, oder es hatten sich hier, wie das Kapitel des *Totenbuches* schreibt, die Seelen von Osiris und Re vereint. Nun noch die südlichste Stadt, die zu diesem Zyklus gehört: Heliopolis, Stadt der Sonne, die an das vierte Element, das Feuer, erinnert, in welcher dieses Gestirn in seiner jungen Pracht zwischen den zwei Hügeln am Horizont erschien. Bei jedem Halt, der einer heiligen Stadt entsprach, stiegen die Offizianten aus und enthüllten die Statuetten und Gegenstände, die zur Erfüllung dieser symbolischen Riten erforderlich waren. An den Steilufern des Kanals wurden einige Opfergaben der Sonne ausgesetzt, die jetzt hoch am Himmel stand. Und die Barken-

108 Die Großen des Königreichs ziehen den Schlitten mit dem königlichen Katafalk. Wandmalerei im Grab Tut-ench-Amuns

prozession legte an dem Kai des königlichen Totentempels an, dessen größter Teil noch unvollendet war. Die Priester empfingen den Leichnam und dessen Gefolge im Schatten eines Saales, in dem der »Gottesvater« Eje seine erste Handlung in seinem kurzen Pharaodasein ausübte.

Bei Morgengrauen hatte die junge Witwe ihre Zustimmung gegeben, ihm die Rechte der Mitregentschaft mit der letzten Erbin der Krone, also mit ihr selbst, zu erteilen. Und dieser Entschluß von Anchsen-Amun gestattete wenigstens vorläufig den Offizieren von Memphis und den Amun-Priestern nicht, weiterhin den Prätendenten zu unterstützen, den sie auf den Thron zu erheben hofften. Eje, der Nachfolger eines Kindes, dessen Großvater er dem Alter nach hätte sein können, erfüllte nun die Pflichten, wie sie jeder Sohn seinem Vater gegenüber erfüllt und wie Horus es für seinen Vater Osiris getan hatte, er nahm nämlich die Zeremonie der »Öffnung des Mundes und der Augen« vor, mit anderen Worten: die Rückgabe des Gebrauchs der Sinne an die Mumie (109). Zahlreiche vorbereitende Handlungen waren an den Statuen des toten Königs ausgeführt worden; für die Reinigungs- und Räucherakte, die sie begleiteten, hatte man die Priester des Heiligtums eingeteilt. Die ganze Zeremonie dauerte vier lange Tage, an deren Ende Eje als neuer Herrscher in der Tracht des Priesters *setem* erschien, bekleidet mit dem Fell einer Großkatze – wahrscheinlich dem Symbol seiner Rolle als Wiedergutmacher des Übels – und mit dem Königshelm aus blauem Leder. Nun schickte er sich an, die heilige Handlung zu vollziehen. Ein Stier war geopfert worden, dessen Vorderfuß und Herz der Mumie dargeboten wurden. Eje hatte sodann das Dachsbeil ergriffen und die letzten magischen Streichungen vollführt, indem er Mund und Auge berührte, um sie für das ewige Leben zu öffnen.

Mit dem nächsten Sonnenaufgang setzte sich der Zug von neuem in Bewegung, in Richtung auf die Totenstadt. Die Klageweiber begannen wieder mit ihrem Jammern, während die Männer lange Papyrusstengel trugen, um das Reich der Hathor zu symbolisieren, in das Tut-ench-Amun einging. Die roten Ochsen waren zurückgelassen worden. Jetzt zogen die »neun Freunde« und die beiden Wesire des Südens und des Nordens den Strick und treidelten den Katafalk. Ein letzter hoher Würdenträger des königlichen Gefolges ging ihm nach. Sobald die Nekropole erreicht war, kamen Tänzer, die man *muu* nannte und die an die Genien der alten Stadt Buto erinnerten. Sie waren mit einem kurzen Schurz und einem hohen Schilfkopfputz bekleidet und kamen aus einer Hütte, die in Gestalt des ursprünglichen Heiligtums des Nordens errichtet worden war; sie führten einen rituellen Tanz aus, wobei sie dem Trauergefolge entgegenkamen: Tut-ench-Amun war auf diesem Boden, unter dem er bald verschwinden sollte, durch die Verkörperung sehr alter religiöser Begriffe empfangen worden, die ihm helfen sollten, seinen glorreichen Leib wieder zusammenzusetzen.

In der Totenstadt war die Atmosphäre noch sehr erregt; man war gerade mit der Herstellung des Grabes fertig geworden. Die Malereien auf drei Wänden des Raumes, in die der Tote verbracht werden sollte, waren noch nicht ganz trocken. Die vierte Wand konnte erst vermauert und bemalt werden, nachdem man die Einzelteile der Schreine in die Kammer geschafft hatte. Für die Schreine, die wieder um den Sarkophag zusammengesetzt werden mußten, war die Kammer fast zu klein. Den Sarkophag hatte man, so gut es ging, fertiggestellt; aber der zu ihm gehörende Deckel war nicht aus dem gleichen schönen festen Sandstein hergestellt worden. Er bestand aus Granit und war, um ihn der Farbe des Behälters anzugleichen, bemalt worden.

Während die Offizianten das Hereinschaffen der Grabausstattung überwachten,

109 König Eje nimmt an der
Mumie die rituelle Öffnung des
Mundes und der Augen vor

und zwar unter Beachtung des für jeden einzelnen Gegenstand vorgeschriebenen
Platzes, entnahmen die »Zuständigen für die Halsgehänge der Bestattungsprozession« aus den Kästen erneut die prächtigen Ketten, mit denen sie zum Schein die
Gesten machten, als ob sie die Brust des Königs schmückten. Die Mumie wurde
aus dem Katafalk gehoben, und die Priester gaben sich alle Mühe, sie vor dem
Eingang zum Grabe auf einer Lage feinen Sandes aufzustellen. Eine Besprengung
mit Wasser, die an die Reinigung der großen Götter des Osirismythus erinnerte,
wurde über Maske und Leichentuch vorgenommen. Dann wurde dem Verstorbenen die »Krone der Rechtfertigung« dargeboten, die aus Olivenblättern, Blütenblättern des blauen Lotos und Kornblumen bestand; und König Eje bekräftigte
die Öffnung des Mundes mit dem Dachsbeil (110). Bei jeder Geste wurden Gebetsformeln aus dem *Totenbuch* verlesen, und als die Zeremonien beendet waren,
befand sich die Mumie Tut-ench-Amuns, um die sich Berge von Blumensträußen
türmten, im Besitz aller Möglichkeiten, sich dem vorübergehenden Tode zu entziehen. Sie war »wiederbelebt«, da Eje, der die Rolle des Priesters *setem* spielte,
die entwichene Seele in ihre Hülle zurückgeführt hatte. So konnte sie sich auf
den Weg machen, der ihr die Ewigkeit verhieß.

Im Augenblick, da die Zeremonie der Überführung der Mumie in das Grab
begann, sonderten sich die Damen der königlichen Familie von den Klageweibern
ab, eilten zu der Leiche und klammerten sich an deren Beine. Anchsen-Amun
hielt die Leiche umschlungen, auf welcher der Staub, den sie unaufhörlich auf sich
geworfen hatte, haftenblieb. Die Gattin des neuen Königs, Ti, die einstige
»Amme« der Nofretete, Mut-nedjemet, die Schwester der Nofretete, Tante der
Königin, und die letzten Töchter von Echnaton erhoben alle mit bewegter Stimme
ihre Klage, die einen jähen menschlichen Klang in die erhabene, abgeklärte

Atmosphäre der Trauerzeremonien brachte; zugleich wurden rote Vasen auf den Boden geworfen, wo sie zerbrachen.

> Ich bin deine Gattin, o Großer, verlasse mich nicht!
> Ist es dein Verlangen, o Bruder, daß ich mich entferne?
> Wie kommt es, daß ich mich allein entfernen muß?
> Ich sage: »Ich begleite dich«, o du, der du dich gern mit mir unterhieltest,
> Aber du bleibst schweigsam, und du sprichst nicht!

Und die vornehmen Damen des Hofes, Klagefrauen mit theatralischen Gebärden, entgegneten:

> Ach, ach!
> Erhebt, erhebt Klagen ohne Ende!
> O welcher Verfall!
> Schöner Reisender in das Land der Ewigkeit
> Hier ist er gefangen!
> Du, der du viele Menschen hattest,
> Du bist in der Erde, die die Einsamkeit liebt!
> Du, der es liebte, die Beine im Gange zu bewegen,
> Du bist eingewickelt und fest gebunden!
> Du, der du viel Leinen hattest und es liebtest, es zu tragen,
> Du liegst in gebrauchter Wäsche vom Tage zuvor!

Die Mumie wurde fortgetragen, aber Anchsen-Amun verließ sie noch nicht. Sie begleitete die wenigen Priester und die beiden getreuen Freunde des Königs, Nacht-Min und Maja, die hinter Eje der sterblichen Hülle des Königs folgten.

110 Die »Krone der Rechtfertigung« auf der Stirn des ersten mumienförmigen Sarkophags des Königs

Die Witwe war umgeben von ihren Schwestern: Meritaton, die am Fuße der Anubisstatue eine Elfenbeinpalette niederlegte; Nefer-neferu-Re, die den Grabschatz mit einem Behältnis bereicherte, das in einer Einlegearbeit mit bunten Farben ihr Bildnis zeigte. Die meisten Männer waren wieder aus dem Grabe heraufgekommen, nachdem sie in der Ostkammer alle notwendigen Gegenstände abgelegt hatten. In der südlichen Vorkammer des Grabes waren Spezialisten damit beschäftigt, eiligst die Nord- und Westseiten der Goldschreine des »Goldsaales« aufzubauen, unter Beachtung der Orientierungsmarken auf den Wandflächen. Die Mumie lag schon in dem wundervollen massiven Goldsarkophag, und bevor der Verschlußdeckel über den Sarg herabgelassen wurde, hatte man nochmals den ganzen Körper mit Salbölen getränkt und ihn in sein rotes Leichentuch eingeschlagen. Um den Hals wurde eine Art Krause aus lebenden Blüten und Blättern gelegt, die den Leichnam schon für das Bankett der Ewigkeit schmückte, an dem nach der Bestattung sein Gefolge teilnehmen sollte.

Der schwere Sarg wurde in jenen aus Holz gelegt, der mit eingelegtem Gold beschlagen war. Nach dem Verschließen wurde er wiederum geschmückt, ganz mit einem leinenen Grabtuch umhüllt und dann das Oberteil mit einer Girlande aus Oliven-, Weiden- und Blütenblättern des blauen Lotos und Kornblumen umwunden. Die »Krone der Rechtfertigung« wurde über das Leinen auf die beiden heiligen Tiere gelegt, die die Kopfbedeckung des Königs zierten. Endlich empfing der dritte Sarkophag aus vergoldetem Holz die schwere Last, und nachdem die letzte mumienförmige Hülle geschlossen worden war, wurde sie, wieder in Höhe der beiden heiligen Tiere, mit einer weiteren »Krone der Rechtfertigung« geschmückt und dann mehrfach mit Leichentüchern umhüllt. Das Gewicht war gewaltig, als der Pharao in den »Goldsaal« oder die benachbarte Grabkammer geschafft wurde. Der Sarkophag aus gelbrosa Sandstein war an jeder Ecke mit dem Reliefbildnis einer geflügelten Göttin geschmückt: Isis im Nordwesten, Nephthys im Südwesten, Neith im Nordosten und Selket im Südosten. An der Südseite des Sarkophages machte man einen großen *djed*-Pfeiler, der zum Osirisemblem geworden und mit lebhaften Farben bemalt war, aufgestellt.

Das Ende der Riten kam nun schnell heran, und es verblieben nur noch die Spezialisten, einige Offizianten und der Leiter der Arbeiten, Maja, in der Kammer, um den granitenen Sargdeckel aufzulegen. Zweifellos gab es wegen der Enge und der Gleichzeitigkeit der verschiedenen Handlungen einige falsche Manöver. So mußten zunächst die Füße des letzten Sarges in Mumienform abgesägt werden, da sie das Verschließen der Sargwanne hemmten. Und als die Tischler diese Arbeit in großer Hast vollendet hatten, ließ man aus zu großer Höhe den Granitdeckel herunterfallen, so daß er in zwei Teile zerbrach. Die Bruchstelle wurde vergipst und mit einer dem Sandstein ähnlichen Farbe bemalt.

Unterdessen hatte ein Kanzler aus einer in der Vorkammer abgestellten Truhe mit der hieratischen Aufschrift »Siegel der Bestattungsprozession« schon die Stempel genommen, mit denen er auf Platten aus Siegelerde Abdrücke machte, die von seinen Assistenten angebracht wurden. So versiegelte man alle Behältnisse aus geschwärztem Holz und die Kästen, in die man alles Material und die Juwelen gelegt hatte, die während der mystischen Pilgerschaft und der Prozession gezeigt worden waren. Ebenso verschloß man den Kanopenschrein und die kleinen Särge mit den Mumien der zwei Frühgeburten, die man auch vor dem Grabe rituell mit Wasser besprengt hatte.

Als die letzte Wand des äußeren goldenen Schreins aufgestellt war, konnte man die Gegenstände an die für sie bestimmten Stellen verteilen. Ein Priester verschloß die Türen der vier Schreine nacheinander und versiegelte sie, während Handwerker die Mauer aus ungebrannten Ziegeln errichteten, die dann den »Goldsaal« von der Vorkammer trennte. Am nächsten Morgen würde die Wand trocken sein, und dann konnten die großen Figuren der Gottheiten, welche die Dekorationen dieser Südmauer zieren sollten, vorgezeichnet und ausgemalt werden. Man ließ gerade Platz für eine kleine Pforte, die auch, wie alle anderen Durchgänge des Grabes, vermauert wurde. Ausgenommen war nur die Öffnung zu dem Nordraum, die als Verbindung bestehenbleiben sollte.

Draußen war es inzwischen Nacht geworden, und die entzündeten Fackeln erleuchteten das ungeheuer große Zelt, das in der Nekropole für das Bestattungsbankett errichtet worden war. Die Trauerzeit hatte ihr Ende gefunden, und die Totenklagen waren verklungen. Jeder Teilnehmer war mit einem Blütenkranz um den Hals geschmückt, der dem auf den Sarkophag gelegten aus massivem Gold entsprach. Neun Reihen aus verschiedenen Bestandteilen auf einer Papyrusunterlage bildeten diese Halskragen. Kleine, scheibenförmige Perlen aus blauer Fayence lagen neben kleinen Früchten, Weidenblättern, Blättern der Dattelpalme, Kornblumen, blauen Lotosblüten und anderen Pflanzen, darunter auch Stücke der Mandragora, der berühmten Liebesfrucht.

Gesänge und Tänze während des Banketts erinnerten durch ihren Klang und Rhythmus an Schöpfungshandlungen, und die rituelle Trunkenheit der Göttin Hathor, die über die Toten und die Liebe wacht, sollte dem Dahingeschiedenen, der unsichtbar an dem Festessen teilnahm, helfen, sich aus eigener Kraft in ein wiedererstehendes Wesen zu verwandeln. Die Salben, die so überreich über den Toten ausgebreitet worden waren, um sein Fleisch wieder entstehen zu lassen, thronten als parfümierte Kegel auf den Haartrachten und flossen im Verlaufe des Festes an den Leibern herab.

Bei dem nächsten Fest des Monats sollte ein neues Opfer für den Toten dargebracht werden. Im Grabtempel hatten die Priester die regelmäßige Ausführung des Totenkultes zu überwachen. Man mußte, bevor man die Nekropole verließ, in einem hierfür vorgesehenen Depot das Geschirr abstellen, das für einige Riten des Banketts benutzt worden war. Die Leinenstoffe, welche die Bestattungsgegenstände berührt hatten (nämlich alles, was an Überschüssigem bei der Mumifizierung und der Bekleidung der Statuetten übriggeblieben war), wurden daneben zurückgelassen. Man legt dort auch die Maske der größeren der beiden mumifizierten Frühgeburten nieder, die vor dem Grab, genauso wie der Leib des Königs, die Salbungen erhalten hatte und die man der Mumie wieder aufzusetzen vergessen hatte. Ebenfalls blieben da die schönen Halskrausen, die letzten Bindeglieder der Lebenden mit dem Toten, die dazu gedient hatten, im Laufe des mystischen Rausches einem jungen König zu helfen, der im Schatten eines Grabes zurückgelassen wurde, um seinen Weg in die Unsterblichkeit zu suchen.

Dem, der nach der Ketzerei von Amarna wieder öffentlich zu dem alten Glauben zurückgekehrt war, mußte bestimmt die streng osirische Bestattung zum Nutzen gereichen.

Deshalb ist die mumifizierte sterbliche Hülle von Tut-ench-Amun zu der von Osiris geworden, Opfer eines Todes, der ihn den Menschen entzog, der aber durch die Bemühungen der göttlichen Familie in einen ewigen Leib verwandelt wurde. Die ganze Schar der Götter und Geister wurde angerufen und die unzähligen Hilfsmittel der Magie angewandt, um dem Wesen nach der letzten Wegstrecke die Morgenröte der Wiederauferstehung zu ermöglichen. Diese würde in Wirklichkeit die Erneuerung der höchsten Kraft sichern. Der tote Osiris würde am Ende seines langen Eroberungszuges für das Überleben dann wieder in der Gestalt der aufgehenden Sonne Re erscheinen. So kann man in ihrer großartigen Einfachheit die beiden extremen Aspekte des ägyptischen »göttlichen Mechanismus« definieren. Es gibt nicht zwei Wesenheiten: Osiris und Re, sondern nur eine Kraft in zwei wesentlichen Formen, das Tote und das Lebende, deren Verwandlung und Unveränderlichkeit die Ägypter mit allen Mitteln und mit Hilfe zahlreicher Symbole durch ungeheure, phantastische und geheimnisvolle Hieroglyphen darzustellen und zu deuten versucht haben.

Die Königsgräber der 18. Dynastie von Thutmosis I. bis zu den Zeiten Amenophis' III. tragen auf ihren Innenwänden Darstellungen, die man ein »Buch« nennen kann – da sie einen Zusammenhang, einen Anfang und einen Schluß haben –, ein Buch, dessen Vignetten an die zwölf Stunden des Weges der Sonne während der Nacht bis zur Wiedergeburt des Gestirns erinnern. Es trägt den Namen *Buch des Am-Duat* oder »Was es im Jenseits gibt« (auch »Unterweltsbuch« genannt). Es gibt kein »Totenbuch« mehr an den Wänden dieser Felsengräber, auch keine reizvollen Darstellungen, in denen man Szenen aus dem täglichen Leben sehen will, welche die Grabkapellen der Edelleute beleben. Die Dekors der Gräber der Herren von Theben vor der Revolution von Amarna stellen die dramatische Entwicklung und Wiedergeburt der Sonne dar. Die Geburt findet in der fünften Stunde statt, wenn die Barke des Gottes über eine Pyramide gleitet, die das göttliche Ei schützt, aus dem die Sonne hervorgeht. Das Symbol des erwarteten Gottes ist der Skarabäus, den man als Bild des »Werdens« am Bug der Sonnenbarke wiederfindet, die aus dem Horizont mit der zwölften Stunde auftaucht.

Unmittelbar nach der Ketzerzeit, während der das traditionelle Bestattungsritual in keiner Weise beachtet worden war, weder für die Bürger noch für die Herrscher des Hofes von Amarna, trug das Grab Tut-ench-Amuns, so einfach es auch in seiner Architektur und seiner fast nicht vorhandenen Ausschmückung war, die Merkmale der Rückkehr zu den vorväterlichen Riten. Auf der Westwand des

»Goldsaales« zeigen die gemalten zwölf Paviane und die Sonnenbarke die erste Stunde der Nacht an. Anscheinend war weiter nichts nötig, damit der neue Osiris auf seiner Reise dem Weg der Sonnenwiedergeburt folgen konnte. Es genügte, da das Grab nicht mit dem notwendigen Prunk und der vollständigen Ornamentierung ausgestattet werden konnte, daß alles nach den vorgeschriebenen Regeln um den Leichnam verteilt lag, der unzerstörbar und ewig wie das Gold war, mit dem man ihn bedeckt hatte und welches das göttliche Fleisch darstellte.

Im Dunkel der Gruft, beherrscht von der gigantischen natürlichen Pyramide des Thebanischen Gipfels, sollte der Verstorbene die verschiedenen Phasen des Kreislaufs wiedererleben, die im Laufe der Bestattungsfeierlichkeiten beschworen worden waren und die ihn für die große Reise vorbereitet hatten. Dieses Leichenbegängnis, wesentlicher Garant der genauen Ausführung der Riten, wurde zum ersten Male in einem Königsgrab, der Ostwand und einem Teil der Nordwand der Grabkammer, dargestellt. Die letzten magischen Handlungen, die von dem neuen König Eje über der Mumie ausgeführt wurden, gestatteten dem Osiris Tut-ench-Amun, im Jenseits von der »Dame des Himmels«, Nut, der Herrin der Götter, aufgenommen zu werden, die ihm ein Trankopfer reicht.

Für diese tragische und erhabende Verwandlung war alles Notwendige in den vier Kammern zusammengetragen worden, und trotz eines festgestellten Grabraubs und dem dadurch entstandenen Durcheinander der zurückgelassenen Gegenstände konnte man noch die Spuren einer systematischen Verteilung erkennen.

Wie in allen königlichen Gräbern war der »Goldsaal« der wichtigste Raum: er enthielt die Sarkophage und die Mumie (111). Daneben, mit ihm durch einen Durchgang verbunden, lag die kleine Kammer, die von den Ausgräbern als Schatzkammer bezeichnet wurde; sie enthielt als Hauptstück den riesigen Baldachin, der den Schrein mit den Kanopen beschirmte (112). Hier waren während der Mumifizierung die Eingeweide beigesetzt worden, das Herz aber mußte im Körper verbleiben. Jeder Vasenkörper bezog sich auf eine Göttin, und die Deckel entsprachen den vier Horus-Söhnen. Jeder dieser Genien bedeutete in Wirklichkeit die Vergeistigung eines der Organe des Toten. Amset war die Leber, und die Göttin Isis beschützte sie (Südwesten); Hapi war die Lunge; sie stand unter der Beschirmung der Göttin Nephthys (Nordwesten); Duamutef der Magen, der unter den Schutz von Neith gestellt war (Südosten); endlich der Genius Kebechsenuf, die Gedärme, über die die Göttin Selket wachte (Nordosten) (XVII). Gewisse Riten der Leichenbegängnisse, die sich über Jahrhunderte bis in alle Ewigkeit fortsetzen sollten, hatten zum Ziel, die Vereinigung der wiederbelebten Organe mit dem unversehrten Körper zu sichern, um ihm bei der Wiedergeburt zu helfen. Deswegen gab es auch keine trennende Mauer zwischen dem kleinen Raum mit den Kanopen und der Grabkammer.

Und damit diese Wiedervereinigung aller körperlichen Elemente des Königs auch tatsächlich stattfinde, hatte man an den Wänden und an dem Kanopenschrein die ganze Ausrüstung aufgeschichtet, die für die Abwicklung der archaischen Riten in den Sümpfen Butos gebraucht wurde, und sie teilweise in zweiundzwanzig Naoi aus geschwärztem Holz untergebracht (116). Es waren so geheimnisvolle Riten, deren Wurzeln so tief in die Vergangenheit zurückreichten, daß die Bedeutung einiger Vorgänge von den Amtierenden wahrscheinlich vergessen worden war; aber alle wußten, daß sie eine Handlung vollzogen, die den Keim zu dem wiedererstehenden Gott legte. Gewiß wußte man, daß Tut-ench-Amun, in seinem Papyrusnachen ein unsichtbares Tier harpunierend, den Sieg des gerechten Wesens und der Unschuld über den Dämon der Sümpfe darstellte, der oft als Flußpferd abgebildet wurde (XXVII). Aber was bedeutete diese Gottheit Mencheret, die den Leib des Herrschers, mit einer roten Krone geschmückt und eingehüllt in eine Art Leichentuch, so hoch hält (114)? Jedes Stück dieses unglaublichen Grabschatzes erfordert eine besondere und tiefgreifende Untersuchung, um seinen Sinn zu ergründen; immerhin ergibt sich aus dem Ganzen eine Grundbedeutung, und man kann bei allen Gegenständen, deren Rolle uns entgeht, die mysteriösen Phänomene der göttlichen Entwicklung und das sie schützende magische Netz erkennen.

Die zahlreichen Barken und Schiffe, die mit den mystischen Pilgerfahrten zusammenhängen, sollen in der Unterwelt dazu dienen, den Verstorbenen, der wieder zu einem Fetus geworden ist, zu den verschiedenen aquatischen Etappen oder Stationen im Schoß der trächtigen Muttergöttin zu geleiten. Wie der Osiris-Sohn wird er in den Sümpfen von Chemmis, im Delta, den Angriff der Dämonen erleben, die sich ihm entgegenstellen, ebenso wie Seth dem Sohn seines Bruders. Durch das Harpunieren des Dämons Sieger über das Böse, beschützt von dem guttätigen Geparden, der ihn auf seinem Rücken reiten läßt und ihn schlechten Einflüssen fernhält – nachdem er die verschiedenen Schwellen mit Hilfe der Gottheit Mencheret überschritten hat, die ihn in den ersten Augenblicken seines vegetativen, fast noch bewegungslosen Zustandes trägt –, wird er sich mit Hilfe der Götter der heiligsten Pilgerstädte zu den letzten Phasen seines Aufenthaltes im Abyssos begeben. Alle Gegenstände aus vergoldetem und schwarzbemaltem Holz – Schwarz ist in Ägypten die Farbe der Wiedergeburt, nicht der Trauer – gehören

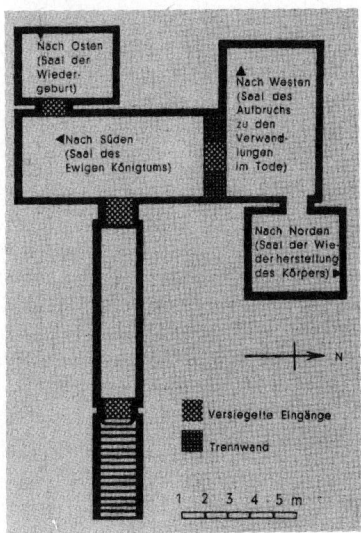

111 Plan des Grabes mit Angabe der rituellen Bestimmung von jeder der vier Kammern
112 Der äußere Kanopenschrein auf seinem Schlitten.

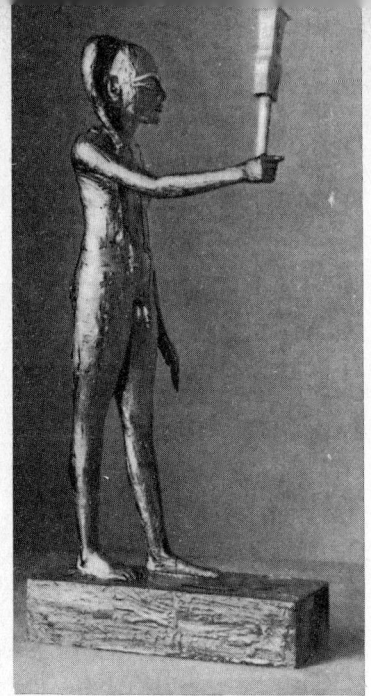

113 Gott Ihi mit dem Sistrum
114 Der Genius Mencheret trägt den in ein Leichentuch eingewickelten Tut-ench-Amun

sicherlich zu den ursprünglichen Riten, auf welche die Osirislegende anspielt, wenn sie uns berichtet, daß die Göttin Isis, befruchtet von dem verstorbenen und von ihr durch Magie wiedererweckten Osiris, ihren Sohn in den Sümpfen versteckte. Es ist gewiß, daß dieses Kapitel die Schwangerschaft der Göttin und das Schicksal des Sohnes betrifft, den sie unter ihrem Herzen trug, und nicht, wie lange behauptet wurde, die frühe Jugend des Sohnes. Aber viele andere Gestalten verstehen wir noch nicht. Die Gans Amuns, die man zwischen den goldenen Schreinen gefunden hat, geht auch auf diese Riten zurück, und man weiß, daß dieses Tier mit der irdischen Geburt der Sonne verknüpft ist. Die beiden Statuetten des kleinen Kindkönigs, dem Bildnis des Gottes Ihi gleich, des Sistrumspielers, Sohnes der Göttin Hathor, gehören auch zu den Geburtsmythen (113).

Bei dem Kopf der heiligen Kuh steht außer Zweifel, daß die Göttin Hathor, aus dem Papyrusdickicht auftauchend, ebenfalls an eine sehr alte Legende in dreifacher Version, die ihren Ursprung aus dem Horusmythus schöpft, erinnern könnte. Der Kuh Hesat, eine Sekundärform der Göttin Isis, Mutter des Gottes Anubis, der hier dem Horus gleichzusetzen ist, wurde von ihrem Sohn der Hals durchschnitten. Der Verbrecher wurde bestraft, sein Fleisch und seine Haut von den Knochen getrennt, und endlich wurde durch den Gott Thot die Ordnung wiederhergestellt. Aus der Haut machte die Göttin die berühmte Nebride, die zu dem Gott Anubis gehört, und in das Innere tat sie eine Salbe, die aus ihrer Milch hergestellt war. Diese Salbe diente seither dazu, den Verstorbenen das Fleisch

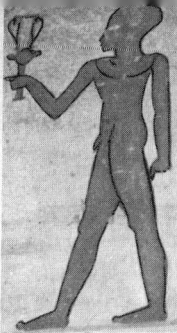

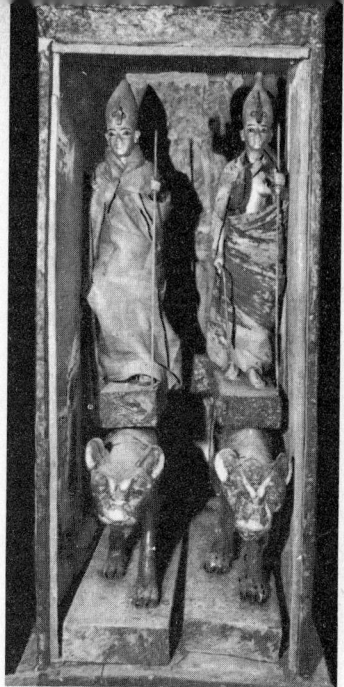

115 Drei Darstellungen der Statuetten, die bei den mystischen Wallfahrten während der Bestattungsfeierlichkeiten für Sethos II. verwandt wurden. (Grabmalerei im Tal der Könige)
116 Rituelle Statuetten in ihren Kästen

und der Haut die Kraft wiederzugeben; die Muttergöttin Isis spendet es dem
Toten, der durch diesen Ritus zu ihrem Sohne Horus wird.

In schwarzen Schreinen zeigten die zahlreichen Statuetten der *Uschebti(u)* oder
der »Antwortenden« alle das Antlitz des verstorbenen Königs; die kostbarsten
waren, mit Ausnahme des Gesichtes, mit Gold bekleidet, während andere nur
Beigaben dieses kostbaren Metalls aufwiesen (117). Es waren in gewissem Sinne
Diener des Toten, aber nicht wie wir es heute verstehen, daß sie dem König lediglich als Bedienung zugeteilt waren. Vielmehr muß man in ihnen Verkörperungen
verschiedener Wesenheiten des verstorbenen Königs sehen, die dem Dahingeschiedenen gestatteten, an jedem Ort und bei jeder Gelegenheit seinen Verpflichtungen
nachzukommen, kurz gesagt, niemals beim Appell zu fehlen. In sehr frühen
Zeiten wurden in Ägypten sicherlich, wie in anderen antiken Kulturen, diese
Diener bei dem Verscheiden des Königs getötet.

Der Verstorbene mußte sich wieder zusammenfügen und wiedergeboren werden; um ihm zu helfen, wurde die große Silhouette von Osiris flach in ein Behältnis auf den Boden des Grabes gelegt und mit Getreidekörnern bedeckt, die man
mit Wasser besprengt hatte. Und bald schon würde das Getreide keimen und
eine junge Vegetation mit zarten Trieben schaffen, die die Ernte ankündigten.
Durch einen magischen Vorgang will man die Bewegung hervorbringen, die zur
Wiederauferstehung führen soll. Der Körper muß sich auf jeden Fall wieder zusammenfügen, damit er kraftvoll und mit den Gebeinen aus Silber, die ihm sein

117 Verschiedene Uschebti(u) von Tut-ench-Amun

Vater gab, mit dem Fleisch und der Haut aus Gold, dem Erbteil seiner Mutter, ausgestattet wird. Um die Unvergänglichkeit dieser beiden Elemente zu beweisen, legte man in diesen, den Mysterien des Lebensursprungs gewidmeten Raum in ineinandergeschachtelte Sarkophage eine Statuette von Amenophis III., dem Vater des Königs, und die rührende Haarlocke der Königin Teje. Durch alle diese wiederholten Mittel wurde die Geburt vorbereitet und dem Keim, der sich wieder bildete, alles gegeben, was seine uranfänglichen Verwandlungen anregen konnte.

Nach den beiden ersten Pilgeretappen Saïs und Buto war die dritte die Stadt im Osten: Mendes. Dort hatte man den Pfeiler Djed errichtet und wieder das Haupt des geopferten Gottes auf seiner erneut zusammengefügten Wirbelsäule angebracht, wo das künftige Wesen seine beiden Seelen erhielt: die seiner vergangenen Hülle, Osiris, und die seines ewigen Leibes, Re. Das vielfältige Vokabular der Formen und Bilder erlaubte den Ägyptern, einem einzigen Begriff unzählige Auslegungen zu geben.

Diese beiden dem Fetus anhaftenden Wesenheiten können am Vorabend seines Erscheinens mit zwei Aspekten der Individualität des Toten gleichgesetzt werden und mit zwei Prinzipien, von denen das eine männlich, das andere weiblich sein kann: der Penis und die Vulva, oder auch die beiden Kronen des Königs. Dies entspricht den beiden Mutterkuchen, von denen in den Texten die Rede ist und von denen der eine unsichtbar bei der Geburt die »nichtmanifestierte Gestalt des Königs« bleibt. Wenn man diese Vorstellungen in Betracht ziehen will, die für den ägyptischen Bestattungsglauben wie überhaupt für fast ganz Afrika wesentlich sind, dann kann man auch verstehen, weshalb sich zwei kleine Sarkophage in einem bescheidenen Behältnis in Kopf-an-Fuß-Stellung mit dem Namen von Tut-ench-Amun befanden und die Mumien von zwei Frühgeburten von sieben und acht Monaten enthielten, deren eine wahrscheinlich weiblich war (118). Es scheint fast unmöglich zu sein, daß man unter diesen Gegenständen von so besonderer Bedeutung einen Platz für zwei angeblich totgeborene Kinder des

Paares Tut-ench-Amun und Anchsen-Amun reserviert habe. Weshalb sollten diese Königskinder, die schon vor dem Hinscheiden ihres Vaters tot waren, auf diese Weise in das Grab des Königs gelegt worden sein? Nichts erlaubt gegenwärtig die Annahme oder Entkräftung dieser Hypothese, aber der Ablauf der archaischen Riten des Deltas führt dazu, in ihnen die Gegensätze der zwei Plazenta-Nachahmungen (Chons) zu sehen, die sich im Grabe Haremhabs befanden. Dieses Grab enthielt, obwohl beraubt, Reste einer Ausstattung, die den Riten des Deltas ähnlich waren, genauso wie die geschändeten Gräber von Amenophis II. und Thutmosis IV.

So konnte, wie Horus in den Sümpfen von Chemmis, der göttliche Aspekt des Königs vor seiner Geburt Opfer aller Unfälle sein, die einem sich formenden Wesen begegnen konnten. Isis mußte darüber wachen, und sie, die »Herrin der beiden Feuer«, belebte die Flammen der Lampen und Fackeln, welche die Nacht und ihre schädlichen Ausdünstungen vertrieben. Damit die Übeltäter, welche die Schattengründe unsicher machten, auf ewige Zeit vernichtet werden, erlaubten die leichten Jagdwagen, die an der Wand zusammengepfercht standen, die Bogen und die Pfeile dem Gott Sched, wie Horus, dem Retter, alle unreinen Dämonen niederzumetzeln; ihre allzu häßlichen und allzu schädlichen Gestalten waren in poetischer Weise auf dem Köcher, der in der Nähe der Wagen lag, durch Tiere der Wüste dargestellt, die von Pfeilen durchbohrt und von Hunden gebissen wurden. Überall verfolgt der wohlgesinnte Gepard den Feind, und seine charakteristische Schnauze schmückt die beiden Enden des Kastens, damit der Inhalt noch wirksamer werde.

Die Truhen, auf denen sich die königliche Titulatur befand oder die mit magischen Hieroglyphen bedeckt waren, enthielten auch die Schmuckstücke, die dem Herrscher ein baldiges »Werden« sicherten: das *udjat*-Auge, das die Wiederherstellung des Wesens verbürgte; die Götterbarken, welche die Sonne trugen, die unter allen ihren symbolischen Formen und besonders in der Gestalt des Skarabäus wiedergeboren wird, der das Mittelstück des königlichen Vornamens als auch das Symbol der Verwandlung zur Wiedergeburt bildet. Osiris selbst oder der Djed-Pfeiler (Sinnbild des »wiederhergestellten« Körpers) nahm den Mittelteil der Anhänger in architektonischer Form ein, umgeben von den Göttinnen Nephthys und Isis, den großen Beschützerinnen der Mumie, oder auch flankiert von den beiden Göttinnen von Ober- und Unterägypten (ebenfalls den beiden Plazentas

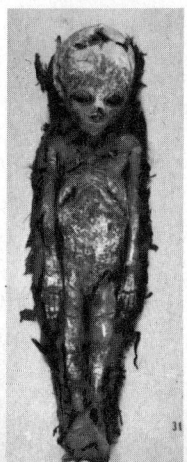

118 Eine der beiden mumifizierten Frühgeburten, die wahrscheinlich für die Riten der Wiedergeburt erforderlich waren

entsprechend), von Nechbet des Südens, dem Geier, und Wadjet, der Kobra, des Nordens.

In diesem Zusammenhang bekommt der kleine Sarg aus geschwärztem Holz das Bildnis des Königs, wie er auf seinem Totenbett ruht (ein Geschenk des Leiters der Arbeiten, Maja, enthaltend), eine besondere Bedeutung. Er gehörte in diesen Raum, der allen Riten für die Gestaltung des wiederbelebten Toten diente, bis zum Augenblick, da er mit seinen beiden Seelen ausgestattet wird (die beiden Vögel, die sich rechts und links vom Leichnam auf der Gabe Majas befinden). Die drei Viertel der unterirdischen Wasserfahrten waren gesichert, und vor seiner Sonnen-Wiedergeburt war das neue Wesen, noch in dem Schattenreich, aber schon mit Bewegung und Leben begabt, bereit, die letzte Etappe seiner Verwandlungen anzutreten.

Deshalb lag am Eingang dieses Raumes, mit dem Blick auf die goldenen Grabkammern, der junge Hund Anubis, mit seiner lebensvoll zitternden Schnauze auf seinem Kasten, eingehüllt in einen Leinenmantel, der aus den Webereien von Echnaton stammte (XXXII). Unter diesem Mantel lag um seinen Hals ein Blumenkranz, der sich mit einer Art verschlungener Krawatte über der Darstellung eines langen Bandes verband, dessen Enden bis zu den Vorderpfoten hinabreichten. Anubis mit den Menschenaugen war der junge Hund, mit dem man zuweilen den jugendlichen König verglichen hatte, als er im ersten Stadium seines Lebens stand. Mythologische Texte belehren uns, Anubis wäre Horus selbst, und man setzte ihn dem Gott-Kind Harpokrates gleich. Ein Wort- und Schriftspiel, wie es uns der Papyrus Jumilhac im Louvre zeigt, erklärt die Bildung seines Namens: Inp(u). I = Wind; N = Wasser; P = Gebel oder Felsenwüste. Seltsames Zusammentreffen: wir finden hier die drei Elemente, die den drei der vier Stationen der Pilgerfahrt zu den heiligen Städten des Deltas entsprechen und notwendig sind, damit der Verstorbene, der wiedergeboren werden soll, seinen Leib wiederherstellt: Mendes, Buto, Saïs. Inpu-Anubis, oft auch Imiut genannt, das heißt der, welcher in der Haut (oder Plazenta) ist, stellt also das Wesen während der Schwangerschaft dar, wie Horus, das Kind, in dem Papyrusdickicht des Deltas im Herzen der Sümpfe von Chemmis. Nachdem die letzten Riten ihm den Besitz des Feuers geschenkt hatten, brauchte er nur noch am Horizont zu erscheinen wie die aufgehende Sonne.

Beim Verlassen dieses Raumes, der die Sümpfe des Nordens heraufbeschwört, sieht man Anubis auf seinem berühmten Kasten liegen, »welcher die Furcht vor Osiris gibt, Gott der Pforte des Nordens«, wie man es im Tempel von Abydos liest; denn der Raum, dessen Eingang er bewacht, entspricht den nordischen Sümpfen.

Anubis, dem die Wiedergeburt verheißen ist; der Tote, der bald aus der Nacht heraustreten wird, dem ewigen Leben entgegen: das bedeutet das Bild des schwarzen Hundes, der noch in den Schattengründen leben muß, der Meister der Mumifizierung. In der Mitte des Himmels, den der Tierkreis von Denderah enthält, ist auch die Gottheit, deren Leben in den Sternen geschrieben steht, durch einen aufrecht stehenden Hund dargestellt, in der Gestalt des Upuaut, des »Öffners der Wege« (Louvre).

Hatte man, weil Anubis, der »Herr der Truhe«, mit den Schreibern und der Papyrusrolle in Verbindung gebracht wird, die Schreibpalette der Prinzessin Meritaton zwischen seine Pfoten gelegt? Das Ritual des *Totenbuchs* widmet ein Kapitel dieser Palette des Schreibers, dem wesentlichen Attribut von Thot, dem Gotte, der Schiedsrichter ist bei allen Streitigkeiten, der kraft seiner Kenntnis der Riten die Harmonie und den guten Lauf der Welt wiederherstellt. Und die Rolle aus Pflanzenfasern, auf der er schreibt, um das göttliche Wort festzulegen, ist aus dem Papyrus der Ursümpfe.

Man kann also sicher sein, daß der Raum, welcher von Carter als »Schatzkammer« angesprochen wurde, sich auf die erste Etappe der Verwandlung des Toten in einen ewigen Leib bezieht und die *wäßrige Sphäre* am Beginn der Welt *wachruft.* Begeben wir uns in das Tal der Könige zum Grabe Sethos' II. (das aus reinem Zufall als Laboratorium für die Gegenstände aus dem Grabe Tut-ench-Amuns diente). An den Wänden eines Raumes, am Ende des Ganges, der zu dem ersten Saal mit den vier Pfeilern führt, sind noch die Abbildungen der meisten Statuetten des Königs und der Genien, die man unbeschädigt in dem Nordraum des Tut-ench-Amun-Grabes gefunden hat, so gut erhalten, daß eine tiefgreifende Untersuchung dieser Bilder, im Vergleich mit der Tut-ench-Amun-Serie, sicherlich zu maßgebenden Resultaten führen würde (115). Zunächst ist man verblüfft, daß dieser Raum, der vor dem ersten Pfeilersaal liegt, in den Gräbern der 18. Dynastie (außer bei Amenophis I. und Hatschepsut) bis einschließlich Amenophis III. dem berühmten Brunnenschacht entspricht, der allgemein als eine haltgebietende Sperre gegen die Diebe und eindringendes Wasser angesehen wird.

Jetzt mußte man aber zugeben, daß er jedenfalls auch auf die wäßrige Sphäre anspielen will, in der, wie in den Wässern der Mutter, das im Werden begriffene Wesen sich aufhält. Natürlich ist dieser »Brunnenschacht« nicht mehr in dem Grab Echnatons in Amarna zu finden, aber er wurde erneut mit großer Sorgfalt in dem Grabe Haremhabs, des erbitterten Gegners der Neuerer, angelegt.

In dem Nordraum wurden alle Gegenstände aufgehäuft, die in einer späteren Epoche in vier verschiedenen Räumen verteilt wurden, die aber noch neben dem Bestattungsraum liegen; ein Papyrus, der sich im Museum von Turin befindet, zeigt uns den pharaonischen Plan für das Grab Ramses' IV., der nach dem »Gold-Saal« oder Bestattungsraum vier Räume vorsah, die zur Aufnahme dessen dienen sollten, was im Grabe Tut-ench-Amuns in dem Nordraum vereinigt war. Es gab den Gang für die *Uschebti(u)*, den »Ruheplatz der Götter« (die Statuetten für die butischen Riten), den Saal des »Schatzes« (für die Juwelen) und endlich den Saal, der vor allem die Kanopen enthielt. Und diese Räumlichkeiten umgaben einen Saal mit dem Namen »Saal des Halts«, als letzten Rest des antiken Brunnenschachts.

Gehen wir nun in den Bestattungsraum, wo der Hintergrund, von dem sich die großen Dekorationen abheben, an das Gold erinnert, welches das göttliche Leben sichert. Auf der Rückseite des Papyrus von Turin wird dieser Raum auch »Saal des Wagens« genannt, was schon eine Vorankündigung der Wagengräber in den späteren antiken Grabstätten ist. In der Mitte, um den Sarkophag des Königs herum, befinden sich fünf gelbe Rechtecke – das äußerste von den andern durch eine an den Ecken verstärkte Linie getrennt –; ihre Bedeutung war noch ungeklärt; seit der Entdeckung des Tut-ench-Amun-Grabes kann man annehmen, daß es sich hier um die goldenen Schreine handelt (119). Am Ende der 18. Dynastie zählte man nur deren vier. Vor dem letzten Schrein erscheint das hölzerne Gestell, auf das man den feinen Leinenschleier gelegt hatte, der mit Margeriten aus vergoldeter Bronze geschmückt war.

Die Grabkammer Tut-ench-Amuns verschaffte dem mumifizierten Herrscher, der Gott Osiris geworden war, alle königlichen Vorrechte, mit denen er im Laufe seiner irdischen Herrschaft ausgestattet war. Deswegen waren auch die Schreine aus vergoldetem Holz in unterschiedlicher Gestalt gehalten; jeder von ihnen entsprach nämlich einem Zustand des Königs. Der erste, der unmittelbar den Sarko-

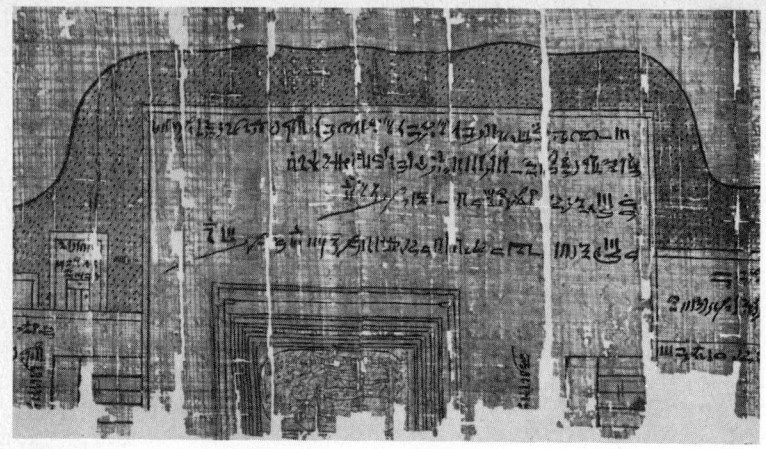

119 Alter Plan des Grabes von Ramses IV.; Sarkophagkammer *(Museo Egizio, Turin)*

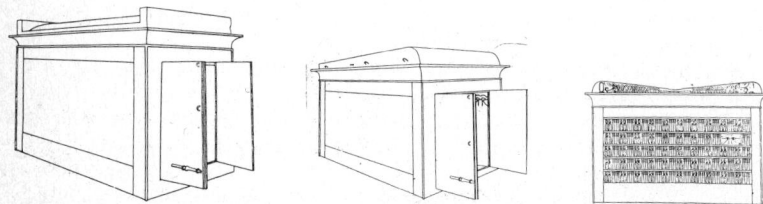

120 a) Modell des vergoldeten Schreins, der das Heiligtum des Nordens versinnbildlicht, b) Modell eines der beiden Heiligtümer des Südens, c) Modell des vergoldeten Schreins, der dem Heiligtum des *Sed*-Festes nachgebildet ist

phag berührte, nach dem Vorbild des archaischen Palastes der Herrscher des Nordens geformt, war der *Per-nu* oder das »Haus der Flamme« (120 a). Er entsprach der Kapelle, in der am Tage der Krönung der Pharao seine Kronen empfangen hatte, als seine Stirn mit der göttlichen Uraeus-Schlange geschmückt wurde.

Die Türen des großen vergoldeten Möbels waren innen und außen mit den Bildern von Isis und Nephthys geschmückt, die ihre schützenden Flügel ausbreiten. Die rückwärtige Außenwand zeigte diese beiden mit den Gesichtern einander zugekehrten Göttinnen, die ihre Flügel bewegten, um dem Toten den Lebenshauch wiederzugeben. An der Decke des Schreins befand sich ein prachtvolles Bild der Göttin Nut, des Himmelsgewölbes, die ihre geflügelten Arme ausbreitete und so mit ihrem Leib den Herrscher bedeckte.

Eine der großen Überraschungen für die Ägyptologen war das Nichtvorhandensein eines mit Vignetten reich ausgeschmückten Papyrus: des *Totenbuchs* von Tut-ench-Amun. Es scheint sicher zu sein, daß auch nichts Entsprechendes in dem Grabe niedergelegt worden war. Außerdem zeigen die recht bescheidenen Malereien auf den Wänden des »Gold-Saales« auf der Westseite nur eine schwache

Anspielung auf die so zahlreichen Darstellungen des *Buches von Am-Duat* (»Unterweltsbuch«). Dagegen waren alle Wände der vergoldeten Schreine mit den wichtigsten Kapiteln aus dem *Totenbuch* und dem des *Am-Duat* völlig bedeckt. Nur der erste Schrein, der Palast des Nordens, trug Darstellungen in Relief. Im Innern war er mit dem wesentlichen Text versehen, dem Kapitel XVII des *Totenbuches*, in dem – in einem berühmten Monolog – der Demiurg seine eigene Schöpfung und den Mechanismus seiner göttlichen Natur erklärt. Alle Götter, welche die Kanopenvasen beschützen, sind hier dargestellt.

Die beiden folgenden Schreine ahmen die äußere Form des Tempels des Südens oder *Per-ur* nach, das heißt das »Große Haus«, die Residenz des Geiers, des Symbols der Weißen Krone von Oberägypten (120 b). Für den ersten dieser Südschreine bezieht sich der gravierte Schmuck noch auf die Bestattungszeremonien; es erscheinen hier die Genien der Kanopenvasen, und es werden Anspielungen auf die Wiederbildung des zerstückelten Körpers des Toten gemacht. Im Innern stellen zwei *Udjat*-Augen nahe der rechten Eingangswand Sonne und Mond dar, sie verleihen dank der magischen Wechselwirkung dem Toten das ewige Leben. Außen an den Türen, an der Rückseite des Möbels, halten mit Messern bewaffnete Genien der Unterwelt Wache; es ist dies eine Anspielung auf das Kapitel CXLVII des *Totenbuchs*, das die Pforten der andern Welt beschreibt. Das Innere der Türen ist mit den geflügelten Göttinnen Isis und Nephthys geschmückt; und um den Schrein herum erscheinen mit allen ihren Vignetten der sechste und zweite Teil (Stunden) des Buches *Von dem, was es in der Unterwelt gibt (Am-Duat)*. An der Decke des Möbels deutet ein Geierflug die königliche Straße an, und ein schwebender Falke stellt unter den Göttervögeln den König dar.

Der zweite dieser Südschreine, der natürlich ein wenig größer als der vorige ist, ist in einem von der Amarna-Kunst stark beeinflußten Stil gehalten; unter dem Gesims und dem mit der Sonnenscheibe geschmückten Türsturz sieht man an beiden Türflügeln Bildnisse von Tut-ench-Amun, der, auf dem linken Flügel, begleitet von Isis, sich zu dem Gott Osiris begibt. Rechts steht der Herrscher, hinter ihm die Göttin Maat, ihnen gegenüber Re-Harachte. So steht er bei den beiden göttlichen Wesenheiten, die sein künftiges Wesen bilden sollen: bei Osiris, dem er gleich ist, und bei dem Sonnengott, dessen Gestalt er annehmen soll. Auch im Innern sieht man den König, wie er mit den Göttern eine Barake besteigt (121). Er wird die himmlischen Mächte, darunter die sieben Kühe und den heiligen Stier, die ihn auf seinem Wege, der an den vier Richtungspunkten mit Rudern abgesteckt ist, mit göttlicher Substanz versehen. Die Decke dieses Schreins trägt noch das Bildnis der schönen Göttin Nut, deren Arme in Flügel auslaufen. Die Innenseiten der Pforten werden von den Genien der jenseitigen Welt bewacht. Verschiedene Kapitel aus dem *Totenbuch*, die sich auf die Verwandlung des Verstorbenen beziehen, bedecken die Wände.

121 Die Sonnenbarke, auf der Tut-ench-Amun die Götter begleitet

Im Innern der beiden goldenen Schreine vollzieht sich das Mysterium: der Herrscher, der bald wiedererwächst, wird, fortgeführt auf seiner wundersamen Bahn, den Horizont der ewigen Welt erreichen, wie Pharao am Ende seines Herrschaftszyklus! Auf den langen äußeren Flächen sind die gewisse Vignetten begleitenden Texte in Geheimschrift abgefaßt, um die Formeln für denjenigen unzugänglich zu machen, der sich ihres Geheimnisses bemächtigen will. Diese Komposition beschreibt zum ersten Male die Schöpfung des Neuen Sonnenglobus. Die Ägypter scheinen schon vor Heraklit sich vorgestellt zu haben, daß die Sonne nach Abgabe ihrer Wärme am Tage ihre thermische Kraft während der Nacht mittels der Körper jener Götter wieder ergänzt, die in den chthonischen Bereichen residieren. Wie das Gestirn wird auch der König im Reiche der Toten für seine morgendliche Wiedergeburt neue Kraft gewinnen. Man sieht ihn hier als Mumie mit dem Beinamen »Der, welcher die Stunden verbirgt« dargestellt. Kopf und Füße sind umschlungen von der Schlange *Mehen.* Auf der Mitte seines Leibes trägt er die nächtliche Scheibe, die von einem Vogel mit Widderkopf bewohnt wird. Weiterhin, inmitten phantastischer Genien, welche die Scheibe halten oder sie gar ausspeien, stellen zwei riesige Zepter mit den Köpfen eines Widders und eines jungen Hundes Kopf und Hals von Re dar, Sinnbilder der Macht, welche die Sonne erschafft. Nicht weit von diesen Szenen befindet sich ein Kapitel aus dem *Totenbuch,* das sich auf die Erhaltung des Herzens bezieht und auf das Leben und das Gewissen des Anwärters auf die Ewigkeit anspielt.

Zwischen diese drei ersten goldenen Schreine hatten die Offizianten Gegenstände gelegt, welche die Wirksamkeit aller Riten und aller Verwandlungen vollenden sollten. Die Waffen trugen dazu bei, die Dämonen zu erschrecken – die Jagd auf die Strauße, die dämonischen Tiere der Wüste, vertilgte die bösen Geister, genau wie, auf dem königlichen Leichnam selbst, die Scheibe eines seiner Dolche die Mächte des Bösen, allein durch die Darstellung der Verfolgung von Stieren und Steinböcken, zunichte machte.

Die Salböle waren unter allen notwendigen Elementen jene, denen man eine besondere Wichtigkeit beimaß; man hat sie unaufhörlich über der Mumie ausgegossen, damit sie dem fast skeletthaften Körper das frühere Fleisch wiederschenkten. Aber man hatte sie hier auch in Töpfen und Vasen aus Alabaster oder auch Kalkspat aufbewahrt, welche die unterschiedlichsten Formen zeigten. Eine von ihnen erinnerte an die Vereinigung der beiden Königreiche des Südens und Nordens, deren Bestand dank der Wachsamkeit der Nilgeister gesichert war, aber am originellsten war jener Topf, auf dem oben ein friedlicher Löwe mit heraushängender Zunge – ein Sinnbild des Königs selbst – thronte (XXI). Der Schutz war durch das Antlitz des Gottes Bes gesichert, das sich an der Spitze von zwei blumenförmigen Säulchen befand. Der Bauch des Topfes war mit einer Jagd unter Tieren bedeckt, bei welcher der Einfluß des Orients besonders an der Art spürbar wurde, wie der Löwe des Pharao den Stier angriff (die ägyptische Darstellung bevorzugt die Gegenüberstellung von Löwe und Stier); diese Dekoration war also ein weiterer Schutz. Die Salböle in ihm blieben für alle Ewigkeit wirksam, denn sie selbst waren, wie der Körper, für den man sie bestimmt hatte, durch dieses Behältnis vor Zersetzung geschützt. Um die Wirksamkeit des Bildes noch zu verstärken, ruhte das Gefäß auf vier Köpfen mit fremdländischen Zügen, die an die Gegner Ägyptens an den vier Punkten des Globus erinnern sollten.

Es scheint, als wären die vielleicht von den »Freunden des Königs« während der Bestattung gebrauchten Stöcke hier abgestellt worden, um dem Gefolge die Verewigung im Jenseits zu ermöglichen. Aber die symbolreichsten Stücke waren die

XXIX Die goldene Totenmaske. Diese Maske scheint Ähnlichkeit mit dem jungen Herrscher zu haben. Sie war direkt auf das bindenumwundene Gesicht gelegt. Die Maske hat natürliche Größe, ist aus massivem, gehämmertem Gold gearbeitet und mit Einlegearbeiten aus Edelsteinen und farbigem Glasfluß verziert. Die beiden symbolischen Tiere der Schutzgottheiten sind an der Stirn der Maske angebracht, und das Kinn ziert der falsche Bart der Götter. Augenschminke und Brauen sind aus Lapislazuli.

XXX Kopfteil des zweiten mumienförmigen Sarkophags, der den Sarkophag aus massivem Gold enthielt. Dieser hier besteht aus Holz und ist mit Goldblättchen überzogen, mit mehrfarbigem Glasfluß und Edelsteinen verziert. Die Statue trägt das Nemset-Kopftuch, ein breites Halsband und den langen Bart der Götter. Auf den Armen sind die beiden symbolischen Tiere des Königreichs – der Geier und die geflügelte Schlange – zu sehen. Kleine Nägel mit Silberköpfen befestigen den Deckel.

XXXI Der Sarkophag aus Gold. Kopfteil des dritten mumienförmigen Sarkophags, der die Mumie enthielt, die eine Goldmaske trug und mit allen ihren Schmuckstücken und Amuletten versehen war. Dieser Kopfteil besteht aus gehämmertem massivem Gold (22 Karat). Die Einlegearbeiten sind aus Edelsteinen und Glas. Das Gesicht strahlt Ruhe aus; seine Würde wird noch erhöht durch den goldenen Rahmen, den die Flügel des Nemset-Kopftuches bilden, das nicht blaugold gestreift ist.

XXXII Das dem Gott Anubis geweihte Tier wurde lange Zeit für einen Schakal gehalten. Das Tier ist aus schwarzlackiertem Holz gefertigt, einzelne Teile sind vergoldet, die Krallen der Pfoten sind silbern. Die Augen bestehen aus Alabaster und Obsidian. Es saß auf einem vergoldeten naosförmigen Kasten und versperrte den türlosen Eingang, der die Kammer mit den vergoldeten Schreinen mit der von den Ausgräbern so getauften »Schatzkammer« verband.

Stöcke, deren Griffe das Aussehen des sehr jungen Tut-ench-Amun hatten; der eine in Silber, der andere in Gold (122). Man denkt unwillkürlich an die Gestirne der Nacht und des Tages, die der Pharao bis zur spätesten Epoche verkörperte, »Der lebende Gott, Sonne von Ägypten und Mond aller Länder«. Jedoch mußten die beiden Statuetten zwischen den Schreinen, wo immer wieder der Grundgedanke der Wiedererschaffung des Leichnams ausgedrückt wird, wahrscheinlich durch magische Wechselwirkung den Fortbestand der Gebeine bewirken, von denen das Ritual lehrte, daß sie aus Silber gemacht und von dem Vater geschaffen seien, und den des Fleisches aus reinem Gold mütterlichen Ursprungs.

Der letzte vergoldete Schrein bot einen anderen Anblick (120c). Sein vorn abgerundetes Dach erinnerte an den Kiosk der Jubiläumszeremonien, unter dem während des Sed-Festes (sed bedeutet Schwanz oder Ende) der König am Ende seiner dreißig ersten Regierungsjahre seine Energie und Lebenskraft erneuern mußte, indem er ein »simuliertes« Hinscheiden durchmachte, welches an den Tod der archaischen Stammeshäuptlinge erinnerte. Den Oberkörper in ein Totengewand gehüllt, in der Hand Geißel und Krummstab des Osiris, erschien er auf diesem Fest, das am ersten Tage des Monats *Tybi* gefeiert wurde, dem ersten Monat der zweiten Jahreszeit des ägyptischen Jahres, die *peret* heißt, also jene des Auftauchens der Felder aus den Überschwemmungsgewässern.

Es steht fest, daß unter diesem goldenen Bauwerk der Herrscher mit neuem Leben begnadet wurde: Tut-ench-Amun erhielt hier die Bestätigung des ewigen Lebens von seinem Vater Re, der Sonne. Wie Atum, die untergehende Sonne, trat er in seinen fernen Horizont ein, dessen Profil durch das gebogene Dach des Schreins angedeutet wird. Deshalb bildeten in diesem letzten Schrein der *Djed*-Pfeiler des Osiris und das Isis-Blut die einzige Dekoration, mit Ausnahme eines rechteckigen Platzes an der linken Seite, der für die beiden heiligen Augen vorgesehen war. Die beiden Türflügel waren rechts mit einem geheimnisvollen Bild geschmückt, das, wie es scheint, den aufgerichteten Anubis-Hund zeigt, dem man den Kopf und die Pfoten abgeschnitten hat: aus dieser Hülle mußte der wiedererstehende Gott, der Besieger der Feinde, entspringen. Gegenüber stellt ein kniender Genius den Horus *Nedjitef* dar (das heißt »Kopie seines Vaters« eher als »Rächer seines Vaters«, wie man gemeinhin sagt).

Im Innern dieses Schreins befanden sich nun die letzten für die Unsterblichkeit des Königs wichtigen Darstellungen. Auf der Hinterwand sah man die göttliche Kuh mit dem von Sternen besetzten Leib; zwischen ihren Vorder- und Hinterbeinen fahren die Sonnenbarken, von denen die eine Re trägt; der Gott des Luftraums Schu hält den Unterleib der Kuh, und acht Genien umschließen ihre Beine, welche die Himmelspfeiler bilden. Diese Darstellung erscheint hier zum erstenmal. Die Inschrift spielt auf eine Legende an, die man aus den Gräbern der 19. und 20. Dynastie (Sethos I., Ramses II. und Ramses III.) kennt. Sie bezieht sich auf die letzten Regierungsjahre des Sonnengottes auf Erden. Gealtert und der undankbaren Menschheit überdrüssig, bestraft er sie, bevor er in die himmlischen Horizonte taucht. Dann nimmt er seinen Platz auf der göttlichen Kuh ein, die ihn weit wegträgt. Thot, der göttliche Schreiber, Gott des Mondes, wird ihn dann bei der Regierung der Welt im Himmel ersetzen. Dies ist das Ende des Königszyklus und der Eintritt des Herrschers in die Ewigkeit. Deshalb sieht man im Innern dieses Schreins, wo die Barke *henu* und einzelne Kapitel aus dem *Totenbuch* dargestellt sind, nicht weit von dem Tierbild, zwei Genien, welche die Himmelspfeiler halten; sie erscheinen dort in der Gestalt eines Weibes (*djet*) und in der eines Mannes (*neheh*) zur Bestätigung, daß Pharao nunmehr den Zustand des Überlebens

122 Statuetten des jungen Tut-ench-Amun in Silber und Gold

erreicht habe. Der König ist am Ziel seiner Reise angelangt; er kennt nun das Schlüsselwort, und er kann es sagen, wie es die Inschrift unter den Genien besagt: *Ich kenne den Namen dieser beiden Götter: dies ist Djet und dies ist Neheh.*

Aus diesem Grund hielt zweifellos ein leichtes Holzgestell – zwischen diesem letzten Schrein, der nach dem Bild des Heiligtums des Südens geformt war, und jenem, der an das Tempelchen des Sed-Festes erinnerte – einen sehr feinen, mit Margeriten bestückten Schleier, der wahrscheinlich an den sternbesäten Bauch der göttlichen Kuh erinnerte, unter der die Sonnenbarke hindurchgefahren war. Die Ruder, die gegen die Nordwand des vergoldeten Schreins gelehnt waren, sollten zur himmlischen Schiffsreise dienen, und das Fleisch des wieder zusammengefügten Gottes wurde fortwährend mit Salböl genährt, das in den beiden Darstellungen der Nebride des Anubis enthalten ist und sich an den Nordwest- und Südwestecken der Kammer befindet. Zweifellos wurden auch einzelne Instrumente, die zur Öffnung des Mundes und der Augen gedient hatten, in den doppelten Schreinen aus schwarzlackiertem Holz aufbewahrt, die in den Nordwest- und Nordostecken dieser Kammer aufgestellt waren. Die Silbertrompete vor der offenen Tür des äußeren Schreins sollte die Wiederauferstehung verkünden (?), und die Sonnen-Gans bestätigt den Sieg des Gestirns über die Schattenbereiche. So enthielt der Westraum des Grabes in vielfachen Hüllen den Leichnam des Fürsten, der seine königlichen Vorrechte, die er auf Erden und in der Welt der Menschen ausgeübt hatte, nun für die Ewigkeit noch verstärkt wiedererhielt.

Der Vorraum, der sicherlich dem Süden entsprach, enthielt vor dem Grabraub alle die Gegenstände, die zur vollständigen Behauptung des Königtums dieses Pharaos dienten. Vor allem die beiden großen schwarzen Statuen, der *Ka* des Königs, die unzerstörbare Emanation seiner schöpferischen Persönlichkeit, bewachten den Durchgang zu dem »Gold-Saal«. Die drei großen Betten erinnerten an das Einbinden der Mumie; sie konnten aber auch als Beförderungsmittel für den erhabenen Aufstieg des Herrschers gedient haben: die Göttin Toëris mit dem Flußpferdmaul, Beschützerin der Geburten, die über die Entbindungen wachte, hatte die Mumie des Königs einer neuen Bestimmung entgegengetragen (XXVII); das Bett in Gestalt des beschützenden Geparden, dessen Tränen unter den Augen so charakteristisch sind, hatte während der ganzen wiederhergestellten Herrschaft die Wache des Pharao übernommen (XXVI). Die beide letztgenannten Möbel entsprachen dem Nordschrein (Geburt) und denen des Südens (Herrschaft). Und dann war für den Aufstieg in die göttlichen Horizonte das Bett in Form der Kuh wesentlich; es paßte zu den Ereignissen, an die der Schrein des Festes Sed erinnerte. Von den beiden wiederaufgefundenen Thronen war wohl der, den man als Priestersessel gedeutet hat und der die Inschriften Aton und Amun trägt, von der Person des Königs im Verlaufe großer religiöser Zeremonien benutzt worden; sein Schemel war auch ursprünglich in diese Kammer gestellt worden (IV). Man hatte auch das Zepter dazugelegt, mit dem der König die Opfergaben weihte, und in Kästen alle Gegenstände, die zur Ausübung offizieller königlicher Handlungen dienten. Aber die zahlreichen und prächtigen Kronen, die der König auf allen Darstellungen an den Wänden der Heiligtümer trägt, sind nicht in diesem Mobiliar enthalten. Sie gehörten auch eher dem Königtum als einem bestimmten König und mußten als integrales Eigentum dem Schatz des dynastischen Tempels verbleiben. Allein der Helm *Cheperesch*, den der Herrscher immer nach seiner Krönung trug, war vielleicht in sein Behältnis gelegt worden (82). Hingegen hatte man die großen Stöcke mit den Bildnissen der Feinde wiedergefunden, die dem Pharao erlaubten, bei seinem majestätischen Vorbeizug alle die im Staube zu schleifen, gegen die er sein Land verteidigen mußte (X, XI). Im Zusammenhang mit diesen Gegenständen wird wieder die vorbeugende und schützende Bedeutung der meisten Kriegs- und Jagdszenen klar. Das treffendste Beispiel ist hierfür der berühmte Schrein (VI) – auf dem der junge Pharao dargestellt ist, wie er auf seinem Streitwagen die Asiaten und dann die afrikanischen Schwarzen besiegt, ferner, in feiner Malerei, wie er bei der Verfolgung von Steinböcken, Wildeseln, Straußen und Hyänen seine Pferde lenkt sowie sein Triumph über acht Löwen. Gewiß kann jede Einzelheit stimmen, das Pferdegeschirr, das Kostüm Tut-ench-Amuns, der Schmuck an seinem Wagen, die Ausrüstung des Fußvolkes und der Reiterei, die ihm folgen, die Kleidung der Asiaten, die Waffen der Neger. Aber keine dieser Szenen war in Wirklichkeit von dem jungen und schwächlichen König erlebt worden. Diese traditionellen Bilder, die in so anschaulicher Weise wiedergegeben sind, stellten wiederum nur eine eindrucksvolle Wiederholung des Sieges des Guten über das Böse dar, nämlich die von Pharao auf Erden begonnene und im Jenseits fortgeführte Vernichtung alles dessen, was den harmonischen Lauf des Weltgeschehens behinderte. Auch die Sandalen, die man im Innern des Kastens gefunden hatte, dienten dazu, dieses Ziel zu erreichen, denn sie waren geschaffen, die gestaltgewordenen Dämonen mit den Füßen zu zertreten, die meistens als Feinde mit zusammengebundenen Gliedmaßen auf den Fußschemeln Seiner Majestät erscheinen.

Die goldenen Streitwagen, auf denen in Ketten geschlagene Besiegte den natürlichen Schmuck bildeten (VII), waren die Fahrzeuge, auf denen Seine Majestät wie eine strahlende Sonne erscheinen sollte. In diesem Raum befand sich auch die Tunika-Dalmatika, die vielleicht beim Jubiläumsfest von den Königen getragen wurde. Der große Streifen, mit dem der untere Teil abschloß, verstärkte den erwarteten Schutz vermittels des Bildes magischer Jagden. Reisetruhe (83), Handschuhe, Schmuckkästen, Wäsche des Königs, der majestätische Sessel, auf dessen Rücklehne die Ewigkeit die Titulatur des Königs beschützt, das Jägerwams, der Schemel mit den zusammenlegbaren Füßen und dem Bild der übelwollenden Enten, die zu Sklaven gemacht werden; die prachtvollen Bogen, silber- und goldgefaßte Spiegel: alle diese Gegenstände konnten wohl Zeugnisse aus dem Leben des Königs sein, aber sie zeigten auch Besonderheiten, die die Vermutung zulassen, sie könnten ausschließlich für die Bestattung hergestellt worden sein.

Dieser südliche Vorraum des Grabes war also dazu bestimmt, alles das aufzunehmen, was auf magische Weise das königliche Wesen in voller Ausübung seiner Herrschertätigkeit wiedererschaffen hilft, damit die Verwandlungen diese noch erhabener machen.

Es blieb jetzt nur noch der letzte Akt, die Wiedergeburt. Der von den Ausgräbern als »Nebenkammer« bezeichnete Raum war ganz dieser Wiedergeburt gewidmet, und ihre nach Osten gerichtete Tür konnte als dieser Himmelsrichtung entsprechend betrachtet werden, um den König zum Morgen eines neuen Lebens zu führen. Sosehr auch das Mobiliar durcheinandergeworfen war, als man diesen Raum entdeckte, so ist es in großen Zügen doch möglich, sich vorzustellen, wie die Gegenstände ursprünglich aufgestellt waren, und man kann die Bedeutung eines solchen Raumes erkennen. Lebensmittel und Getränke, Spiel- und Werkzeuge eines Kindes, Möbel eines Heranwachsenden, reizvolle und trotzdem der religiösen Tradition gerecht werdende Darstellungen auf einem Kasten oder auf einem Naos, Bilder aus dem Familienleben des Königs und seiner jungen Gemahlin (XXVIII) sowie Szenen, die mehr sportlich als kriegerisch sind, ein Thron, der an die Amarnazeit erinnert, auf dem die Königin eine Handlung vollzieht, die weniger königlich als dem Bestattungskult zugehörig ist, Möbel, die Kopfstützen enthalten, Spiele, Kopf und Büste eines in Wiedergeburt befindlichen Wesens (eine Art Haus- oder Feldgott) – alles dies läßt sich auf einen gemeinsamen Nenner bringen: das Erwachen zum Leben und zu den Freuden dieser Welt.

Der zum Osiris gewordene König mußte sich nach seinen Verwandlungen zum Horizont aufschwingen, in der Gestalt des Re, des Tagesgestirns. Durch den gleichen Vorgang sollte der »Horus der Lebenden«, der neue Pharao, auf dem Thron erscheinen, der Nachfolger seines Vaters und Widerschein des letzteren, wie es Horus, Sohn des Osiris, tat, als er durch die neubelebte Kraft seines Vaters, den Isis nach seinem Tode erweckt hatte, um den Keim des toten Gottes zu empfangen, wiedergeboren wurde. Es ist wahrscheinlich, daß die Abwicklung des Bestattungsbanketts als wesentliches Endziel die Zeugungsszene vor Augen hatte. Auf der Rücklehne des Goldthrones scheint Anchsen-Amun, in offizieller Haartracht, Tutench-Amun, der in ungezwungener Haltung dasitzt, zu parfümieren (IX). Obwohl die Namen der Herrscher die der thebanischen Zeit sind (Amun hatte Aton ersetzt), bietet der Amarna-Globus, wie in der Kindheit des Paares, die Lebenszeichen dar. Eine andere wichtige Einzelheit wird durch die Halskragen des Königs und der Königin gegeben, von denen ein Exemplar noch auf einem kleinen Schemel abgebildet ist: es ist der Halskragen, der auf den Sarg des Königs gelegt wurde und wie ihn die Gäste auf dem Bestattungsbankett getragen hatten; in der Geheimkammer des Tals der Könige hatte man davon noch Reste, die besonders gut erhalten waren, gefunden.

Tut-ench-Amun bereitet sich in der Tiefe seines Grabes auf die Teilnahme an diesem Festessen vor, jedoch Anchsen-Amun verläßt ihn nicht mit den anderen, die ihn ins Grab geleitet hatten; sie bleibt, wo er auch sei, seine »Lieblingskonkubine«. Auch in den Bürgergräbern begleitet das Bildnis der Gattin den Verstorbenen, und oft findet man in der Grabausstattung ein Figürchen, welches das »weibliche Prinzip« zur Verfügung des Toten hält, damit er es befruchte und aus eigener Kraft wiedererstehen könne und so zum »Stier seiner Mutter« (*Kamutef*) wurde. Nicht weit davon deutet das Abbild des Flußpferdes, das ohnmächtig auf dem Grunde der Sümpfe lag, auf den gelähmten und unschädlich gewordenen Dämon hin: kein Hindernis kann nun noch die erwartete Geburt aufhalten!

Auf einem höheren Niveau, auf dem die Poesie und künstlerische Eleganz der Gegenstände die rituellen und magischen Szenen verbergen, enthielt die Nebenkammer des Tut-ench-Amun-Grabes das diese Geburt fördernde Material. So ist auch der vergoldete und auf einen Schlitten gestellte Naos, der in der Vorkammer (aber nahe der Tür zur Nebenkammer) gefunden wurde, denn er war bei dem Grabraub herausgenommen worden, einer der wesentlichsten Gegenstände dieser Gruppe. Als ritueller Zufluchtsort des Königs und der Königin mußte er in seinem Innern die beiden Statuetten bergen. Es ist nur noch der Sockel des Königsbildnisses mit dem Abdruck seiner Füße vorhanden (123). Die Figur selbst, die wahrscheinlich aus massivem Gold bestand, ist, ebenso wie die der Königin, von den Dieben geraubt worden. An den Türen wie an den Seitenwänden des Naos besteht die ganze Dekoration nur jeweils aus Bildern von Tut-ench-Amun und Anchsen-Amun. Die Szenen stellen zwei wesentliche Beschäftigungen dar: die Beziehungen eines Liebespaares und die Jagdfreuden in den Sümpfen. So umgibt also die aufmerksame Gattin ihren Herrn mit Zuvorkommenheit und Zärtlichkeit. Geschmückt wie eine Favoritin, bringt sie ihm das Geschenk des wichtigen Aktes, der sich in der Opferung der Symbole der Göttin Hathor ausdrückt. Duftstoffe, Blüten, Halsbänder werden ihm überreicht von der Frau, die bereit ist, sich ihm selbst zu geben. Man hat auch an ein notwendiges Gegenstück gedacht, damit die bösen Geister sich nicht gegen die wiedergewonnene Männlichkeit des Herrschers und die Fruchtbarkeit seiner Gattin auflehnen können. Auf einem Schemel sitzend, in Gesellschaft seiner gezähmten Löwen, schießt Tut-ench-Amun seine Pfeile auf die Wildenten, welche die Papyrusdickichte bevölkern. Auf diese Weise werden die geflügelten Dämonen den Ort verlassen (124). In dem »Raum der Wiedergeburt« hatten darüber hinaus fromme Hände einige Pfeile niedergelegt, die der Königin erlaubten, ihrem Gatten jederzeit die Waffe zuzureichen, die er brauchte. Man sieht auch den König in dem Papyrusnachen, mit dem die Zeremonie dieses Ritus beginnt. Anchsen-Amun begleitet ihn in offizieller Haltung. Er hält schon eine Anzahl Vögel an deren Füßen in seiner Hand. Diese reizvolle Jagdszene in den Sümpfen, die fast in allen Bürgergräbern Ägyptens seit den Pyramidenzeiten zu finden ist und in der Epoche der Ptolemäer sogar in den Tempeln wiederauftaucht, drückt nicht nur ein Vergnügen der große Herren aus, sondern zeigt nochmals die offizielle und rituelle Austreibung des Bösen durch die Vernichtung des wilden Geflügels. So versteht man auch eher die bedeutende Anzahl der Wurfhölzer, die in dem »Raum der Wiedergeburt« gefunden wurden; denn fast immer tritt der Tote dem Bösen mit der alten Waffe der Jäger entgegen.

Die Königin ist sehr verführerisch gekleidet; sie trägt sogar in den Ohren die Ringe mit Anhänger, die dem Herrscher als Kind gehört hatten. Aber damit die Riten nicht unwirksam werden, hatte man, mit einer Wiederholung, die fast schon zu einer Manie wird, wie um alle Variationen des gleichen Themas zu erschöpfen, noch andere Möbel, andere Kisten angehäuft, an deren Seitenteilen die gleichen notwendigen Geschehnisse von neuem dargestellt sind. Auf dem berühmten pultförmigen Deckel in Elfenbein wird die Königin gezeigt, wie sie dem König zwei lange Papyrus- und Lotossträuße überreicht, in die Mandragoren, die Früchte der Liebe, gemischt sind. Die königlichen Gestalten heben sich von einem Blumenhintergrund ab, und die Szene scheint sich in einer Weinlaube abzuspielen, dem geeigneten Ort für einen seligen Rausch. Die Wände des Kastens zeigen dazu die Vernichtung der Tiere untereinander: die gutartigen (Hund und Gepard), die bösartigen (Steinbock und wilder Stier). Das ganze Tierreich steht im Dienste des Toten.

Ein Bild zeigt das Gegenstück der Liebesszene der oberen Tafel. Der König sitzt in einer blumigen Landschaft vor einem Wasserbecken; er jagt in Begleitung seiner Gattin die Wildenten in den sie umgebenden Büschen. Einzelne Fische sind schädlich. Aber in der Mitte des Wassers zeigen der *lates niloticus* und die *tilapia nilotica* in dem »See des Lebens« den doppelten Aspekt des Toten an den beiden Polen seiner Totenreise in den wäßrigen Gefilden: Saïs und Mendes. Mehr als drei Jahrtausende später, im 20. Jahrhundert, hat sich das Schwarze Afrika noch eine gleiche Auffassung von der Seele des Verstorbenen bewahrt.

So zog auch in seinem dionysischen Abschluß das Bankett zwangsläufig die letzte Szene nach sich, die dem Toten die Kraft des Überlebens verlieh. An den Wänden waren die Gerichte aufgehäuft, von denen er kosten sollte: konserviertes Geflügel- und Rindfleisch, Krüge mit Wein aus den besten Lagen. Aber die Duftstoffe und die Salböle durften nicht bei diesen notwendigen Orgien fehlen, und die Kalkspat- und Alabastervasen in den elegantesten und reizvollsten, auch unerwarteten Formen bereichern den Schatz des Dahingeschiedenen. Da steht ein Erinnerungsstück aus der Familie, ein Gefäß mit dem Namen Amenophis III., das ein kostbares Salböl enthält; hier steht eine Flasche in Gestalt eines auf seinen Hintertatzen aufgerichteten Löwen, der, indem er sich auf ein schützendes Zeichen stützt, die Haltung des Flußpferdes, der Göttin der Geburten, nachahmt. Aber an was sollte wohl dieses merkwürdige Bildwerk über einer Barke mit dem Haupte des Steinbockes erinnern (XV)? Am reizendsten war der Deckel eines Kruges, der obenauf ein Nest mit vier Eiern und einem eben ausgeschlüpften Vögelchen trug. Man könnte sich keine bessere Illustration für einen Abschnitt der berühmten Hymne an Aton denken, deren Anreger, wenn nicht gar Verfasser, der Ketzer von Achetaton gewesen ist:

> Wenn das Vöglein, vor seiner Geburt, schon in der Eierschale piepst,
> Hast du ihm schon den Hauch gegeben, um es leben zu lassen.
> Und damit es sie zerbricht (die Schale), dafür hast du das Ziel gesetzt.
> Es verläßt das Ei und läßt sich geräuschvoll vernehmen.

Mit diesem Bilde konnten zuweilen die Künstler auf die Geburt eines Prinzen anspielen. Denn man erwartete ja auch im Grabe sein Kommen. Die niederen Betten, die sich in diesem Raume befanden, zeigten die Sorgfalt, mit der man Tutench-Amun sein Hochzeitslager geben wollte. Dem Königskinde sollte es an nichts fehlen, wenn es einmal zur Welt gekommen ist. Man hatte daran gedacht, ihm die

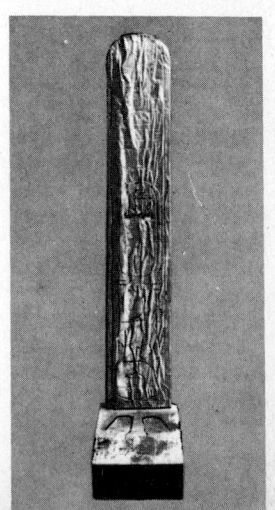

123 Sockel und Stütze einer Goldstatuette, die achtlos in dem kleinen vergoldeten Naos abgestellt wurde

124 Vorderseite eines Kastens, auf der der König bei Jagd und Fischfang in den Sümpfen dargestellt ist

Schemel zu belassen, die Seine Majestät benutzt hatte, als er selbst noch ein Kind auf Erden war; auch seinen Spielzeugkasten mit einem Geheimschloß, das den Vorläufer unserer Feuerzeuge enthielt; ebenso seine Schleuder. Zu alledem hatte man noch die Kastagnetten mit einem Namenszug der Königin Teje gelegt.

Manche Gegenstände geben Probleme auf, die niemand so leicht lösen wird: weshalb befinden sich hier die Sicheln zum Schneiden des Getreides? Zweifellos, um das Opfer des Ackergottes fortleben zu lassen. Weshalb liegt an diesem Ort, wo an das Bestattungsbankett erinnert wird, kein Musikinstrument? Vielleicht könnte der Grabraub der Grund sein.

Auch die Votivschilder waren vorhanden, um die Dämonen zu vertreiben, gerade jene, die der Verstorbene durch sein Glücksspiel, *senet*, herbeigerufen hatte, dessen Name »Durchgang« bedeutet (XXIII). Das große Spiel mit den dreißig Feldern mußte, über Hindernisse hinweg, trotz eines Gegners zum Siege führen. Der glückliche Spieler wird dann als *maacheru*, »dessen Stimme gerecht ist« oder auch »belebt mit der Stimme«, erklärt, das heißt Nutznießer der Riten, die ihm den Gebrauch der Sinne und den Lebenshauch wiedergaben. Der Kampf war hart; es kam vor, daß der Gegner, der unsichtbar war, dargestellt wurde von Spielsteinen in Gestalt von Gefangenen, die Hände auf dem Rücken zusammengebunden. Dagegen konnte der Tote den Kopf des schützenden Geparden für seine eigenen Spielsteine als Schmuck nehmen. Deswegen waren zuweilen die Türen der thebanischen Gräber mit dieser magischen Handlung des Durchgangs geschmückt, in das Bild des *senet* spielenden Verstorbenen übersetzt.

Wie in den Bürgergräbern auf dem Lande förderten Büsten, die Laren des ganzen Altertums, durch ihre geheime Zauberkraft die Wiedergeburt des Toten und die neuen Triebe für die Ernte. Vielleicht entsprach die sogenannte »Kleiderbüste des Königs« dieser Auffassung (XIII). Sicherheit herrscht jedenfalls in bezug auf den Gebrauch der merkwürdigen Kopfstützen, die zwischen die schönsten Möbel des Grabes gelegt wurden. Die Faltstütze sagt uns durch ihren Dekor, welche Rolle sie spielte. Die Rundung ist geschmückt mit zwei Köpfen des Gottes Bes, des Gottes der Geburten, Verteidigers gegen die Dämonen und wahrscheinlich

Abbild des gutartigen Geparden, der erwarten darf, einmal zu einem menschlichen Wesen zu werden. Die Lotosblume erinnert an die Wiedergeburt der Sonne, und die Füße des Gegenstandes sind aus den Hälsen und Köpfen von Wildenten gebildet, die in dieser Stellung unschädlich sind. Aber die ausdrucksvollste aller Kopfstützen des Schatzes ist jene aus Elfenbein, deren Ständer das Abbild des Gottes des Luftraumes, Schu, zeigt. Die beiden Löwen des Horizonts auf jeder Seite bedeuten die Begriffe »gestern« und »morgen«. Da sie sicherlich zu umfangreich waren, um unter dem Kopf der Mumie Platz zu finden, wurden sie in dem Raum aufbewahrt, den die Ägypter *mammisi* oder »Geburtssaal« nannten. Hier muß daran erinnert werden, daß sich unter dem Nacken Tut-ench-Amuns eine winzige Kopfstütze aus Eisen befand.

Das Kapitel CLXVI des *Totenbuches*, das sich mit diesem Stück befaßt, sagt deutlich, daß es ausschließlich dazu diente, dem Toten das Erheben dadurch zu erleichtern, daß er sein Haupt sanft hochbeugen konnte. So konnte sich sein Haupt, das sich von der Rundung löste, wie die Sonne bewegen, die ihren Tageslauf antritt.

Am Ziel der Reise angelangt, mußte die Schlacht gewonnen werden, und als die Hindernisse beseitigt waren, vollzog sich die Sonnenwiedergeburt. Man konnte sich dem Toten zuwenden mit folgenden Worten:

> »Erwache, o du Kranker, du, der du schliefst . . .
> Sie haben deinen Kopf erhoben dem Horizont entgegen.
> Erscheine!
> Du bist gerechtfertigt gegenüber dem, der zu deinem Schaden gehandelt hat.
> Ptah hat deine Feinde gestürzt und hat befohlen zu handeln
>   gegen den, der sich dir widersetzte.
> *Du bist Horus, Sohn der Hathor . . .*
> Der, welchem der Kopf wiedergegeben worden ist,
> Nachdem er abgeschnitten worden war.
> Dein Haupt wird nicht mehr von dir genommen werden
> In Zukunft!
> Dein Haupt wird nicht mehr von dir genommen werden in Ewigkeit.«

Die Kopfstützen hatten bei der letzten Verwandlung zur Wiedergeburt des Toten geholfen. Der Herrscher wird dem himmlischen Gott einverleibt, das Leben der aufgehenden Sonne teilen, und aus diesem Grunde kann er wie Re selbst im Morgengrauen aus dem Urozean über dem blauen Lotos auftauchen. In den Grabgang, dort wo der Tag erschien, hatte man dieses Blumenbildnis gestellt, aus dem der Kopf des Sonnenkindes Tut-ench-Amun auftauchte (I).

An der Verbindungspforte zu dem Vorzimmer trug dieses Nebengemach mit dem nach Osten gerichteten Ausgang Reste von Siegeln, welche dasselbe Phänomen der Wiedergeburt auf dem Niveau der göttlichen Verkörperung, das heißt also die Ankunft Pharaos als Gott unter den Menschen, bestätigten. Seine Namen können sich ändern, aber es ist immer ein Teil Gottes auf Erden, der den regierenden Herrscher belebt: er ist nicht Re, sondern Horus; Horus, wie ihn der Text auf der Kopfstütze bezeichnet, der »Sohn der Göttin Hathor«, hier verschmolzen mit der jungen Geliebten des Königs, Anchsen-Amun. Das künden auch die Texte, die auf dem Rest der Ziegelpforte stehen: *Neb-Chepru-Re-Anubis, triumphierend über die Neun Bogen* (alle Feinde Ägyptens) . . ., *Anubis, triumphierend über die vier gefangenen Völkerschaften* (alle die Dämonen, die während der Reise zu den vier Hauptstationen seinen Weg zur Wiedergeburt nicht aufhalten konnten).

Die Umwandlung des toten Königs, der in der Person von Osiris Göttergestalt annahm, vollzieht sich auf Erden vermittels eines doppelten Phänomens: Re stieg zum Horizont auf, und auf dem Throne der Lebenden wird der junge Horus, sichtbare Form von Anubis, neuer Pharao, erneutes Abbild des Gottes, fuhr fort, die göttliche Regierung auf Erden zu sichern.

Wenn man an den Tod des jungen Königs denkt, entsinnt man sich auch der Verzweiflung seiner zwanzigjährigen Witwe, die so urplötzlich nach zwei Ehen zur
Erbin des Pharaonenreiches geworden war. Es lohnt sich nicht, zur Klärung dieser
Zeitspanne die ägyptischen Annalen zu befragen: noch mehr als zu irgendeinem
anderen Zeitpunkt verharren sie in Schweigen. Die Hethiterkönige waren genauere
Menschen, und ihre Archive, die nicht in akkadischer Sprache geführt waren wie
die von Amarna, sondern in mehreren (das Nesit oder die Volkssprache wurde
für die Annalen benutzt), sind äußerst aufschlußreich. Sie berichten von Ereignissen, die in unmittelbarer Verbindung zu den ägyptischen Königen der 18. Dynastie stehen. Ein Schriftstück betraf den Brief einer Königin von Ägypten, der
gleichermaßen wichtig wie unerwartet war und dem Murschili II., Sohn des
Schuppiluliuma und Verfassers der Annalen seines Vaters, eine ganze Abteilung
widmete. Hatte man schon einmal gehört, daß eine Königin von Ägypten einen
ausländischen Prinzen zum Gemahl haben wollte, damit er sich die Krone der
Pharaonen aufs Haupt setzt? Und doch ist dies wahr. Die Witwe Tut-ench-Amuns
hatte diesen Entschluß gefaßt, der ohne Beispiel ist. Man mag dies aus folgender
Stelle der Annalen ersehen, die auf dieses Ereignis Bezug nimmt:

Während mein Vater in dem Lande Karkemisch weilte, schickte er Lupakkisch und Tes-
chub(?)-Zalmasch in das Land Amqa (Gegend von Antiochia). Sie machten sich auf; sie
verwüsteten das Land Amqa und brachten meinem Vater Gefangene, Großvieh und Klein-
vieh. Als die Leute von Ägypten (Misra) die Zerstörung Amqas erfuhren, erfaßte sie Furcht.
In der Tat, um die Lage noch schwieriger zu machen, starb ihr Herr Bibchururiasch (Neb-
Chepru-Re, also Tut-ench-Amun), und die Königin von Ägypten, die nun Witwe war,
schickte zu meinem Vater einen Gesandten und schrieb ihm mit folgenden Worten: »Mein
Gatte ist tot, und ich habe keinen Sohn. Die Leute sagen, daß Du viele Söhne hast (oder
daß Deine Söhne erwachsen sind). Wenn Du mir einen Deiner Söhne schickst, wird er mein
Gatte werden, denn ich will keinen meiner Diener (Untertanen) nehmen, um ihn zu
meinem Gatten zu machen.« Als mein Vater dies erfuhr, berief er die Großen in seinem
Rat (und sagte zu ihnen): »Seit den alten Zeiten ist eine ähnliche Sache niemals vor mich
gekommen.« Er entschied sich, Hattu-Zitisch, den Kanzler, zu schicken, (und sagte): »Geh,
bringe mir eine vertrauenswürdige Auskunft; sie können versuchen, mich zu täuschen; und
wenn sie einen Prinzen haben sollten, bringe mir darüber vertrauenswürdige Auskünfte.«
Während der Abwesenheit von Hattu-Zitisch auf der Erde Ägyptens besiegte mein Vater
die Stadt Karkemisch . . . Der Gesandte von Ägypten, der Herr Hanis, kam zu ihm. Weil
mein Vater dem Hattu-Zitisch, als er ihn in das Land Ägypten geschickt hatte, Instruk-
tionen in folgendem Sinne gegeben hatte: »Vielleicht haben sie einen Prinzen; sie können
versuchen, mich zu täuschen und wollen gar nicht wirklich einen meiner Söhne zum Regieren.« Die Königin Ägyptens antwortete meinem Vater in einem Briefe mit diesen Worten: »Weshalb sagst Du: sie versuchen mich zu täuschen? Wenn ich einen Sohn hätte, würde
ich dann an ein fremdes Land in einer für mich und mein Land erniedrigenden Weise
geschrieben haben? Ihr glaubt mir nicht und sagt mir sogar solche Dinge! Der mein Gatte

war, ist tot, und ich habe keinen Sohn. Soll ich vielleicht einen meiner Diener nehmen und ihn zu meinem Gatten machen? Ich habe an kein anderes Land geschrieben; ich habe (nur) an Euch geschrieben. Man sagt, Du hast zahlreiche Söhne. Gib mir einen Deiner Söhne und er wird mein Gemahl sein und König im Lande Ägypten.« Weil mein Vater großmütig war, gab er den Worten der Dame statt, und er entschloß sich, seinen Sohn zu schicken.

Ein derartiger Brief und Gesandtenaustausch konnte nicht vonstatten gehen, ohne daß der »Gottesvater« Eje, Wesir in Theben, davon in Kenntnis gesetzt worden wäre; vielleicht war er sogar der Anstifter: die junge Witwe hätte sicherlich nicht eine so schwere Entscheidung getroffen, ohne dazu ermutigt, vielleicht sogar gezwungen worden zu sein. Wenn man dieser höchst wahrscheinlichen Vermutung zustimmt, kann man sich vorstellen, wie kritisch die Stellung für Anchsen-Amun gewesen ist. Um den Thron ihrer Vorväter zu schützen, sah sie sich genötigt, einen fremden Prätendenten auf das pharaonische Königtum zu heiraten, dem sie durch diese Heirat die Rechte auf den Thron übertragen sollte. Und sie zögerte nicht, in ihrem Brief zum Ausdruck zu bringen, wie verhaßt es ihr war, einen Diener zum Gemahl zu nehmen. Dieser Diener konnte niemand anders sein als der »Rekrutenschreiber«, der zum wahren Diktator geworden war, Haremhab, und nicht etwa, wie man behauptet, der »Gottesvater« Eje, der ein naher Verwandter der Königin, sicherlich ihr Großvater, gewesen ist. Man kann sich vorstellen, wie das Leben am Hofe während der Regelung der Thronfolge gewesen sein muß, mit allen Intrigen und den Einmischungen der Amunpriester. Zwischen Karkemisch und Theben konnten, während der siebzig Tage zumindest, welche die Vorbereitung der Mumie Tut-ench-Amuns beanspruchten, Gesandte und Botschafter verschiedene Reisen machen, aber die Parteigänger Haremhabs hatten den Diktator laufend davon unterrichtet. Als der zweite Gesandte Ägyptens, Schuppiluliuma, der gerade Sieger von Karkemisch geworden war, den dringenden und erneuten Wunsch der Königin bestätigte, diese Verbindung dem hethitischen König vorzuschlagen, mußte Haremhab seinen Plan fassen. Der Prinz Zannanza reiste mit seiner Eskorte ab, aber die Polizei Haremhabs (»die Männer und Pferde Ägyptens«) ermordeten ihn unterwegs. Damit wurde ein Kriegszustand zwischen Ägypten und den Hethitern geschaffen; Schuppiluliuma traf die Entscheidung, in das Land einzufallen; jedenfalls hatte sich der Hethiter damit gebrüstet. Zweifellos mußte man unter dem Wort Ägypten das syrische Protektorat des Pharao verstehen. Jedenfalls ist man sicher, daß Palästina erneut überfallen wurde. Die Mörder wurden gefangengenommen, dann abgeurteilt und hingerichtet. Der General Haremhab mußte sich wahrscheinlich an die Front begeben, um den Widerstand gegen den Einfall zu leiten. Anscheinend kam es mit den Hethitern aber zu keiner Feindberührung.

Die wenigen Getreuen der Häresie konnten nun nicht mehr auf eine bevorstehende Vermählung der letzten gesetzlichen Erbin der 18. Dynastie mit einem ausländischen Prinzen rechnen. Nur die augenblickliche Gefahr, die Revolution vor den Toren des Amuntempels und die Verzweiflung, die der königlichen Familie das Herz abschnürte, konnte diese unbegreifliche Handlungsweise erklären: sich an einen Hethiter zu wenden, damit er den Thron Ägyptens einnehme; dies war einer der wirklich großen Fehler der Amarnadynastie. Aber für den alten Wesir Eje, der vielleicht noch dem »internationalisierenden« Geiste Echnatons anhing, ging es vor allem darum, Ägypten einen Prinzen zu verschaffen, der ihm die Kraft seiner Rasse und die Stütze eines großen Volkes mitbrachte. Diese Annäherungspolitik mit den Hethitern würde es gleichzeitig gestatten, sich dem endgültigen Aufstieg Haremhabs zu widersetzen.

Mangels eines ausländischen Prinzen und aus Abneigung gegen eine Mesalliance im eigenen Lande war die junge Witwe gezwungen, ihre Pflichten als Herrscherin an der Seite eines Mitregierenden auszuüben. Als ein recht armes, kleines Wesen, das in keiner Weise etwas mit der erhabenen Ahnherrin, der Königin Hatschepsut, gemein hatte, erwählte sie den Wesir Eje, ihren Großvater, für diese Rolle. Die Entscheidung wurde am Vorabend der offiziellen Beisetzung Tut-ench-Amuns getroffen, und der »Gottesvater« Eje schritt, mit dem *Cheperesch* auf dem Haupte und bekleidet mit dem Katzenfell, zur Zeremonie des »Öffnen des Mundes und der Augen« vor dem Grabe, so wie es die Erbprinzen, die auf ihren Vater folgten, von alters her getan hatten. Diese rekonstruierten Einzelheiten lassen uns aber nicht in der Deutung der Geschehnisse weiterkommen. Man hat behauptet, Haremhab habe gleichzeitig mit dem Hethiterprinzen auch Anchsen-Amun ermorden lassen. Aber wenn man diese Hypothese annehmen würde, wie soll man dann die Gegenwart der Herrscherin an der Seite des Königs Eje erklären?

Andererseits wird auch manchmal behauptet, daß Anchsen-Amun Eje geheiratet habe, um ihm die Thronrechte zu übertragen. Für diese Theorie ist keine Beweisgrundlage vorhanden: lediglich die Entdeckung der Zwillingskartuschen von Eje und Anchsen-Amun auf einem Ring (Skarabäus der Sammlung Blanchard) berichtet uns von der gleichzeitigen Existenz der zwei Personen auf dem Thron. Man braucht jedoch nicht an eine Heirat zu denken. Einerseits hätte der Großvater, der zugleich ihr Großonkel war, sich wohl scheuen müssen, der Gatte seiner Enkelin zu werden, die zweimal mit Männern der königlichen Familie verheiratet gewesen war. Andererseits darf man aber ebensowenig Ti an seiner Seite vergessen, aus der Eje eine Königin machte und die als solche (ihr Name ist in einer königlichen Kartusche verzeichnet) im Grabe Ejes im Tal der Könige dargestellt ist.

Vier Jahre hielt sich Eje auf dem Thron der Könige Ägyptens (125) und erwies

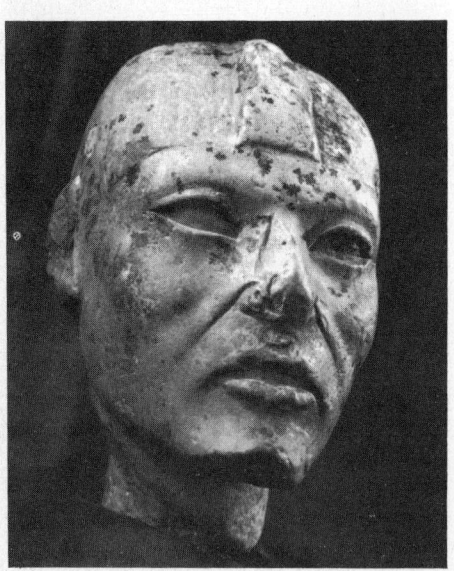

125 Wahrscheinlich der Kopf Ejes, als er Pharao geworden war (*Museum in Kairo*)

dem Gott Aton eine Duldsamkeit, in der man seine innerste Neigung erkennen muß. Seine Amtshandlung als Offiziant bei der Bestattung Tut-ench-Amuns zwang ihn dazu, den Totenkult des jungen Königs durchzuführen. Sobald er den Thron bestiegen hatte, scheint er auch seinem Vorgänger diese Treue bewiesen zu haben. Tut-ench-Amun hatte nach seinem Vater, Neb-Maat-Re, befohlen, daß man fortfahre, in den Steinbrüchen von Assuan zwei prachtvolle Löwen aus rosa Granit zu meißeln, um diese seinem Vater in seinem sudanesischen Tempel von Soleb zu widmen. Einer war erst bei seinem Tode geweiht worden; um nun das Werk zu vollenden, übernahm es Eje, die zweite Statue ebenfalls in den Tempel schaffen zu lassen (126).

Weniger versteht man seine Haltung den Statuen für den Totentempel des jungen Königs gegenüber. Eje hatte nach der Grundsteinlegung seines eigenen Grabtempels unter anderem zwei allerdings unvollendete Statuen Tut-ench-Amuns zu dessen Ausschmückung genommen. Er hatte sie sich einfach widerrechtlich angeeignet. Diese für uns anstößige Tat brachte ihm auch kein Glück. Nach seinem Tode wurden diese Statuen und Reliefs (127) von Haremhab mit Beschlag belegt und mit dessen Namenskartuschen versehen.

Was bedeutet nun diese widerrechtliche Aneignung und auch die Überführung der Totentempel-Statuen Tut-ench-Amuns durch König Eje? Angst eines Greises, der sein Ende nahen fühlt und sich beeilt, seinen Totentempel mit den unbedingt notwendigen Statuen zu versehen, sei es auch unter Beraubung des Tempels seines Vorgängers? Das Totenritual verlangte, daß der Totenkult zu vorgeschriebenen Zeiten zelebriert wurde. Wie konnte der regierende König Eje diese von ihm zu erfüllende Forderung und seine Begierde nach gewissen Statuen seines Vorgängers in Übereinstimmung bringen?

Lebte um diese Zeit Anchsen-Amun noch? Residierte sie außerhalb Thebens? Von der jungen Königin fehlt nunmehr jede Spur, und ihre feine Silhouette verwischt sich in der Nacht der Zeiten. Was weiß man von den anderen Töchtern des Ketzerpaares? Eine von ihnen soll, wie es ein Bruchstück einer Vase aus Ras-Schamra zu beweisen scheint, Niqmat, den König von Ugarit, geheiratet haben (128).

In der königlichen Nekropole, nicht weit von dem Dorf der Kunsthandwerker entfernt, die ebenso wie ihre Meister aus der Ketzerstadt zurückgekehrt und in großer Zahl in diese gezogen waren, übten die Inspektoren bei ihren toten Königen eine wenig aufmerksame Wache, wenn sie nicht gar bei manchen Taten eine mitschuldige Rolle spielten. Seit der Bestattung Tut-ench-Amuns erregte die wundervolle Beschreibung der Gold- und Silberschätze, der Schmuckstücke, die Aufzählung aller kostbaren Salböle und der in den Reservekammern aufgestapelten Öle die Begierde mancher Menschen. Die kühnsten beschlossen, einen Einbruch in das Grab zu wagen. Man stelle sich vor, was ein Eindringen in unterirdische Kammern bedeutet, wenn man zunächst über eine Treppe und durch einen Gang kommen muß, die mit Geröll angefüllt sind, um von hier, fast ohne Luftzufuhr, bis zum Ende durchzukriechen. Zweimal wurde ein derartiges Unternehmen verwirklicht, wie es zwei Serien völlig voneinander getrennter Spuren erkennen lassen, die man an den Gängen und an den inneren Pforten feststellen konnte, deren Öffnungen erneut zugewurden. Man braucht nicht, wie der Entdecker meinte, zu glauben, daß ganz systematische Beraubungen stattgefunden hatten. Man kann sich schwer vorstellen, daß beim ersten Mal nur die Salböle und erst beim zweiten Mal die Metalle fortgenommen wurden: die Versuchung wäre doch zu stark gewesen, das zu ergreifen, was unmittelbar zu erreichen war. Wie dem auch sei, die Plünderer wußten, was sie suchten und wo es sich befand. Sie ließen die mumifizierten Vorräte stehen, stahlen aber die Salben und Öle. In weiser Voraussicht hatten sie Lederschläuche mitgebracht, in die sie die fetten Flüssigkeiten abfüllten, denn Überreste von diesen Schläuchen sind in dem Grab gefunden worden. Aber ihr Wissen war noch größer, und es scheint, als ob sie den Anlageplan des Grabes gekannt hätten. Sie gingen unmittelbar in den kleinen Nordraum, in dem schöne Kästen mit dem goldenen Schmuck der Grabprozession standen. Sie brachen die Siegel auf und entnahmen einen beträchtlichen Teil der Juwelen. Da sie wußten, was sie suchten, berührten sie die großen schwarzen Kästen mit ihren Siegeln überhaupt nicht. Zweimal brachten sie die Ordnung der Gegenstände durcheinander. Sie leerten den Inhalt einiger Behältnisse auf den Boden, um schneller ihre Wahl zu treffen. Es scheint, als wären die letzten Räuber mitten in ihrer Arbeit überrascht worden: ein Teil der Goldringe, die in ein Tuch eingeknotet waren, wurde zurückgelassen, da die Diebe nicht mehr genügend Zeit hatten, sie mitzunehmen. Als die Inspektoren der Nekropole die Schändung des Grabes feststellten, mußten sie Maja benachrichtigen, der wahrscheinlich selbst die Ausschachtung des Grabes überwacht hatte. Der »Chef der Arbeiten an dem Platze der Ewigkeit«, der »Königliche Schreiber«, der »Oberintendant des Schatzes«, Maja, war dem jungen König sehr zugetan. Er hatte an dem Tage der Beisetzung in das Grab den kleinen Kenotaph aus Holz gestellt, der seinen Herrn dem ewigen Leben anbefahl. Gelenkige Inspektoren mußten in das unterirdische Gewölbe geschickt werden, die durch den Diebsgang krochen, um die durcheinandergebrachte Ordnung der Grabausstattung wieder in ihren früheren Zustand zu versetzen. In diesen unterirdischen Räumen ohne Luftzufuhr wurde sehr schnell gearbeitet, und Stoffe und Juwelen wurden wahllos in die offenstehenden Truhen geworfen. Dann wurde die Verbindungstür zwischen der Grabkammer und dem Vorraum wieder geschlossen. Sorglos stapelte man die in der Vorkammer gefundenen Möbel aufeinander und legte alle in die Nebenkammer auf andere Gegenstände. Man gab sich nicht einmal die Mühe, das Loch, das in die Mauer zwischen der Vorkammer und der Nebenkammer gebohrt worden war, wieder zu verstopfen. Ebensowenig stellte man einen kleinen Naos aus vergoldetem Holz in diesen Raum zurück, in dem er sich ursprünglich befunden hatte. Hingegen vergaßen die Inspektoren nicht, vor dem Wiederaufstieg den schönen Alabasterbecher in Lotosform auf die Schwelle der Tür zu stellen, um dem sich in Wiedergeburt befindenden König die Möglichkeit zu geben, ewig ein Jugendelixier zu trinken.

127 Tut-ench-Amun bringt dem Gott Amun Weihrauchopfer; dieses Relief wurde unrechtmäßigerweise von König Haremhab für sich beansprucht (Tempel von Luxor)
128 Bruchstück einer »Hochzeitsvase«, das in Ras-Schamra (Ugarit) gefunden wurde. Eine Amarna-
Prinzessin erweist ihrem Gatten, dem König Niqmat, ihre Ehrerbietung *(Museum von Damaskus)*

Als Maja die Gefahr erkannte, die seinem König drohte, ließ er erneut den
Eingang des Grabes verwischen, indem er ihn mit einer dichten Lage von Geröll
bedeckte, das für die Zukunft den erhöhten Boden des Tales bildete. Zum zweiten
Male hatte Maja so für den Schutz Tut-ench-Amuns gesorgt.

Die Regierungszeit Ejes ging zu Ende, ohne daß der König es zu Haßaus-
brüchen und zur Entweihung der Atonheiligtümer kommen ließ. Mit seinem Tode
war der Platz frei, so daß der Feldherr Haremhab, der mehr auf die Erhaltung
der Einrichtungen des Landes als auf die militärische Strategie bedacht war, sein
Ziel erreichen konnte. Und so wiederholte sich ein geschichtlicher Vorgang, wie
schon bei Thutmosis III.: die Amun-Priester verhalfen Haremhab zur Krone. Die
Feier des großen Opetfestes bot die erträumte Gelegenheit, um diese von langer
Hand vorbereitete Throneinsetzung in die Wege zu leiten.

Endlich konnte also Haremhab seinen Traum verwirklichen. Zunächst mußte er
unter Berücksichtigung der Formen seine Erhebung in den höchsten Rang der
Ägypter legitimieren. Es schien keine königliche Tochter mehr vorhanden gewesen
zu sein, die er zu seiner Königin hätte machen können. Zweifellos müssen wir in
der Schwester Nofretetes, Mutnedjemet, und in der Gattin Haremhabs, die er
gleich nach seiner Krönung nahm, ein und dieselbe Person sehen. Oft hatte man in
Achetaton dieses hübsche Mädchen, in Begleitung von zwei Zwerginnen, erblickt.
Die reizende weibliche Gestalt am Schiffsschnabel der Barke mit Steinbockköpfen,
die man in der Nebenkammer des Grabes gefunden hatte, stellt sie vielleicht dar,
die sicherlich die zweite Tochter Ejes und der Amme Ti war (XV). Eine Zwergin
am Heck der Barke erinnert deutlich an ihre ständigen Begleiterinnen.

Trotz dieser Verbindung schonte Haremhab nicht lange das Andenken an seine
unmittelbaren Vorgänger, und so begann seine zerstörerische Tätigkeit. Er ging
auf zweierlei Weise vor: zunächst nahm er widerrechtlich Besitz von allen Denkmälern seiner letzten Vorgänger, insbesondere Tut-ench-Amuns und Ejes: Statuen
und Tempel in erster Linie. Auf diese Weise wurde der Säulengang von Luxor,

der das Opfer-Fest beschirmte, von den Schreiberbildhauern gestürmt, die den Auftrag hatten, den größten Teil der Namen Tut-ench-Amuns herauszumeißeln, um an ihre Stelle die Namen des neuen Königs zu setzen. Überall erhielten die Statuen seiner Vorgänger seinen eigenen Namen. Aber in Karnak gab es ein Denkmal, an dem er sich nicht vergreifen wollte, das Tut-ench-Amun zeigte, der mit dem Großkatzenfell bekleidet vor dem Gotte Amun steht, wie ein Herrscher, der die Bestattungsriten für seinen Vater ausführt (129). Er ließ Kopf und Glieder des Königs abschlagen und überall aus den Kartuschen die meisten Hieroglyphen verschwinden, die Tut-ench-Amuns Namen bedeuteten. Jedoch ließ er sie nicht, wie sonst, durch seine eigenen ersetzen. Haremhab war durch die Amunpriester auf den Throne erhoben worden. Er betrachtete sich nicht als Nachfolger der Amarna-Könige, und die Zeit lag lange zurück, als er sich vielleicht noch – in der Epoche der Aton-Ketzerei – selbst Pa-aton-em-heb genannt hatte.

Da er einen Vorfahren finden mußte, nahm er Amenophis III. in Anspruch. Er bemühte sich überall und mit aller Macht, diese »Wahrheit« zu verkünden, und es gelang ihm tatsächlich durch eine solche Propaganda, daß noch zu Zeiten der Ramses die offiziellen Listen ihn als rechtmäßigen Nachfolger von Amenophis III. führten. In den Hofannalen dieser 19. Dynastie rechnete man seine Regierungsjahre von dem Augenblick an, als Amenophis IV. zur Macht gekommen war: auf

129 Haremhab und sein Gott
(*Museo Egizio, Turin*)

diese Weise läßt sich auch erklären, wie man ihm in ägyptischen Inschriften bis zu fünfzig Regierungsjahre gab.

Sodann schritt der neue Pharao mit äußerster Gewalt zu Verfolgungen, und um sie zu rechtfertigen, veröffentlichte er ein Edikt – bekannt unter dem Namen »Edikt des Haremhab« –, das auf eine große Stele in Karnak eingeritzt wurde. Man hat diese in der Nähe des Westflügels des zehnten Pylons gefunden. Er schilderte den bedauernswerten Zustand des Landes im Augenblick seiner Thronbesteigung: die Fahrlässigkeit, die in den öffentlichen Ämtern herrschte, das gewaltige Elend im Volke, die Übergriffe der Beamten und Richter, denen noch die Soldaten ihre Hilfe liehen, um die Armen bis zum Äußersten auszuplündern. Der König, dessen Sorge vor allem darin bestand, die Ordnung herzustellen und die Lebensbedingungen für sein Volk zu verbessern, indem er ihm die Lebensfreude wiedergab, unternahm es, alle Ungerechtigkeiten zu bestrafen und exemplarische Züchtigungen durchzuführen, die sofort in Kraft traten: den pflichtvergessenen Beamten sollten die Nasen abgeschnitten werden; auch das Exil wurde wieder als Bestrafung eingeführt.

Aber es mußten die Verantwortlichen für diese katastrophale Lage, die er als Erbschaft vorgefunden hatte, gesucht werden. Ganz gewiß waren es die vier letzten Herrscher. Haremhab wußte mit Heftigkeit zu strafen, den Haß zu stillen, der durch die Verletzung seines unzähmbaren Stolzes entstanden war, und auch die Amunpriester zu rächen, die seine widerrechtliche Machtergreifung legitimierten. Er wütete fürchterlich; ganze Arbeitergruppen, die nach der Stadt Achetaton geschickt wurden, machten die meisten Gebäude dem Erdboden gleich. Man zerstörte, man plünderte, man vernichtete systematisch.

Auch in Theben zeigte er sich als Zerstörer, als er sich entschloß, drei neue Pylone für den großen Amuntempel zu bauen. Er ließ alle dem Gott Aton geweihten Bauten seiner unmittelbaren Vorgänger abreißen und benutzte mehr als zehntausend behauene Blöcke mit Amarnaskulpturen für den Unterbau seiner Pylone. Nichts war für den dynastischen Gott schön genug. So wurde er zum Anführer der Rehabilitierung der Tempel und des Priestertums des Amun. Er ging sogar so weit, ein wenig von der traditionellen Oberhoheit der Pharaonen abzukehren und seine Autorität als Herrscher in eine allzu große Abhängigkeit von der Priesterschaft zu bringen. Er schenkte seinem Gott eine prachtvolle Sphinxallee, die Karnak mit Luxor verband. Er unternahm auch Bauten, die als Einleitung für die große Säulenhalle von Karnak gelten können. Gleichzeitig verfolgte er weiterhin mit klarer Hartnäckigkeit alle die, die in nahem oder weiterem Zusammenhang mit der Ketzerei standen. Das Grab Ejes wurde geplündert; die Bilder und Namen des alten Königspaares wurden verstümmelt. Sicherlich hat er auch befohlen, in die Geheimkammer einzudringen, in der Tut-ench-Amun die Reste der amarnischen Grabausstattungen, zusammen mit der Mumie des anonymen Königs in einem Frauensarkophag, gesammelt hatte. In einer Art abergläubischen Scheu wagte er nicht, den Leichnam zu zerstören; aber man zerschlug die magischen Ziegel, die das Grab sicherten und »alle seine Feinde zurückwerfen« sollten. Das Bildnis Echnatons auf dem vergoldeten Schrein von Teje wurde zerschlagen.

In der Totenstadt der Beamten wurden die Gräber der Höflinge aufgespürt, die den Herrschern, welche Haremhab ins Nichts tauchen wollte, treu geblieben waren. Huje, der Vizekönig von Nubien, wurde nicht verschont; nicht nur die Bilder und Namen Tut-ench-Amuns an den Wänden der Grabkapelle wurden herausgeschlagen, sondern man vergriff sich auch an den Bildnissen des Vizekönigs selbst (Huje verehrte Tut-ench-Amun so sehr, daß er seinem Herrn auf einer Stele [Museum von Kairo] alle Macht der Sonne zusprach, selbst die, ihm das Augenlicht wiederzuschenken, das er verloren zu haben schien!).

In der Provinz war es das gleiche: er wütete vom Delta bis zum Sudan. Vor allem vergaß er Achmim nicht, die Geburtsstätte eines Teils der Ketzerfamilie, und die Stelen, die Nacht-Min errichtet hatte (dem man einige der schönsten *Uschebti(u)* von Tut-ench-Amun verdankt), verloren die Erwähnung der Namens des Königs Eje. Andererseits schickte er auch überallhin Arbeitskommandos, um die Namen und die Gestalten des Theben-Gottes wieder aufzuführen, die von Echnaton mit ebensolcher Wut vernichtet worden waren. Bei jeder Gelegenheit prangerte er die unselige Rolle Echnatons an, den er nur noch den »Schurken« nannte. Mehr bedarf es nicht, um anzunehmen, er sei fähig gewesen, beim Verschwinden Ejes und Anchsen-Amuns mitzuhelfen.

Alles scheint bei dem von Haremhab eingeschlagenen Weg systematisch und aufeinander abgestimmt zu sein; dieser »tugendreiche« Erneuerer ging, um die Urheber der Gegenreformation zu gewinnen, mit jenem Fanatismus vor, der so viele Verbrechen hervorbringt. Bei aller untadeligen Logik beging dieser König nur einen einzigen Fehler: er unternahm zwar alles, um Tut-ench-Amun, »der Theben mehr liebte als der Gott der Stadt selbst«, aus der Geschichte zu streichen, ließ aber unverständlicherweise das Grab nicht plündern. Gehorchte er hier einer letzten Achtung vor dem Tode, die er dem letzten männlichen Nachkommen von Amenophis III. erwies, oder hatte er Furcht von den göttlichen Vergeltungsmaßnahmen? Er hatte nicht gezögert, das Grab von Eje und Ti zu schänden; aber zweifellos dachte er, ohne den geheiligten Leichnam zu profanieren, die sterbliche Hülle, die einsam in der Stille des Tals der Könige ruhte, zum Schweigen und zur Vernichtung bringen zu können, indem er den Grabtempel und alle sichtbaren Statuen des letzten Zweigs der Thutmosis und Amenophis zu seinen Gunsten umwandelte. Man könnte natürlich in dieser unerwarteten Fürsorge das Ergebnis eines neuen Vermittlungsversuches des königlichen Schreibers, Oberaufsehers der Arbeiten am Platze der Ewigkeit, Maja, des treuen Freundes, erkennen (130). Dieser geschickte Mann mit den wunderbar ebenmäßigen Zügen (die man von seinen Statuen im Museum von Leiden her kennt), hatte das Vertrauen Haremhabs gewonnen und war von diesem damit beauftragt worden, das stark von Räubern in Mitleidenschaft gezogene Grab Thutmosis' IV. wieder instand zu setzen. Maja beaufsichtigte die Nekropole und wachte darüber, das Grab seines Königs zu erhalten. Indes muß man zugeben, daß, wenn der mächtige Haremhab die Zerstörung des Grabes von Tut-ench-Amun angeordnet hätte, er auch nicht gezögert haben würde, in seine Schatzkammer alle Reichtümer zurückkehren zu lassen, die er sehr wohl kannte. So muß man also wohl die erste Hypothese gelten lassen. Haremhab, der im Namen des Rechts und der Gerechtigkeit handelte, mußte dem, der als erster sich wieder in dem Heiligtum des Amun verneigt hatte, eine Chance geben. Aber er hatte ihn für alle Zukunft verlassen, ihn des Kultes und der Gebete beraubt, die in den Heiligtümern durch die jetzt veränderten Statuen und zerstörten Namen des Verstorbenen nicht mehr zelebriert werden konnten. Er ging sogar so weit, ihn von der offiziellen Liste der Pharaonen Ägyptens verschwinden zu lassen.

Es bliebe nun nur noch die Magie der Bestattungsriten und die Wirksamkeit der phantastischen Grabausstattung zu beweisen, mit der man ihn umgeben hatte und die für jeden Gegenstand, oder für fast jeden, auf die beiden Hauptsorgen hinzielten: die Dämonen zu verjagen und zu einem neuen Leben wiedergeboren zu werden. Die Reise des Verstorbenen zu seinen letzten Verwandlungen war mit

130 Maja, Oberaufseher der Finanzen
(Rijksmuseum, Leiden)

allen Verwünschungen belastet worden, mit Fehlern beladen, die er niemals begangen hatte. Seit seiner Geburt dazu bestimmt, an Handlungen teilzunehmen, denen er seine Zustimmung nicht versagen konnte, hatte er kaum seinen Weg erkennen können, als ihn der Tod aus der Welt der Lebenden riß. So trug noch über seinen Tod hinaus der Verzweiflungsakt seiner Witwe zu dem Grausen bei, in dem die Dynastie unterzugehen schien: das »geliebte Land« dem Zepter eines Fremden ausliefern (oder fast ausliefern), das war die Tat derer, die er auf dem Thron zurückgelassen hatte.

Jene Götter, denen Tut-ench-Amun während seines kurzen Daseins »Bildwerke geweiht« hatte, wachten aber, und so wurde der Fluch Haremhabs zunichte: auf dem Gedenkstein des Königs in Karnak, unter dem mit Gold bedeckten Gips, im Stein, an der rechten Kante des königlichen Schurzes, blieb der eingemeißelte Name verborgen und entging so der Zerstörung. Noch heute kann man ihn auf der Statue im Louvre betrachten (131). Im Dunkel des Grabes war die unterirdische Reise des Toten gesichert. Wie Osiris, für den er auch »Bilder machte und ein Haus baute, wie zum Anbeginn«, mußte er die ungerechten Angriffe des Bösen erleiden, jedoch sollte letztlich nach einem endlosen Prozeß seine Unschuld verkündet werden. Dreitausend Jahre später würden dann die Siegel mit dem triumphierenden Abbild des Anubis, des Siegers über die Hindernisse, fallen. Nun konnte sein erster vergoldeter Sarg im Grab, im Tale der Könige, den Augen der herbeigeströmten Pilger dargeboten werden; denn wie eine neue Sonne, die aufgeht zwischen den Bergen am Horizont, würde Tut-ench-Amun wiedererscheinen (132).

Carter und Carnarvon haben den Fluch Haremhabs aufgehoben, indem sie Tejes letztem Sohn ein Fortleben schenkten, das man ihm für immer hatte versagen wollen.

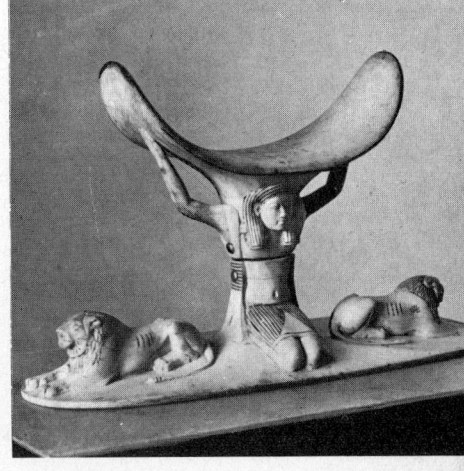

131 Die unversehrten Namen von Tut-ench-Amun auf der »Gedächtnis-Statue« von Karnak *(Louvre)*
132 Die Elfenbein-Kopfstütze des Königs; ihre Verzierungen stellen den Gott des Luftraums und die beiden Löwen des Horizontes dar

BIBLIOGRAPHIE

Wir müssen uns hier auf eine kurzgefaßte Bibliographie beschränken und behalten uns daher – entsprechend dem Vorschlag des Leiters des Institut Français d'Archéologie Orientale in Kairo – eine Veröffentlichung in den wissenschaftlichen Sammlungen dieses Instituts vor, in der Fragen behandelt werden, die sich auf alle in diesem Buch erwähnten Ereignisse beziehen. Diese Probleme, die die Amarna-Zeit betreffen (das delikate Problem der Mitherrschaft, das der Krönung des Königs, das der Wiedereinsetzung der Bestattungsriten usw.), machen eine große Anzahl von Aufsätzen und Studien erforderlich, die zu wichtig sind, als daß sie auf so beschränktem Raum Erwähnung finden könnten. Als grundlegend ist vor allem das Werk zu nennen, das wir der Feder Howard Carters und der Assistenz seiner Mitarbeiter verdanken:

The Tomb of Tut-Ankh-Amon, Bd. I, von Howard Carter und A. Mace (Cassel & Co. Ltd., London, Toronto, Melbourne und Sydney). Erste Auflage 1923, zweite Auflage 1926, dritte Auflage 1927. Mit Illustrationen nach Photographien von Harry Burton.
Bd. II, von Howard Carter, mit Nachträgen von D. Derry, A. Lucas, F. Newberry, A. Scott, H. Plenderleith. Photographien von Harry Burton. Erste Auflage 1927.
Bd. III, von Howard Carter, mit Nachträgen von D. Derry und A. Lucas. Photographien von Harry Burton. Erste Auflage 1933.
Tout-Ankh-Amon, von Jean Capart, in Zusammenarbeit mit M. Werbrouck, E. Bille de Mot, J. Taupin und F. Gilbert. Herausgegeben 1943 in Brüssel (Vromant).
Tutankhamon's Treasure, von Penelope Fox, erschienen in London (Oxford University Press) im Jahr 1951. Die deutsche Übersetzung dieses Buches

Der Schatz des Tut-ench-Amun (eine der am besten illustrierten Ausgaben) erschien 1960 im Verlag F. A. Brockhaus, Wiesbaden.
Dieser Aufzählung von Werken, die sich auf die Entdeckung des Schatzes beziehen, muß der kleine Katalog der ersten Tut-ench-Amun-Ausstellung, die außerhalb Ägyptens stattfand, hinzugefügt werden:
Tutankhamon's Treasure, American Association of Museums and Smithsonian Institution, 1961 bis 1962; Einführung von Rudolf Anthes.
Die für dieses Buch benutzten Unterlagen:
– Aufzeichnungen und Notizen von Howard Carter über die Ausgrabung (Griffith Institute Oxford),
– die Gegenstände des Schatzes selbst (Museum von Kairo),
– eine Reihe sehr wichtiger Sonderartikel über die im thebanischen Gebiet und in Tell-el-Amarna durchgeführten Ausgrabungen und über die Denkmäler und Objekte, die in die »amarnische« und in die

sich direkt daran anschließende Epoche gehören – das heißt also: in einen Zeitabschnitt, der sich von der Hälfte der Regierungszeit Amenophis' III. bis zu Haremhab erstreckt; die Verfasser dieser Artikel waren: Maspero, Borchardt, Roeder, Newberry, Glanville, Gunn, Frankfort, Peet, Winlock, Engelbach, Cerný, Brunner, Gardiner, Fairman, Hayes, Wolf, Aldred, Helck, Seele, Doresse, Bonnet, Barquet usw.; die Arbeiten erschienen in ägyptologischen Spezialzeitschriften, wie z. B. in folgenden:

Recueil des travaux relatifs à la philologie et à l'archéologie égyptiennes et assyriennes, Paris; Ancient Egypt, London; Zeitschrift für ägyptische Sprache und Altertumskunde, Leipzig; Annales du Service des Antiquités de l'Égypte, Kairo; Journal of Egyptian Archeology, London; Chronique d'Egypte, Brüssel; Bulletin de l'Institut Français d'Archéologie Orientale, Kairo; Revue d'Egyptologie, Paris; Journal of New Eastern Studies, Chicago; Bulletin of the Metropolitan Museum of Art, New York, Ergänzung: "The Egyptian Expedition"; Mitteilungen des deutschen Instituts für ägyptische Altertumskunde in Kairo, Berlin; Orientalia, Rom.

Berichte über die Ausgrabungen des Institut Français d'Archéologie Orientale in Deir-el-Medine (von Bernard Bruyère, 1921–1951, Bd. 1–26, Kairo).

L'Egypte, von Drioton-Vandier, erschienen in der Sammlung »Clio«: «Les peuples de l'Orient méditerranéen», Paris, 1962 (letzte Ausgabe). Dieses Handbuch erweist sich als vorteilhaft, wenn man einen Überblick über die Geschichte der Periode und außerdem über die Sekundärliteratur bezüglich der umstrittenen

historischen Tatsachen erhalten will. Zwei abgeschlossene Arbeiten, die in *The Scepter of Egypt* – New Kingdom, Bd. II, von William Hayes, Cambridge/Mass. 1959, und *The Cambridge Ancient History,* Bd. II, Kap. IX, Teil 1 und 2, Cambridge 1963, vom gleichen Autor, erschienen sind, haben größte Bedeutung in bezug auf die Probleme, mit denen diese Periode aufwartet, und können mit gleichem Nutzen wie die weiter oben angeführten Arbeiten von Engelbach herangezogen werden (Annales du Service des Antiquités de l'Egypte), Fairman und Aldred (Journal of Egyptian Archeology), Hayes und Seele (Journal of Near Eastern Studies).

The Rock Tombs of El Amarna, von N. de G. Davies, herausgegeben von Griffith, veröffentlicht von dem "Archeological Survey of Egypt", London, 1903–1905, 1906–1908. In diesem sechsbändigen Werk sind die grundlegenden Berichte über die amarnische Periode zusammengefaßt. Ein Einführungsband war schon früher herausgegeben worden: *Monuments pour servir à l'étude du culte d'Atonou en Egypte,* und zwar war er erschienen in den «Memoires publiés par les membres de l'Institut Français d'Archéologie Orientale du Caire», Kairo, 1903 (Bd. VIII, von U. Bouriant, G. Legrain, J. Jéquier). Die neuesten Berichte über die Ausgrabungen von Tell el-Amarna und ihre bemerkenswerten Ergebnisse sind enthalten in:

The City of Akhenaton, herausgegeben von der "Egypt Exploration Society" in folgenden Bänden:

Teil I, London 1923, von E. Peet, L. Wooley, B. Gunn, P. Guy und F. Newton;

Teil II, London 1933, von H. Frankfort und J. Pendlebury (ein Kapitel stammt von Fairman);

Teil III, London 1951 (1. Heft: Texte,

2. Heft: Bildtafeln), von J. Pendlebury, in Zusammenarbeit mit J. Cerný, Fairman, Frankfort, Murray-Thriepland, Samson.

Unter den Veröffentlichungen über die thebanischen Gräber sind zwei besonders wesentliche zu erwähnen:

The Tomb of Huy, Viceroy of Nubia in the Reign of Tut'ankhamun, von N. de G. Davies und A. H. Gardiner, herausgegeben vom Egypt Exploration Fund, London 1926, "The Theban Tombs Series".

Tomb of Nefer-Hotep at Thebes, von N. de G. Davies, 2 Bde., herausgegeben vom Metropolitan Museum of Art, Egyptian Expedition, New York, 1933.

The Shrines of Tut-Ankh-Amon, von Alexander Piankoff, in "Bollingen Series XL", dem 1. Band von "Egyptian Religious Texts and Representations", New York, 1955. Dies ist ein grundlegendes Werk.

Ebenfalls sehr wertvolle Angaben sind in den Berichten über die von Theodore Davis im Tal der Könige durchgeführten Ausgrabungen zu finden:

The Tomb of Iouiva and Touiyou, von Theodore M. Davis bei Bibân el Molûk in Zusammenarbeit mit Sir Gaston Maspero durchgeführte Ausgrabungen. London 1907.

The Tomb of Queen Tiyi, von Theodore M. Davis bei Bibân el Molûk in Zusammenarbeit mit Sir Gaston Maspero durchgeführte Ausgrabungen. London, 1910.

The Tombs of Harmhabi and Toutankhamonou, von Theodore M. Davis bei Bibân el Molûk in Zusammenarbeit mit Sir Gaston Maspero

durchgeführte Ausgrabungen. London, 1912.

Neuere Ausgrabungen wurden im Sudan vorgenommen und beschrieben in

The Temples of Kawa, von L. Macadam, Bd. I: *The Inscriptions* (Heft 1: Texte, Heft 2: Bildtafeln), London 1949; Bd. II: *History and Archeology of the Site* (Heft 1: Texte, Heft 2: Bildtafeln); in Zusammenarbeit mit F. Ll. Griffith und L. P. Kirwan. Schließlich wurde die Korrespondenz, die die Pharaonen während dieser Periode mit ihren asiatischen Vasallen führten und die in der Urkundensammlung von Tell el-Amarna aufgefunden wurde, seinerzeit ausgezeichnet beschrieben in folgenden Werken:

Die El-Amarna-Tafeln, von J. Knudtzon, Bd. I: Texte, Bd. II: Anmerkungen und Register (von O. Weber und E. Ebeling), in »Vorderasiatische Bibliothek«, II), Leipzig 1915.

Der Gegenstand wurde erneut behandelt in

The Tell el-Amarna Tablets, von S. Mercer, 2 Bde., Toronto 1939.

Was endlich die Hethiter-Urkundensammlungen anlangt, die in Bogasköy gefunden wurden und in denen die Familie Tut-ench-Amuns und die Namensnennung dieses Königs in ausländischen Schriften erwähnt ist, so wird dieses Problem tatsächlich – laut Sayce, Sturm und Edel – gelöst in

Toutankhamon dans les archives hittites, von J. Vergote, in „Nederlands Historish-Archeologish Instituut in het Nabije Oosten", Istanbul 1961.

Tut-ench-Amun wurde als Stichwort nicht in das Register aufgenommen, da der Name im Text auf annähernd jeder Seite erscheint. Kursiv gesetzte Ziffern verweisen auf Seiten mit Abbildungen bzw. auf Bildunterschriften. Römische Ziffern verweisen auf die Farbtafeln.

218